# 福流

彭凱平——

國際「文化心理學」大師
加大柏克萊分校「教學優秀獎」學人
北京清華心理系教授

著

## 幸福的極致體驗

是什麼真正滿足了我們？心理學大師趣談不苦人生的真偽命題

献给我的夫人肖莉和兒子彭承曉、彭承浩，
感謝你們長期以來的寬容、理解和支持！

# 目錄

# PART 02 神奇的福流

# PART **03** 正心的道理

# PART **04** 跨界求真

# PART 05 迷人的未來

作者序

# 幸福的極致體驗：澎湃的福流

2007年的夏天，我去西藏參加一個學術活動。在忙碌的講學完成之後，我抽空去了趟「布達拉宮」，瞻仰藏人們心目中的聖地。

時值黃昏，我隨著遊人慢慢地向出口走去時，在回味之間驀然回首，突然被一幅美麗的景象所震撼──在拉薩的藍天之下，落日的光輝之中，布達拉宮白牆金頂的映照下，一個身著棕色僧袍的老僧，正不慌不忙、慢條斯理地掃著地。地面上是無數遊客和信徒撒落下的祈福錢鈔，滿地的金錢猶如塵土和垃圾一樣，被這位老僧掃入簸箕之中。我的心中突然一陣發緊，一種瞬間產生的、壓倒一切的敬畏情緒油然而生，同時也感到一股暖流從頭到腳流遍全身。頃刻之間，我覺得彷彿找到了人生真實的意義，它不是金錢、權勢、地位，而是一種心靈的敬畏、寧靜和快樂。這樣奇妙的體驗，令我沉迷其中、欣喜若狂、如癡如醉、歡樂至極！

很多年之後，我才知道這樣奇妙的心理體驗就是一種幸福的終極狀態——它是一種澎湃的「**福流**」。

## 什麼是福流

1975年，美國著名的心理學家米哈里・齊克森（Mihaly Csikszentmihalyi）發表了他歷經15年的研究成果。從1960年開始，他追蹤觀察了一些特別成功的人士，包括科學家、企業家、政治家、藝術家、運動員、鋼琴師、國際象棋大師，等等。結果發現，這些人經常談到他們一個共同的體驗：在從事自己喜歡的工作時，他們全神貫注的忘我狀態，時常讓他們遺忘了當前時間的流逝和周遭環境的變化。原來這些成功人士在做事情的時候，完全出自於他們內在的興趣，樂趣來自於活動本身，而不是任何外在的誘因（如報酬、獎勵、欣賞等）。這種經由全神貫注所產生的極樂的心理體驗，米哈里稱之為 flow，並認為這是一種最佳的體驗。

這種體驗當然不是由米哈里第一個發現的。在人類五千多年的歷史長河中，已經有很多思想家、哲學家、宗教人士談到過這種奇妙的、極致的幸福體驗。尤其是東方的傳統文化，如儒教、道教、佛教，經常提及這種由心理活動所產生的神奇的快樂體

驗，禪宗也經常談到這樣一種全神貫注、時光流逝、心曠神怡的生活和工作狀態。在心理學領域有很多學者，把這樣的體驗翻譯成「爽」、「心流」、「極致」、「涅槃」……等等。我個人認為，把這種體驗翻譯成「福流」體驗可能更貼切，因為它是一種幸福的終極狀態，音近、意近、神更近。

有個很多人都不知曉的事就是，米哈里的兒子邁克爾（Michael）還是柏克萊加州大學中國問題研究中心的研究員。幾年前，在面試邁克爾的時候，我曾經問過他一個八卦的問題，就是他父親的研究靈感是不是跟他研究的老莊哲學有很大的關係。邁克爾說，應該是有。因為邁克爾研究的是中國哲學家莊子。

《莊子》一書中第一篇文章談到的《逍遙遊》，很大程度上就是這種自娛、灑脫、曠達、愉悅的感覺，一種真正的物我兩忘、身心酣暢的絕妙經驗。莊子在《南華經》中特別描述了一個普通人這種流暢的福流體驗——他就是宰牛的屠夫庖丁，在從事自己所熟悉和喜愛的工作時，就達到了一種物我兩忘、酣暢淋漓的狀態。原文是這樣寫的：

庖丁為文惠君解牛，手之所觸，肩之所倚，足之所履，膝之所踦，砉然向然，奏刀騞然，莫不中音。合于《桑林》之舞，乃中《經首》之會。

　　文惠王在震撼之餘，情不自禁地問庖丁，你解牛的技術為什麼能做到如此的出神入化、行雲流水？庖丁回答，三年前解牛，我眼中只見牛，三年後解牛，眼中無牛。因為此時此刻，他已經進入到一種極致的體驗狀態，也就是我們所說的福流狀態。

## 福流體驗的六種心理特徵

　　福流的狀態有什麼特點呢？在1975年出版的《福流：一種美妙的心理狀態》一書中，米哈里談到六種福流的心理體驗特徵：

　　第一，全神貫注，注意力高度集中，完全沉浸在自己所從事的工作之內，忽視了外在所有的影響；

　　第二，知行合一，行動和意識完美地結合，已經變成了一種自動化的、不需要意識控制的動作，有一種行雲流水般的流暢感；

　　第三，物我兩忘，自我的意識暫時消失，此身不知在何處；

　　第四，時間飛逝，有強烈的時間扭曲感，不知不覺中，百年猶如一瞬間；

　　第五，駕輕就熟，對自己的行動有一種完美的掌控，不擔心失敗，不擔心結果，充分體驗行動的過程，感受到自己每一個動

作精確的反饋;

　　第六,陶醉其中,一種超越日常現實生活,發自內心的積極、快樂和主動,不需要外在獎勵就能體驗到行動的快樂,完成之後有一種酣暢淋漓的快感。

　　由此可見,這種福流的體驗既包括了身心體驗的因素,例如個體處於福流狀態時的感覺,包括行動和知覺的融合,以及注意力集中和潛在的控制感;也包括結果因素的影響,即個體在處於福流狀態時內心所體驗到的一種結果,包括短暫的失去自我意識、時間意識和活動本身的目標意識。

## 產生福流的三個客觀條件

　　1997 年,米哈里對福流狀態的體驗又增加了三個條件因素,也就是產生福流活動的外在客觀條件,包括三個很重要的因素:

　　第一,清晰的目標——當我們知道自己需要達到什麼目標,得到什麼結果,意識到什麼樣的目的時,我們更容易產生福流體驗;

　　第二,及時的反饋——我們所做的所有事情,都向我們提供

了準確的、有意義的、快樂的反饋，激發出我們從事這個行動的
強烈動機；

第三，技能和挑戰的完美匹配——當我們所面臨的挑戰特別
困難時，我們很容易產生挫折的感覺，而當我們的挑戰特別容易
的時候，我們就會產生單調、厭倦的感覺。只有當我們的技能和
挑戰處於一種最佳匹配的狀態時，往往容易讓我們進入到一種福
流狀態。

因此，幸福，特別是幸福的終極體驗，從某種意義上來說，
真的不只是一種哲學的思辨，也不只是一種宗教的說教或道德的
宣傳，它是我們的生活，它是我們的感受，它是我們身、心、靈
完美融合的狀態。它存在於我們的生活之中。任何事情，一旦讓
你產生濃厚的興趣，專注而沉浸其中，對周圍的一切渾然不知，
始終被一種愉悅的力量所推動，雖然這件事情對你有一定的挑
戰，但你仍然不斷地奮鬥、創造、探索，覺得自己能夠控制它、
完成它，而且做完以後有一種發自內心的無比喜悅，一種創造性
的樂趣！如果這些情景都出現的話，那麼恭喜你，毫無疑問，你
就是擁有過福流體驗的人。

## 生活處處有福流

　　能否體驗福流狀態，跟做什麼樣的事情有關嗎？其實，想要讓我們在日常生活、工作中體驗到這種幸福的終極狀態，遠比我們想像的簡單：**強烈的福流體驗，通常產生於我們的心沉浸在我們所做的事情時。**

　　所以，工作會讓我們產生福流——為大眾服務，為家人辛勞，都是可能讓我們產生福流體驗的重要原因。

　　人們在做自己愛做的事情時，往往能夠體驗到這種福流狀態。如喜歡攝影的人，儘管跋山涉水、餐風露宿、行跡不定，仍然孜孜不倦，他們就沉浸在一種福流狀態中；喜歡音樂的人，在欣賞音樂的時候，也享受音樂所傳遞的節奏、韻律、感情，他們也沉浸在一種福流狀態中。

　　運動也經常會讓人們進入到福流狀態中，為什麼有人會打球到天黑不想回家？為什麼老人打了很長時間的牌到也不願意休息？為什麼馬拉松長跑有這麼多的人願意去參與？都是因為運動使他們產生了福流體驗，讓他們沉浸其中並上癮。

　　而當我們的注意力關注於我們周圍的親人朋友身上時，也經常會讓我們體驗到福流狀態。如彼此相愛的夫妻生活，或者只是和朋友談心、和親友聚會、和家人一起吃飯，也都是會產生福流

體驗的重要活動。

　　同樣，一部好的電影，一本好的書籍，一首好的詩詞，一段好的音樂，都能夠讓我們進入到這種福流狀態。即使在我們打坐、沉思、冥想、專注的時候，我們也很容易進入到這種福流狀態。

　　因此，幸福其實離我們並不遙遠，因為福流就在我們的生活中；所謂「極致的幸福狀態」其實也就是我們身、心、靈完美交融的快樂體驗。從美國心理學之父威廉・詹姆士（William James）的「意識流」（stream of consciousness），到今天「積極心理學」（編按：繁體中文界亦多譯為「正向心理學」，本書按原著者譯法沿用）的「福流」（flow），我們可以隱約見到讀書至樂的永恆「福流」。我也是在充分感受福流的體驗中完成了這本書，希望它也能使大家手不釋卷，沉浸其中，直至進入到福流狀態。讀書的福流正如水之溫潤流暢——它是潺潺而下，逐漸浸滿四肢百骸；它是緩緩而入，慢慢沁溢心脾臟腑。無怪乎「仁者樂山，智者樂水」。

　　**吾心可鑒，夫復何言？**

# 情感的真諦

夜月一簾幽夢，春風十里柔情。——宋詞，秦觀《八六子》

# 第 1 講
# 情為何物？心理學的探索

　　古語有云，「身無彩鳳雙飛翼，心有靈犀一點通」、「在天願作比翼鳥，在地願為連理枝。」從古至今關於愛情的經典名句從來不缺，哲學家、社會學家、人類學家、科學家、宗教人士、藝術家等各行各業的人士都有自己的觀點，心理學家也不例外。

　　那到底什麼是愛情？

　　心理學家認為，愛是人類內心的產物，是人類一種普世的基本情緒。但長期以來，人們對愛情的認識僅僅是表面的、經驗的、直覺的。很多人甚至還可能認為無法從科學的角度對「愛情」這種美麗而複雜的心理現象進行研究。

　　從 20 世紀 70 年代開始，就已經有很多心理學家開始採用科學的方法探索、研究和分析「愛情」，並試圖從「愛情心理學」的角度來探討：愛是什麼？為什麼人類需要愛？它有什麼樣的體

驗？又有什麼樣的影響？從心理體驗上來講，愛有沒有文化差異
（或階級差異）？

## 魯賓「愛情三體驗」

　　最早試圖測量「愛情」的是心理學家齊克‧魯賓（Zick Ru-
bin）。他把「愛情」定義為三種基本體驗：

> 第一是依戀（attachment），指我們願意和另外一個人長
> 期在一起，得到關愛、親近和身體上的接觸；
> 第二是關心（caring），指我們希望像照顧自己一樣地照
> 顧另外一個人，滿足對方的需求，唯願對方幸福；
> 第三是親密（intimacy），也就是我們願意和另外一個人
> （伴侶）共同分享自己的感情、欲望、思想以及各種身
> 心體驗和感受。

　　根據該定義，魯賓又研發了一種評估量表，來評價我們對待
特定個體（也就是「意中人」）的態度究竟是怎樣的。我們到底
是「喜歡」（liking）上了這個人，還是愛（loving）上了這個人？
這兩種情況在魯賓量表上的得分是不一樣的。這既為其愛情理論

提供了有力的支持，也提醒我們，與其花時間琢磨對方「到底愛不愛我」，不如問問對方「願不願意做個魯賓愛情量表測試」。

## 哈特菲爾德的「兩類愛情」

第二個愛情心理學理論是伊萊恩．哈特菲爾德（Elaine Hatfreld）提出的。她認為人類有兩種愛情，一種是「**共情之愛**」（compassionate love），一種是「激情之愛」（passionate love）。「**共情之愛**」指的是一種互相尊重、依戀、信任和喜愛的感情，這種愛情通常建立在互相理解、互相尊重的基礎之上；「激情之愛」指的是一種強烈的情感，包括強烈的性吸引、坐立不安的焦慮和行動的熱情。當這些感情得到積極回應的時候，人們會覺得特別快樂和滿足；而沒有得到回應時，人們會感到悲傷、失落和痛苦。哈特菲爾德認為，通常「激情之愛」延續的時間是六個月到三十個月左右（不超過三年）；同時，哈特菲爾德也認為，產生「激情之愛」需要有三個要素：第一是文化期望，鼓勵人們相愛，第二是遇到了他／她理想中的愛人，第三是能夠體驗到一種強烈的身心衝動。

當然，理想的愛情應該是從「激情之愛」變成「共情之愛」，因為後者更加持久和幸福。但是，哈特菲爾德也提醒大

家，雖然人們都希望自己的感情生活永遠包括強烈的「激情之愛」和穩定的「共情之愛」，但這樣的願望一般是難以實現的。

## 李・約翰「愛的畫風」

1973年，加拿大心理學家李・約翰（John Lee）出版了他著名的著作——《愛的顏色》，他將愛情比作顏色的色譜圖。正如顏色有「三原色」一樣，他認為「愛的畫風」也是由三個基本元素組成的：

第一個是「情欲之愛」（eros）——愛的是一個理想的人，它是一種美化對方、有強烈的羅曼蒂克和激情體驗的愛；

第二個是「遊戲之愛」（ludus）——愛就像一場遊戲，並沒有多少真實的情感投入，看重的是過程，而不是結果，因而經常更換對象；

第三個是「友誼之愛」（storge）——愛就是一種友誼，最常見的是青梅竹馬般慢慢發展起來的感情，這是一種細水長流，穩定而溫馨的愛。

　　就像「三原色」的結合能夠產生出其他的顏色一樣，愛的三種基本風格也能夠產生其他的一些組合，所以，他還提出了三種次要的「愛的畫風」：

　　第一是「依附之愛」（mania），它是「情欲之愛」和「遊戲之愛」的結合，代表的是一種依戀之情非常強大的愛；這種愛具有占有、忌妒、強烈情緒化等特徵；
　　第二種是「現實之愛」（pragna），它是「遊戲之愛」和「友誼之愛」的結合，代表的是一種務實而且功利的愛情；通常會考慮對方的現實條件，以期減少自己付出的成本，同時讓回報增加；
　　第三種是「利他之愛」（agape），它是「情欲之愛」和「友誼之愛」的結合，代表的是一種帶有犧牲和奉獻精神、不求對方回報的無私之愛；這種愛被視為他／她的義務。

　　李・約翰認為，對一個特定的人，他／她不一定在其所有的愛情關係之中都表現出同一「畫風」。也就是說，不同的關係會喚起不同「畫風」的愛；即使是在同一關係中，人們也有可能隨著時間的推移而變換「畫風」。

## 史坦伯格「愛情三角理論」

　　當然，在心理學中，最重要的同時也是最有影響力的愛情理論，還是羅伯特‧史坦伯格（Robert Sternberg）提出的「**愛情三角理論**」。他認為，愛情包括三種成分：**親密**（intimacy）、**激情**（passion）和**承諾**（commitment）。史坦伯格用三角形來體現這三種成分之間的相互關係：

> 「親密」是一種以情感為主的兩性關係，它是指伴侶之間一種心靈相近、互相融合、互相歸屬、互相熱愛的關係體驗，包含對彼此的熱情、理解、交流、支持以及分享等特點。
>
> 「激情」是一種以動機為主的兩性關係，它是指伴侶之間關係變得浪漫，強烈地渴望與對方有身體結合的一種狀態，源自外在身體吸引和內在性驅力的驅動。
>
> 「承諾」是一種以認知為主的兩性關係，它是指當事人對關係維持的一種認知，決定去愛一個人和對親密關係擔責。據此又可以分為短期的關係和長期的關係：短期的關係是自己投入一份感情，決定去愛一個人；長期的關係是為維持兩人之間的感情而做出一種持續的努力。

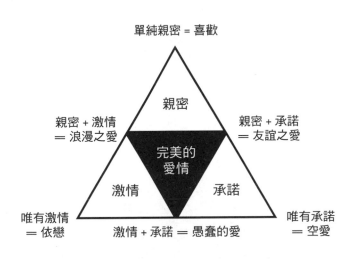

圖 1　史坦伯格「愛情三角理論」

　　隨著情感雙方認識時間的增加及相處方式的改變，上述的三種成分將會有不同的改變。根據史坦伯格（1986）的理論，這三種成分又可以有八種不同愛情關係的組合，並由此產生不同類型的愛：

喜歡（只包括親密部分）；
依戀（只包括激情部分）；
空愛（只包括承諾部分）；

無愛（三種成分都不包括）；

浪漫之愛（結合了親密和激情）；

友誼之愛（包括了親密和承諾）；

愚蠢的愛（等於激情加上承諾）；

完美的愛情（三種成分共聚在一個關係中）。

　　為什麼積極心理學家也關注愛的問題呢？原因是大量的心理學研究已經證明：愛情不僅僅是一種積極的情緒體驗，它也和人類的饑餓感、性欲望以及求生本能一樣，都是人類最原始的生存本能。一個心中有愛的人，往往也是一個更加善良、道德、健康、長壽的人；反之，一個心中充滿仇恨的人，往往也會是一個更加惡毒、殘忍、變態、短命的人。如果一個人連最基本的感情都沒有體驗過的話，很難說會自然而然地產生對家人、他人、社會和國家的愛。

　　最近的腦科學研究也發現，人類由愛情所產生的生理和大腦的反應，與由性欲望而產生的反應是不同的。心理學家海倫‧費雪（Helen Fisher）在其著作《我們為什麼相愛》（*Why we love*）一書中提出，「愛」可能由三種不同的欲望組成：第一種是性欲，第二種是愛情（它讓我們花時間追求和體驗浪漫的愛），第三種是依戀。這三種不同的欲望，在大腦所對應的區域是不同

的，並且有著不同的神經化學反應。

費雪認為，在「愛」的這三種欲望中，最重要和最有價值的不是性欲，而是愛情。因為很少有人會因為性而死，但在人類五千多年漫長的文明歷史上，已經有很多人為愛而生、為愛而死，他們歌頌愛情，也讚美愛情。而且，有趣的是，男性對愛情的追求程度和女性是一樣的。雖然很多女性認為男性更關心的是性欲望的滿足，但實際上，全世界為愛而亡的男性遠遠多於女性，其比例高達三比一。也就是說，有將近75％為愛而亡的人是男性，而女性只占25％。所以，莫道男兒多無情，殉情往往是鬚眉！

不過，中國大陸目前還沒有這方面的數據。所以，我們的心理學家還需要多做些大陸社會心理方面的基礎研究，也需要大家多支持本地化的愛情、婚姻和性心理學研究。如此重要的幸福源泉，多需要再探索、挖掘和享用啊！

第 2 講

# 愛的魅影──選擇還是放棄

　　但凡來紐約的人，晚上必不可少的一門功課就是去看一場「百老匯」的音樂劇。其中不可不提的是由著名音樂劇大師安德魯・洛伊・韋伯（Andrew Lloyd Webber）創作的《歌劇魅影》。自1986年在倫敦首演之後，這部音樂劇一直在百老匯演出，並在1988年獲得七項「東尼獎」（Tony Awards），成為歷史上最成功的音樂劇之一。《歌劇魅影》還打破了《貓》在2006年創下的連續演出七千多場的紀錄，成為百老匯歷史上演出最長的一部音樂劇。劇中的主題曲及其他有名的歌曲自上演以來一直被傳唱至今。

## 無法忘卻的天使之愛

　　《歌劇魅影》所述說的主題並非只有愛情，但毫無疑問，劇

中的愛情故事、主人公的命運和歸宿，仍然讓人噓唏不已，感慨
萬千。

　　靜下心來細思量，我個人覺得，《歌劇魅影》的魅力主要源
於以下三個方面。

　　**第一，此劇編排是一次感官愉悅的盛宴。**劇中不僅有標配的
情歌，還有歌劇宏大的段落、芭蕾舞的優雅、滑稽劇的幽默、化
裝舞會的奢靡，以及地下迷宮的冷峻、恐怖，豐富多彩的情節變
化，都讓人們的感官產生了強烈的震撼，使人流連忘返。

　　**第二，劇情具有西方文學典型的故事結構。**歌劇講述了一個
生來連母親都懼怕、厭惡的醜陋孩子，從小受盡凌辱，後來他奮
起反抗，殺死惡人，棲身於巴黎歌劇院迷宮般的地下室；他在孤
獨痛苦、絕望仇恨中獨自成長，成了歌劇院的一個音樂學識淵博
的幽靈。在他聽到一個同樣孤寂的小姑娘不凡的天賦美聲後，他
的音樂天才被激發，開始在黑暗中悄悄指引小姑娘展示音樂才
華，並幫助她取得了事業上的成功。這種「美女與野獸」的故事
搭配，在西方文學作品中屢見不鮮，《巴黎聖母院》、《科學怪
人》、《美女與野獸》，甚至電影《暮光之城》都脫胎於這種結
構。

　　儘管劇中女性的美麗、善良、單純，不時令人動容，但在某
種程度上，這類故事還是散發著人類原始的欲望，也就是男性強

烈的野性，並透過恐怖形象來讓人產生震撼感。據此推斷，對此類故事和劇情的接受和追捧，可能反映了人類心理上對自己野性的一種敬畏之感。

　　**第三，人類愛情的複雜與微妙，以及穿透式地呈現人性。**當然，讓我最感動的還是第三個原因，那就是人類愛情的複雜與微妙，以及歌劇穿透式地將人性呈現在我們面前，充分詮釋了「愛」有一個特別重要的要素，那就是「選擇與放棄」。

　　故事中的女主角「克莉絲汀」首先做出選擇。這位在歌劇院長大的孤女對雙親的回憶，僅僅是父親臨終時將她囑託給一位音樂天使，而這個天使正如她虔誠相信的那樣真的降臨，並像父親一樣陪伴她長大——他就是巴黎歌劇院人人談之色變的「劇院幽靈」（the Phantom）。克莉絲汀美麗、孤獨又脆弱，唯一能與她心靈交融的就是可以在她頭腦裡一直歌唱而看不見的天使，其歌聲充滿了男性的魅力和野性的誘惑，既教會了她歌唱，也滿足了她的戀父情結，但同時也控制了她的思維。然而，她對天使的幻想是如此美好，她覺得自己信任、迷醉、毫無防備，並且幸福地愛戀著他。

　　可是，在克莉絲汀揭開那位音樂天才用來遮蓋醜陋的面具

時，所有的幻想都破滅了，她心中充滿了恐懼、痛苦和憐憫，於是就面臨著「愛的選擇」，產生「心靈的愛」和「世俗的愛」之間的衝突，一方面是心靈上對這位音樂奇才有著依戀，另一方面是對年輕、英俊、富有的子爵勞爾（Raoul）有著世俗的愛戀。整個歌劇就是在這種不斷的衝突、選擇和放棄之中昇華出的一段動人心魄的愛情悲劇。

　　故事中的男主角「劇院幽靈」，他在克莉絲汀身上寄託了自己對人生全部的美好夢想，也正是他的才華才成就了克莉絲汀的成功。但最初克莉絲汀發自於精神層面的音樂之愛，卻逐漸滋生出強烈的佔有欲，當他發現克莉絲汀與別人戀愛之後，那種感到遭受背叛、失落和怨恨之心，讓瘋狂的他產生了巨大的毀滅性力量，並以殘忍的方式報復社會和其他人。

　　在全劇的結尾，他其實已經贏得了姑娘的芳心。但是，當流著淚的姑娘帶著痛苦和微笑的複雜表情、兩次狠狠地親吻這個她真心仰慕已久而現在彷彿被地獄詛咒的人時，喚醒了「幽靈」內心深處「善和愛」的理智，他也笑著流淚並做出了最痛苦的選擇：放棄強迫克莉絲汀跟自己待在黑暗的地窖裡與音樂度日的狂想，而讓她走向很多女孩所嚮往的正常的愛情生活。這是全劇最讓人感動的地方──愛往往是充滿了選擇的絕情和放棄的無奈。

　　而故事中年輕的子爵勞爾，是那樣的單純，像夏日的陽光一樣討人喜歡。「高、大、上」的他應該是天下無數女性都希望選擇的理想丈夫。但正如天下的很多好丈夫一樣，**他可能並不真正懂得自己關心的愛人內心深處的欲望、靈性和原始的生命張力**，他也必然要面臨選擇和放棄。

　　從表面上看，子爵勞爾贏得了一切，沒有多少放棄；但全劇隱隱約約地告訴我們，從某種意義上講，子爵和他夫人的愛情生活也不是完全理想的，因為克莉絲汀心中早已經對「音樂天使」有一種愛戀。我們不難想像在她回想這段音樂生涯的時候，她必然會想起那段舊日的戀情——對那位父親般的「音樂天使」懵懂的愛。就像那句古詩句：

　　夜深人靜常俯首，碧海青天夜夜心！

　　雖然歌劇沒有完整地表現他們婚後的生活，但根據音樂劇所改編的電影，已經給了我們豐富的想像空間：劇院已經衰敗，青年已成老人，子爵勞爾將拍賣得到的小音樂盒供奉在亡妻的墓前。這時，他看到墓邊一朵綁著紅絲帶的紅玫瑰，但他並沒有憤怒、嫉妒或吃驚，因為他知道那是「劇院幽靈」的愛情信物。我們從中看到了一個成熟的丈夫及其對自己愛妻的理解。這就是子

爵的選擇和放棄，一樣地令人感動：

　　時光催人老，玫瑰依然紅。
　　兩情至深處，彼此寬容時。


## 愛情裡，逃不掉的「選擇和放棄」

　　「選擇和放棄」總是同時存在於愛情生活中，兩者同樣重要，為什麼呢？

　　心理學家發現，選擇會讓我們充滿自尊與幸福，也會讓我們更加喜歡自己已經做出的選擇。但愛情生活中的「選擇和放棄」，經常會導致一種「失調感」的產生，而這種「失調感」的出現，會促使我們下意識地、自動地去合理化我們所做出的選擇，讓我們覺得自己選擇的往往是最好的結果。因此，正如莎翁的經典名劇《羅密歐與朱麗葉》中的那對青年男女一樣，愛情中的「選擇與放棄」，會使我們對自己選擇的結果更加地堅信，也會使我們對自己所選擇的愛人更加地忠誠，從而提高我們對愛情生活的積極感受。

　　早在1951年，心理學家利昂‧費斯廷格（Leon Festinger）就提出了著名的「**認知失調理論**」。他認為，在很大程度上，人類的態度其實是由人們的行為決定的。也就是說，在人們選擇做出某種行為之後，心中肯定會有很多評量、分析和判斷。無論放棄何種美好的事物，人們內心都會產生微妙的心理變化，這種變化就是心理學上常說的「失調感」，而這種「失調感」總會促使人們去糾正自己先前的分析、判斷和選擇。這就像經常抽菸的人一樣，內心往往會有一種不安，而這種不安，又使其必須合理化自己抽菸這種不健康的行為，從而導致很多人會改變自己對抽菸的認識，認為自己不會遇到別人所想的那些危險。

　　總而言之，愛並不總是甜蜜的，選擇時必然要面臨一些放棄，而放棄之後的無奈也一樣令人痛心。但這並不影響我們對愛的追尋，因為「愛的豐富多彩，愛的真情實感，愛的魂牽夢繞……」都讓我們心馳神往。

　　選擇和放棄其實也都是因為愛！無論如何，剪不斷，理還亂的是「情」愁，別是一番滋味在心頭。

第 3 講

# 什麼樣的人可以做單身貴族？算算你的單身回歸方程式<sup>*</sup>

　　有調查顯示，當今社會，尤其是在工業化程度較高的社會中，人們保持單身的時間越來越長，單身者在人群中的比例越來越高。而受一些舊觀念的影響，「剩男」、「剩女」們不僅承受著單身本身的弊端，更承受著來自社會的壓力。部分單身人士自嘲為「單身狗」，著急慌忙地想抓住另一半的手。然而，也有一部分單身人士過得十分灑脫，十分享受單身的狀態，自詡為「單身貴族」。那單身究竟是「狗」還是「貴族」？

## 單身和戀愛也是「蘿蔔青菜，各有所愛」

　　人們通常認為，戀愛總是會讓人更加幸福。一項綜合 48 項研

---

*　根據于明可、廖安迪的作業改寫。

究的整合分析總結認為，相比於單身者，處於戀愛關係中的個體擁有更高的生活滿意度，其身心狀況也相對更加健康，並且這一結果也得到了後續研究者在52種文化背景下的驗證。

顯然，處於親密關係中的個體能夠從伴侶處獲得更多的社會支持與社會聯結，從而得以更好地應對生活中的壓力。同時，有不少研究也發現，親密關係能夠培養一個人的自尊，使人更容易達成目標，還可以擴大積極的成就。

與此相對，單身者的關係需要難以得到滿足。單身者既缺乏來自伴侶的支持，也沒有另一半來幫助自己分擔壓力。但新近也有研究者提出反對意見，他們發現單身者與非單身者擁有相似的生活滿意度，而且單身者能夠得到許多戀愛狀態下所不具有的好處。這似乎說明，單身生活同樣能夠帶來不少快樂。

眾所周知，維持一段良好的親密關係並非易事。一旦確立二人的關係，就有可能會面對諸多的潛在傷害（例如，失望、衝突和背叛）。從這個角度來看，單身者便免去了面對這些潛在傷害的可能。尤其在人們無法享受愛情滋養的時候，自然會投向親人與朋友的懷抱，從而，單身者與親人朋友之間的關係就會得到提升。再者，由於不需要承擔擁有一段親密關係的義務，單身者能夠充分追求個人的興趣發展與事業抱負。因此有一些暢銷書，勸告現代女性為了未來的事業和個人幸福不要太早戀愛結婚。

　　然而，在較為傳統的社會中，單身者可能會承受明顯的財務壓力和社會成本，以致這些成本掩蓋了單身可能帶來的良好效益。尤其是頂著「剩女」的光環就不得不遭遇過多的關注。

　　總之，無論是否單身，都有與之相應的益處和不足。然而，有調查顯示，當今社會，尤其是在工業化程度較高的社會中，人們保持單身的時間越來越長，單身者在人群中的比例越來越高。

　　其實，無論是保持單身還是投入戀愛，都需要面對不同的責任與利益、成本與收穫。至於選擇哪種情感狀態，則來自於每個人對不同關係可能帶來的後果的權衡。假如有這麼一種人，生活在一個既沒有父母逼婚，也沒有身處「第二杯半價」遍佈的溫暖社會裡，他／她們能從容地享受著單身所帶來的福利，更不介意其自身的缺陷，那麼，他／她們傾向於選擇單身並且同樣幸福也就不足為奇了。

　　問題是，什麼樣的人更容易在浪漫關係中獲得幸福？什麼樣的人更容易在單身生活中獲得幸福？

## 測算一下你的「意向幸福指數」

　　社會心理學中有個概念叫做「社會目標」，它可以分為迴避社會目標（avoidance social goals）和趨近社會目標（approach social goals）。迴避目標和趨近目標是有一定負相關的兩個維度，每個人在這兩個維度上的得分有所不同，可以同高或同低，也可以一高一低。假如作為單身狗的你在迴避社會目標上得分高，那麼恭喜你，你一個人就能幸福得不得了。別怕，這個結論是很認真做研究得出來的。

## 區別高迴避目標的人和高趨近目標的人

高迴避目標的人並不是迴避所有的親密關係，而是選擇性地迴避親密關係中的衝突與分歧，通過避免關係中的負面因素來維持關係。也就是說，這部分人群更容易感到焦慮和孤獨，對於親密關係中的負面事件更加警覺，通常從悲觀的視角詮釋互動和預測行為。通俗地說，他們更傾向於注意關係中的問題，以迴避可能的傷害。

高趨近目標的人則採用加強親密和促進關係加深的方式來維持社會關係，他們對於社會關係更加滿意，能夠利用積極社會經歷的益處，把中性事件看待得更加積極，並且不受負面社會事件的干擾。通俗地說，他們更關注關係中積極的方面，以獲得最佳的結果。

　　這兩種目標趨向的人在單身生活或在戀愛生活中會有什麼不同表現呢？接下來我們會用兩個回歸模型來證明我們的確是在認真嚴肅地回答這個問題！

　　第一個回歸模型採用大學生樣本（N=187，Female=156），因變量是10天內的日常生活滿意度，有顯著貢獻的是趨近目標，浪漫關係狀態和迴避目標的交互作用兩項。

　　下面我們更具體及重點式地看一下親密關係狀態和迴避目標的交互作用這一項（圖2）：

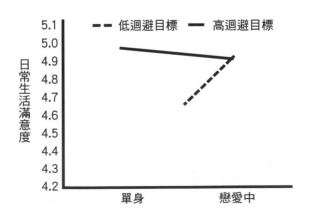

圖2　迴避目標趨向對關係狀態和日常生活滿意度的調節作用

　　從縱向看，單身時高迴避目標人群的日常生活滿意度顯著高於低迴避目標人群的日常生活滿意度。而在浪漫關係之中時，二者並無差異。由橫向看，低迴避目標人群的日常生活滿意度在浪漫關係之中有著顯著的提升，而高迴避目標人群並無差異。

　　如果您屬高迴避目標人群，那麼，單身生活和戀愛生活的幸福程度相差無幾，並且在單身時還可以嘲笑那群低迴避目標的悲慘單身者，想想還真是開心呢！

　　如果您屬低迴避目標人群，那麼單身生活真的是相當悲慘，還是趕緊找個妹（漢）子脫離苦海吧。

　　因此，第一個回歸模型的結論是：**雖然單身者的生活滿意度更低，但對於高迴避目標的人並非如此。**

　　為了進一步驗證結論，就有了第二個回歸模型（紐西蘭態度和價值觀研究：NAZVS，N=4024，Time2-Time1=1year，both single/in a relationship），因變量是Time2生活滿意度。所有自變量均有顯著貢獻。

　　同樣地，我們也具體及重點性地看一下迴避目標和浪漫關係狀態的交互作用，和趨近目標和浪漫關係狀態的交互作用（圖3）：

　　圖3（a）表明：迴避目標可以調節浪漫關係和生活滿意度之

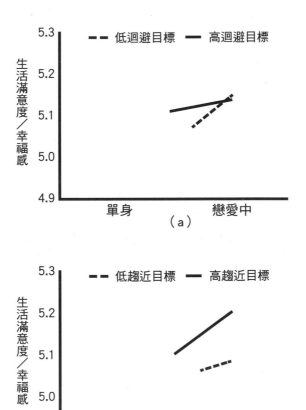

圖 3　迴避目標（a）和趨近目標（b）趨向對 1 年後關係狀態
　　　和生活滿意度及幸福感的調節作用

間的關係，高迴避目標人群處於浪漫關係中時，生活滿意度並沒有得到顯著提高。

　　圖3（b）表明：趨近目標也可以調節浪漫關係狀態和生活滿意度之間的關係，高趨近目標的人和低趨近目標的人在單身時的生活滿意度是沒有差別的，但是，具有高趨近目標的人一旦處於浪漫關係之中，生活滿意度的提高效應就被放大了。

　　直觀來看，這兩幅圖呈現的是相反的趨勢。迴避目標的這幅圖像是在收斂，而趨近目標的這幅圖像是在發散。這說明：高迴避目標正如一種保護和補償機制，保護這些敏感而孤獨的高迴避目標人群不會過分嚮往浪漫關係，同時也補償他們不受單身時的不幸福所困擾。**而高趨近目標是一種放大機制，把浪漫關係的每一個積極元素都物盡其用**。綜上所述：

　　（1）既然高迴避目標的人單身時那麼快樂，他們就活該永遠單身嗎？

　　當然，迴避社會目標並不會降低浪漫關係所帶來的好處。問題中最為核心的一點是，在浪漫關係中，高迴避目標人群盡力避免的衝突是否真發生了。假如這些衝突仍舊發生，浪漫關係對於他們而言，便是弊大於利，浪漫關係確實會對他們造成傷害。

　　（2）既然高趨近目標的人在談戀愛時那麼快樂，他們萬一單

身了豈不是很淒慘？

　　未必，高趨近目標人群內心有一種渴望加深社會連接的原動力，而這種原動力會使浪漫關係中的積極元素得到釋放。即便他們單身，他們也能從其他的社會關係，比如家庭和朋友那裡，獲取積極的經驗並且最大程度地利用這些社會支持。

　　所以，如果你覺得單身更快樂，那就享受一個人的生活；如果你更希望有人陪伴，那拿出行動，提升自己，去抓住自己想要抓住的手，別再顧忌外界的看法，勇敢地選擇幸福值更高的狀態！

第 4 講

# 「認清真相，依舊深愛你」<sup>*</sup>

　　我們經常聽到一句話說「情人眼裡出西施」，意思是：戀愛雙方通常傾向於將對方看作是美好的、漂亮的。荷蘭格羅寧根大學（University of Groningen）的研究人員曾證明該說法確實有道理——比起陌生人，伴侶在情人的眼中更有魅力，大多數人會忽略自己意中人的生理和外形上的缺點。因為當我們把對方看作是美好、漂亮的時候，不僅可以滿足對方的自尊，還可以維護我們自己的自尊；而且，這種積極的偏愛或偏見，在某種程度上，也有利於戀愛雙方在感情上更投入，從而獲得更高的戀愛滿意度。

　　但是，也有研究顯示，戀愛中的人們也會有實事求是的一面。這種實事求是，來源於「自評——他評」的一致性，即我

---

\* 　根據郭雙雙《文化心理學》課堂作業改寫。

們希望自己對自己的評價，與他人（戀人）對我們的評價是一致的，這種一致性對戀愛雙方的親密度、滿意度而言有著非常重要的作用。

來自美國華盛頓大學聖路易斯分校（Washington University in St. Louis）的心理學家們想知道，**戀愛中的人們，可不可以既有樂觀的偏愛／偏見，又有客觀的實事求是**？尤其是在評價對方外表的時候，我們究竟是如何認知的呢？為了弄清這個問題，他們進行了下面的研究。

## 「親愛的，你好漂亮……至少對我而言確實如此」

心理學家們招募了83位大學生志願者（男32位、女51位）來到實驗室，請他們通過一個「7點量表」來對自己的外表進行評價。此外，研究者還招募了另外112位大學生志願者（男40位、女72位），請他們對自己的外表進行「15點量表」的評價。

隨後，心理學家根據這些大學生們所提供的自己的戀人、朋友的郵箱地址，分別給他們發了郵件，請他們也對這些大學生被試的外表進行評價。例如，戀人需要對如下描述進行7點或15點量表的評價，「我的戀人的外表很有吸引力」、「我的戀人認為他／她自己的外表很有吸引力」、「其他人認為我的戀人的外表很

有吸引力」(在7點量表中,1代表「非常不同意」,7代表「非常同意」;在15點量表中,1代表「非常不同意」,15代表「非常同意」)等等。

對調查結果進行檢驗和相關分析,心理學家們發現:

(一)**戀人確實對我們的長相有樂觀的偏愛偏見。**在7點量表的評分中,就長相而言,「我對自己的評價」為4.82分,「朋友對我的評價」為5.64分,而「戀人對我的評價」竟高達6.56分。同樣的結果也出現在了15點量表的評分中,即「我對自己的評價」為10.15分,「朋友對我的評價」為11.41分,「戀人對我的評價」則高達13.84分。

這說明,**戀人對於我們外表的評價,要顯著高於朋友對我們的評價;而朋友對我們外表的評價,要顯著高於我們對自己的評價。**所以,該研究印證了「情人眼裡出西施」這句話。

(二)**戀人知道我們是怎樣評價自己的**,即戀人對我們有一種**認同的準確性**(identityaccuracy)認知。

在7點量表的評分中,同樣的問題,就外表而言,「戀人認為我對自己的評價」為5.00分,這很接近「我對自己的評價」(4.82分),但是與「戀人對我的評價」(6.56分)則有顯著差

異。類似的結果也出現在15點量表中，即「戀人認為我對自己的評價」為10.76分，這很接近「我對自己的評價」（10.15分），但與「戀人對我的評價」（13.84分）有顯著差異。相關分析顯示，「我對自己的評價」與「戀人認為我對自己的評價」相關係數達到0.35，而「我對自己的評價」與「戀人對我的評價」相關係數僅為0.08。

也就是說，雖然戀人認為我們「貌若潘安」或「美若天仙」，但是戀人其實也清楚，我們對自己長相的評價是很一般的。進一步分析也顯示，這種認同的準確性認知僅存在於戀人身上，在朋友的身上則是不明顯的。

（三）戀人知道我們的朋友是怎麼評價我們的，即戀人對我們有一種名聲的準確性（reputation accuracy）認知。

在15點量表中，同樣的問題，就外表而言，「所有朋友對我的評價」為11.41分、「戀人對我的評價」為13.84分，而「戀人認為朋友對我的評價」則為12.47分。相關分析顯示，「所有朋友對我的評價」與「戀人認為朋友對我的評價」之間的相關係數達到0.43，而「所有朋友對我的評價」與「戀人對我的評價」之間的相關係數僅為0.13。

由此可以看到，雖然戀人對我們的外表評價很高，但是戀人

也知道我們的朋友對我們的評價並沒有那麼高。

總而言之，該研究的結果可以生動地用下面這個小故事來進行概述：

邁克和朱莉是一對戀人。邁克認為，如果10分是滿分的話，朱莉的外表可以得到9分。但是，邁克其實也知道，朱莉對自己的評價僅有6分，而朱莉的朋友們對朱莉的評價也只有7分。所以，邁克對朱莉說：「親愛的，你好漂亮……至少對我而言確實如此。」

## 認清真相，依舊愛你

法國文學家羅曼・羅蘭曾經說過這樣一句話：「**世界上只有一種英雄主義，就是在認清生活的真相之後，依舊熱愛生活。**」這句話，現在同樣可以用來套在這篇研究的結果上，即「世界上只有一種愛情，就是在我瞭解你的真實情況之後，依舊選擇愛你」。以前，我們經常會看到一些文章或故事告訴我們說，隨著兩個人相處時間越久，雙方就越加會發現對方真實的一面，從而打破自己最初的幻想，最終導致雙方分道揚鑣。

但是，這篇研究的結果卻讓我們明白——也許相對於大千世

界而言，我們只是很普通、很平凡的人，而在我們的戀人眼中，儘管戀人明白我們還像原先一樣默默無聞，卻仍舊願意將我們看作是這個世界上最值得依賴的對象、最讓人流連忘返的風景、最無與倫比的美好所在。

總之，「情人眼裡出西施」——這不只是存在於我們心中的一種積極幻想，也不完全是因為我們的無知或愚蠢，更不僅僅是因為我們不清楚自己愛人的長相，而是因為我們彼此真心相愛、相戀和相悅！

第 5 講
# 別再做怨女，分手的後果對男性來說更恐怖

> 問世間，情為何物，直教生死相許？天南地北雙飛客，
> 老翅幾回寒暑。歡樂趣，離別苦，就中更有癡兒女。君
> 應有語：渺萬里層雲，千山暮雪，只影向誰去？
> ——《摸魚兒·雁丘詞》

## 男女分手後的心理差異

　　愛情是人類永恆的話題，但個人的愛情卻難以永恆。兩個人
會因為互相喜歡而攜手同行，也難免會因為分歧和不愉快而分道
揚鑣。分手之後，只要真心愛過，雙方都難免感傷。元朝著名文
學家元好問在結束他的愛情之後，悲傷哀歎：「問世間，情為何
物，直教生死相許？」而一句「淒淒復淒淒，嫁娶不須啼。願得
一心人，白頭不相離」更是道出女子情傷後的心酸和無奈。

　　那究竟男女雙方分手之後有何心理差異呢？又是什麼原因導

致這種心理差異？

從進化心理學角度來分析，男女兩性在漫長的人類進化過程中，因為選擇配偶的策略不同導致了男女分手後的心理差異。

由於生理原因，女性在選擇配偶方面非常謹慎，以便她們找到靠得住的男性。因為女性在有了性生活之後，很可能將會經歷漫長的懷孕期和哺乳期，以及更長的撫養期。這就使得她們在配偶選擇方面的投資策略往往要求嚴格，以確保自己的後代能夠在未來得到該男人的支持和關懷。

而在漫長的演化過程中，男性先祖的投資策略則是盡可能多地選擇去與女性發生性關係，以保證自己的基因能有足夠多的機會得到繁衍，從而使得男性顯得有些花心。因此，無論是古代梁惠王談到的「寡人有疾，寡人好色」，還是當代成龍說到的「全世界男人都會做錯的事」，都是我們人類的演化歷史選擇出來的男性性心理特性（不是說必定這樣，只是解釋為什麼會是這樣）。

## 怨女復原更神速，此恨綿綿多男兒

美國紐約賓漢姆頓大學（Binghamton University）的心理學教授克雷格‧莫里斯（Craig Morris）曾在《進化行為科學》（*Evolutionary Behavioral Sciences*）上發表的一份研究報告中，

提出了一個有趣的假設。他認為，**男性和女性在結束前一段關係之後，下一步將面臨不同的配偶選擇策略，造成了他／她們不同的行為表現**。女性在分手後，不得不重新開始選擇優秀的男性，所以，她們必須從分手之後的痛苦中迅速恢復過來，以保證自己的活力和對異性的吸引力。同樣，男性也不得不重新開始下一輪的求偶競爭，但在這樣的競爭中，他們很可能很快就會發現，他們並不總是能夠找到優秀的女性。因此，他們的失落感會越來越強，從而對曾經的優秀女性的懷念也就會越來越深刻。

那麼，有什麼證據可以用來證明這樣的理論假設呢？

莫里斯和他的團隊通過網路調查了來自96個國家的5705名受訪者，要求每個參加調查的人評估一下分手將會對自己的情緒和身體所造成的傷害程度（傷害等級從1到10，1是沒痛苦，10是極度痛苦）。結果表明，女性在情感上感受到的痛苦更大，她們的平均得分為6.84，高於男性的6.58；在生理上的痛苦亦是如此，女性的平均得分為4.21，高於男性的3.75。雖然看上去差別很小，但它們都有著統計學上的顯著意義。

由此可見，在一段感情中，儘管女性在選擇伴侶上極其嚴格，但如果遇人不淑，分手也會帶給她們更大的傷害。不過，研究也發現，雖然分手會給女性帶來巨大的心理和生理創傷，但隨著時間的流逝，最終她們會徹底走出情傷，尤其當她們意識到自

己必須堅強，應該開始新的生活了的時候，她們就會恢復得更快、更徹底。

　　然而，儘管分手那一刻給男性帶來的痛楚可能沒有像女性那麼深刻，但是，男性可能會在以後的生活中逐漸產生一種深深的失落感，並且這種失落感有可能會持續幾個月，甚至幾年。當男人意識到自己正在這樣的失落感中「下沉」時，他必須重新通過「為愛競爭」而獲得新愛，以取代他「逝去的愛人」；更糟糕的是，有的男人還發現，這個「逝去的愛人」是無法取代的。因此，分手帶給他們的傷痛可能會使部分男性終生「難癒」。

　　因此，雖然由分手所造成的情感上的痛苦，女性感受到的通常要比男性更強烈，而一旦平靜之後，女性的心態恢復得卻要比男性好。所以，女性往往能夠幸福地開始新的愛情和婚姻。反倒是男性同胞，有可能會用更長的時間去懷念以前那段感情的美好！

第 6 講

# 科學地尋找最適合與你結婚的人 —— 大數據沒有告訴你的秘密之一：性格

大陸的社交軟體「微信」上的「CPPA幸福中國」媒體曾經發佈了一篇很有意思的文章，題目為〈什麼人最適合與你結婚〉。它是根據復旦大學社會科學數據中心在入戶調查了3318個中國家庭後所獲得的數據，統計得出的「中國人現代婚姻狀況」。在文章中，小編風趣、幽默地解讀了調查結果，從中我們也可以看出當下國人在婚姻中的一些基本狀況。

然而，還很難說該文是大數據研究的結果，因為文中所涉及的只是一些年齡、職業、學歷等簡單的人口學和社會學變量，所以，還無法回答「什麼人最適合與你結婚」這樣的問題。雖說存在的都有其合理性，但不能說存在的就是必然的。這樣的調查沒有涉及人們的性格、動機、行為等方面，因此，它也就不能幫助

我們瞭解「為什麼我們要追求這樣的婚姻」。

　　從 20 世紀 70 年代起，心理學家開始關注愛情、婚姻、人際關係等心理學問題，並進行了一系列的實驗研究。但不得不承認，愛情和婚姻是人類非常複雜和微妙的心理和行為現象，存在很多不可琢磨、不可預料和不可深究的問題。特別是從 20 世紀 60 年代開始，歐美國家性解放、婦女運動、民權運動等運動的興起，技術（如生育技術、避孕技術等）的革新或改進，以及人類思想的變化，使得人類的婚姻處於越來越尷尬的處境。我們一方面仍然相信美滿婚姻是應該的，也是可能的；但另一方面，一個不容忽視的現實是——大部分社會經濟發達的國家和地區的離婚率越來越高。美國有 50％的婚姻以離婚結束，而只有 30％的婚姻是健康的、快樂的、積極的；其他經濟發達的國家和地區也一樣，婚姻質量下降的現象非常明顯。

　　隨著中國大陸經濟的發展、社會的進步、生活水準的提高、婦女地位的改善，同時帶來的一個負面影響就是：婚姻也開始遭受各種誘惑和干擾，婚姻質量明顯下降。根據中國民政部的統計數據，2013 年中國的離婚率達到 27％，而經濟發達的北京、上海、廣州、深圳地區的離婚率已經超過歐洲，直逼美國。因此，如果還是想從婚姻關係中得到幸福（這好像仍然是絕大多數人的

「意願」），我們還真的需要好好想想，到底找什麼樣的人結婚，
婚姻才能保證穩定、積極和幸福。

## 一切看臉？鮮花也可能跟牛糞更匹配

　　現在看來，傳統上人們認為重要的配偶品質或特質，已經變
得不是那麼重要了。比如長相，**沒有任何的心理學證據能夠證明
長得漂亮就可以作為保證婚姻質量、感情關係、性關係的預測指
標**。反而有研究表明，外表的魅力與關係的滿意程度之間存在一
些負相關。

　　馬里蘭大學的心理學教授泰・田代（Ty Tashiro）在其著作
《從此幸福快樂的愛情真相：3個願望找到對的那個人》（*The Sci-
ence of Happily Ever After: What Really Matters in the Quest for
Enduring Love*）一書中指出，長得漂亮對婚姻幸福沒有太大的幫
助或影響，事實上，可能還存在一些負面影響。也就是說，過於
漂亮的男女兩性的婚姻關係都可能會有一些不穩定的風險。

　　美國加州大學洛杉磯分校的社會心理學教授本傑明・卡爾尼
（Benjamin Karney），根據長期追蹤82對新婚夫婦婚姻狀況的研
究發現：配偶長相的吸引力對男性和女性的意義不太一樣。對男

性來講，那些與比自己的異性吸引力高的妻子結婚的男人，對婚姻的滿意程度有所提高；而那些與比自己的異性吸引力低的妻子結婚的男人，婚後的滿意程度有些下降。極端而言，長得一般的男人娶到美妻之後應該是對婚姻最滿意，也最願意疼愛自己的妻子。但對女性來講，丈夫的英俊程度如何對婚姻品質並沒有太大的影響。

　　所以，心理學家的基本結論是：**對於我們認識一個人、對於一段關係的開始、對於一次愛情的萌芽，長相可能具有特別的意義，外表有吸引力的男女很容易有多次短期感情的糾葛。但對於長期的夫妻關係而言，長相所產生的影響其實遠沒有我們想像的那麼大**（其中可能對丈夫的幸福感會有一些影響，但對妻子的幸福感來說，丈夫長得怎麼樣基本上沒有太大的影響）。

　　因此，如果非要對選擇配偶給出一條建議的話，我的勸告是：女孩子不必特別在意追求那些比自己的異性吸引力高的男性。因為根據已有的研究，在不久的將來，他的外貌對你的實際意義並不大，而你的外貌卻會對他有些微妙的影響。也就是說，不要太擔心鮮花插在「牛糞」上的情況，這樣「牛糞」會很開心，鮮花其實無所謂。當然，「顏值」時代理想的狀況還是外貌相當，佳偶天成，無險無慮，皆大歡喜。

## 「裸婚」很辛酸，但金錢並不是婚姻的靈丹妙藥

有一句古話説「貧賤夫妻百事哀」，而研究表明，對於收入比較低的夫妻來講，金錢對婚姻質量的影響比較大。然而，在家庭年收入超過了七萬五千美元之後，家庭收入對婚姻品質的影響就明顯地消失了。甚至還有研究發現，收入的增加反而與社會壓力和社會孤獨感的增加存在正相關。因而，金錢對於我們婚姻品質的影響，好像也不是那麼大。

同樣的結論也可以引伸到人生剛剛起步的年輕人，剛開始的經濟收入對婚姻品質必然會有一些影響，但是，當夫妻兩人合併起來的家庭年收入超過七萬五千美元之後，其影響就會產生邊際遞減效應，變得越來越不重要了。因此，短期來看，對沒錢的人和長期窮困的人來説，金錢在婚姻關係中具有一定的重要性，但也只是暫時重要；長期而言，金錢在婚姻關係中的重要性，尤其是對個人幸福來説，並沒那麼重要。

那麼，到底什麼樣的因素能夠較好地預測婚姻關係的品質呢？現在看來，實際上與華人的母親們一直以來就在告訴女兒的那個秘密相一致，心理學家的結論是「**嫁一個好人**」。

問題是，什麼樣的人算是好人？有沒有一些可以評估的指標來幫我們確定呢？心理學家認為：有，而且還很準。這就是

著名的人格心理學理論——「**大五人格**」中的**親和性**（agreeableness）指標。更為重要的是，很多其他的人格特質有可能在生命的成長過程中會發生變化（比如，人們通常所關注的智商、情商，以及奮鬥精神，都有可能隨著年齡的增長而發生變化），但親和品質很少會隨著時間的變化而發生改變。因此，它對於長期的婚姻關係有著積極的作用。

「大五人格」是由著名的心理學家科斯塔（Costa）、麥克雷（McCrae）等人提出來的，用來描述人類個體差異的一種被廣為接受的理論。研究者通過詞彙學、行為學、遺傳學等多學科的研究方法，發現了可以用來概括人類所有個體差異的五種人格特質：外向性（extraversion）、情緒穩定性／神經質（neuroticism）、開放性（openness）、親和性（agreeableness）、盡責性（conscientiousness）。

另外，根據心理學的研究發現，與婚姻關係、幸福感有密切聯繫的特質是「親和性」。「親和性」得分高的人通常是善解人意、熱情周到、友好大方、樂於助人的，他們對人性也往往有較為樂觀的看法，並且相信人是誠實、正直、值得信賴的（這樣的人也就是我們現在常說的「持有積極心態的人」）。尤為可貴的

是，具備「親和性」的人往往喜歡用積極的眼光看待他人，並且對別人的需求和看法也比較敏感。因而這樣的人通常比較討人喜歡，容易被社會所接受。

在夫妻關係中，那些「親和性」強的人的表現也會令人滿意，比如「在性生活和性行為方面」更容易讓對方感到舒服和快樂，也更敏感於使對方滿足和愉悅。從這個角度來說，他們是理想的愛人，這樣的婚姻品質也可以保持在較高水準上。

根據田代教授長期追蹤168對夫婦的研究也發現，那些「親和性」得分高的夫婦，經常表露出對對方的喜愛，同時容易有一些羅曼蒂克的浪漫幻想，以及美化自己的配偶，這些甚至比愛情本身更能夠預測夫妻之間良好的婚姻關係。

由此可見，「找個性格好的男人」才是重點──看來有部分母親的直覺還是正確的。性格好的男人更願意關心、照顧自己的妻子，也更願意做出自我的犧牲，更敏感並且更體貼，而這與少女們所追求的相貌、成功、財富、慓悍、勇敢等所謂的「男性魅力」並沒有太大的關係。雖然性格好的男人或許不性感，也不驚心動魄，但他們通常是踏實穩重、厚道實在、體貼顧家的好伴侶，尤其是他們還有一種能穿透心靈的魅力。同樣，娶到「親和性」高的妻子，也是男人一輩子的福氣。

　　不過，迷戀偶像劇的年輕人，可能更樂意選擇酷帥的「霸道總裁」和貌美的「野蠻女友」。另外，還有「蘿蔔青菜，各有所愛」之類說法。但是，生活不是偶像劇。在現實婚姻關係中，性格是你應該考慮的因素之一，而性格中的「親和性」是你應該首先考慮的因素，「親和性」高的人，才是你最應該結婚的人。當然，「親和性」和黏人的「死纏爛打」是完全不同的。「和」讓你舒適，「黏」讓你煩惱，差別是很大的。

　　當然，也有很多人關注，什麼樣的性格特徵對婚姻關係的傷害最大？根據田代教授的研究發現，「神經質」是婚姻關係最大的性格殺手。因為這樣的人敏感多疑，情緒不穩定，常有很強烈的不安全感。

　　除了性格因素之外，還有很多其他的要素可用來幫助我們維護夫妻關係的穩定和積極。讓我們在下一講中聊一聊這些事。

第 7 講

# 愛情大師談幸福婚姻——大數據沒有告訴你的秘密之二：溝通的藝術

　　2014 年 7 月，美國著名的《大西洋月刊》上發表了一篇有趣的文章，題目叫〈愛情大師〉，該文採訪的對象是著名心理學家約翰‧高特曼（John Gottman）。在這篇採訪中，高特曼回顧了他從事夫妻、情侶幸福關係科學研究的經歷，認為「溝通的藝術」是夫妻之間維持長期關係和保持幸福的重要因素。

　　高特曼號稱是活著的「十位最偉大的心理諮詢專家」之一，他和他的夫人茱莉雅（Julie）成立了「高特曼研究所」，致力於用科學的方法，研究如何幫助夫妻或情侶們維持親密的關係。他們的婚姻諮詢中心已經在全世界享有盛譽。

## 愛情實驗室

高特曼的第一個著名研究是和羅伯特・萊文森（Robert Levenson）一起在美國華盛頓大學做的。早在 1986 年，他們就成立了一個「愛情實驗室」（Love Lab），專門邀請一些新婚夫婦到實驗室參加心理學的實驗。他們希望通過觀察這些新婚夫婦之間的互動、交流和溝通，來瞭解夫妻婚姻關係幸福的原因及影響夫妻關係的要素。

萊文森是我在柏克萊加州大學的一位心理學系同事，他是一個很神奇的心理學家，曾經擔任過美國心理科學學會（APS）的主席，也曾多年擔任柏克萊加州大學「人格與社會研究中心」的主任。1997 年，我從密西根大學獲得博士學位之後，就是萊文森和當時心理系的系主任謝利・扎迪克（Shally Zedeck）教授兩人積極鼓勵並支持我去柏克萊任教的。

當那些新婚夫婦來到「愛情實驗室」後，研究人員就會將每對夫婦連上電極，用以觀測他們身心的反應（比如心率、血流量、出汗的次數與程度）；而夫妻倆的任務就是聊一聊他們之間的關係：如何初次見面？生活中面臨的主要問題是什麼？生活中

美好的共同經歷有哪些等等。高特曼和萊文森主要是依據夫妻之間互動和溝通時的身心反應和行為差異來判斷和預測夫妻之間的關係穩定程度和幸福感。他們根據多年的研究發現：夫妻之間溝通、交流的方式，對於婚姻穩定和幸福有著很大的影響。

通過分析夫妻雙方之間的溝通方式與他們身心反應之間的對應關係，高特曼和萊文森發現，夫妻之間的溝通方式有很大的差異。有些人被稱為**關係高手**（masters）。這些人在討論他們的經歷和他們生活中所面臨的問題時，溝通風格往往是溫馨、關懷、體貼、平靜的，沒有特別強烈的生理應激反應；尤其是他們能夠通過對話來刻意營造一種彼此信任、相互支持、雙方滿意的親密感。甚至這些人在實驗研究之後的六年內始終保持非常愉快、積極的婚姻關係。

另外有些人則被稱作是**關係禍害**（disasters）。這些毀壞婚姻關係的人，往往隨時隨地都做好了咄咄逼人地攻擊對方或迎擊對方的準備，所以，即使是在談一些快樂的、甚至是很平常的事情時，他們的血流、心跳也都會加快。因為這些禍害關係的人對任何事情都做好了一種「戰或逃」的應激反應，即便是要與另一半坐下來好好說說話這樣的事情，對他們來講都會產生一種生理上的排斥。

研究發現，那些關係高手們往往會對自己配偶的任何話題，

包括無聊的話題都表現出一種興趣、關心、支持和迎合的態度；而那些禍害關係的人，總是表現出一種冷漠、不關心的態度，繼續看電視、看報紙，完全沒有回應，甚至是敷衍了事，更為惡劣的還會帶上一些批評、挑剔，甚至是憤怒的負面情緒（比如說：「別煩我，我正在看球啦」）。因此，高特曼和萊文森認為，只要根據夫妻雙方的溝通方式、應對方式和身心反應，就能準確預測六年後他們夫妻關係的狀況──是繼續相愛還是離婚──其準確率甚至可以高達80％到90％，超過了很多心理學的預測水準（一般的心理變量對人類行為的預測水準只在30％左右）。

　　高特曼和萊文森所做研究的預測水準竟然可以高達80％以上，這可能意味著：夫妻之間能否維持友好幸福的婚姻關係，在很大程度上是由他們之間的互動、溝通和交流的方式所決定的。

## 當我哼著歌時，希望你能自然地唱下一段

　　1990年，高特曼和他的同事在華盛頓大學又設計了一個實驗，先後邀請了130位新婚夫婦到「愛情實驗室」待上一段時間，以觀察他們和其他的夫婦在度假的時候會做的一些事情（比如做飯、打掃房間、聽音樂、吃飯、聊天、閒逛等等）。由於夫妻之間肯定都會有一些情感交流的需求，高特曼用了「懇求」

（bid）這個概念來概括那些需求。高特曼發現，如何應對對方關於情感需求的「懇求」，會對夫妻之間的關係產生很大的影響。這個研究進一步證明了：決定婚姻關係是長久幸福還是短暫失敗的一個很重要的因素是夫妻之間互動的方式。

在實驗過程中，高特曼注意到，有個丈夫在看到了一隻鳥飛過花園時，他會對自己的妻子說：「快看，外面有隻漂亮的小鳥。」其實，他這時的行為並不是為了誇獎那隻鳥，而是希望能在自己妻子身上得到一種回應，表明妻子對他所說的事情感興趣。這一刻，丈夫更關心的是夫妻之間心與心的聯結，而不是真的要聊這隻鳥。妻子在這個時候就面臨兩種選擇：她既可以迎合、關心、溝通、交流丈夫的這種情感需求（「真的是很漂亮！」「在哪？讓我看看！」），也可以冷漠、鄙視、批評丈夫的這種情感需求（「一隻破鳥有什麼值得大驚小怪的！」「你能不能做點有用的事情！」）。儘管這些溝通看起來非常的微不足道，甚至有點傻傻的，但實際上反映了我們積極、健康的婚姻關係所需要具備的基本要素。

這兩種不同的互動關係，對於婚姻關係的存續與否有著非常深遠的影響。高特曼在接下來的六年中發現，離婚的夫妻中，有70％的夫妻之間所採取的是批評、冷漠的溝通方式；而夫妻溝通

方式採取關心、迎合的離婚人士只占30％的比例。尤其應説明的是，在六年之後，仍然在一起的夫妻中，有87％的夫妻在「愛情實驗室」時就表現出了關心、迎合對方情感需求的「懇求」。

　　由此可見，維持夫妻之間幸福的婚姻關係，最重要的既不是金錢、地位、美貌、權勢，也不是孩子的學習、幸福、成功，更不是以輕視、挑剔、敵意的方式來對待對方；而是夫妻雙方彼此的情感交流，是體貼、寬容、同情、支持，是以積極的、感恩的心態來尊重、欣賞對方。那些總是輕視、挑剔自己的伴侶，忽視伴侶的優點、積極的意義和情感的需求的人，往往是在為自己的婚姻埋下失敗的種子。

　　另外，在婚姻中還有一個必不可少的環節，就是**雙方在面對不同的事物、人、價值、問題等不同的看法時，所採取的解決方式**。這個時候的爭吵往往非常考驗夫妻之間的體貼和善意，但體貼並不意味著必須壓制自己的感情，我們可以通過建設性的方式去解釋自己的立場，同時，儘量在理解對方觀點和看法的情況下表達自己的觀點，這才是夫妻之間寬容和體貼的溝通方式。

　　一個很簡單的例子，假設丈夫説：「這一次，我們終於可以不用去你們家過年了。」如果是「禍害關係」的反應，那肯定是

火冒三丈地說：「你什麼意思？是不是不喜歡我父母親？是不是不喜歡我們家？」這就是把丈夫的話很快理解成一個對自己及自己家庭特點的一種反應。而「關係高手」對於類似問題的反應，雖然也很生氣，但可能會希望對方解釋一下，為什麼會是這樣？因為對方也許要表達的意思只是：終於，我們倆可以單獨在一起過一個新年了，而不是對去對方家過新年有什麼特別負面的想法。

當然，夫妻之間的溝通，也可以借助一些非言語的方式來進行。比如：小小的禮物，生日的鮮花，浪漫的詩篇，輕鬆幽默的段子，偶爾為對方按摩，以及欣賞對方的儀表服飾等等，這些在日常生活中看似不起眼的細節，恰恰是關係高手的成功之道。

人類的婚姻關係，無論做何種選擇，可能都只會有兩種結果，不是相依為命，就是獨來獨往。在「柴米油鹽醬醋茶」的實際生活中，夫妻之間不可能只是一味地頌揚、欣賞、迎合，但也不應該全是挑剔、批評、敵意。因為我們的心裡終究都是希望被陪伴的，挑剔、批評和敵意不會讓我們的婚姻幸福，只能帶來孤獨和孑然一身。下一次，當伴侶在哼歌時，試著配合他／她，接著唱下一段，你可能會收獲不一樣的體驗。

第 8 講

# 母愛的真諦：冷酷的哈洛恒河猴實驗的溫暖啟示

　　美國心理學會的前主席、威斯康辛大學著名的心理學家哈瑞‧哈洛（Harry Harlow）在 1958 年心理學會的年度大會上，發表了一篇曾經轟動一時的著名主席致辭，題目叫《母愛的本質》。現在看來，也仍然具有重要的現實意義。

　　哈洛的報告之所以能引起如此震撼的反應，主要是他通過「獨特的」甚至近乎「嚴酷的」恒河猴實驗，證明了「母愛的本質」──母親和孩子之間的肌膚接觸對嬰兒成長的意義、母子之間的關係，以及對孩子身心健康的影響。

　　當時美國的主流心理學受行為主義和弗洛伊德精神分析思想的影響很大，很多人錯誤地認為母親和孩子之間過多的親密接觸會阻礙孩子的健康發展，會對孩子人格的發展產生負面的影響，

從而使得他／她們在成人後變得過度依賴。而哈洛的實驗研究恰好證明了母親和孩子之間的親密接觸與情感滿足及社會支持是促使一個人正常發展和健康成長的重要因素，徹底粉碎了當時的那些錯誤觀念。

## 「絨布媽媽」vs.「鐵絲媽媽」

哈洛為了證明他的「母愛本質論」，先將出生後的小猴子，交給兩個「代理媽媽」來撫養：一個是能夠給它提供奶水的「鐵絲媽媽」，另一個則是全身包著舒適的絨毛能夠給小猴子提供接觸感的「絨布媽媽」。

結果顯示，參與實驗的小猴子更願意和那個能夠給它提供舒適感和依戀感的「絨布媽媽」呆在一起，而不是和那個只給它提供奶水卻無法依戀的「鐵絲媽媽」呆在一起。每天24個小時中有將近18個小時，小恒河猴會待在能夠給它撫觸感的「絨布媽媽」懷裡，而只有約三個小時的時間趴在能夠給它提供奶水的「鐵絲媽媽」懷裡吸奶，其餘的時間就是在兩邊跑來跑去。

這說明，母愛除了要給孩子提供奶水這樣的生命支持和物質幫助之外，更重要的是提供給孩子接觸感和依戀感這樣的心理支持。也就是說，母愛的本質——絕對不是簡單地滿足孩子的饑餓

和乾渴的需求而已，它還應該包括對孩子的接觸、愛撫和心理上的關懷。這些才是讓孩子心理健康的根本保障。

　　為什麼哈洛能夠得出這樣的結論？因為他在實驗過程中，設計了讓兩組猴子都聽到一個特別奇怪的聲音伴隨著看到一個巨大的玩具，比如一個敲著鼓的泰迪熊玩具。那些能夠獲得撫觸感的小猴子，會立刻奔向自己的「母親」，趴在它們懷裡，慢慢地安靜下來，因為與「媽媽」的接觸能夠提供給它心理安全的保障；而那些無法獲得撫觸感的小猴子，則立刻癱了下來躺在地上，不但瘋狂地抓撓自己，而且不斷地撞擊自己，還大聲地尖叫。這樣的表現與那些在精神病院裡病情發作的患者的行為幾乎完全一樣。由此可見，母親的心理支持是讓嬰兒健康成長的一個特別重要的基礎。

　　哈洛所做的第二個實驗更加讓人震撼。他把實驗用的小恒河猴分成兩組，使它們沒有自主選擇哪種母愛的可能性。儘管這兩組猴子喝的奶水和成長的環境都是一樣的，但那些有機會接觸媽媽的小猴子和那些沒有機會體驗呵護感和撫觸感的小猴子，它們在成長過程中所表現出來的行為是完全不一樣的。

　　特別值得我們警醒的是：缺乏母愛心理支持的影響是長期的，甚至可能是終生的。因為那些處於封閉條件下的恒河猴，在經歷了前八個星期所造成的傷害之後，它們在後來就很難和其他

猴子恢復正常的社會交往關係了。這種沒有母愛心理關懷的影響，至少相當於人類嬰兒前六個月的作用。因此，哈洛把早期母愛形成的關鍵期定為六個月。他建議，我們人類的嬰兒和母親最少要有六個月的時間經常在一起。換句話說，人類的產假起碼要有六個月左右，才能保障孩子和媽媽之間長期的、親密的愛的關係存在。

## 心理學界的梵谷

哈洛的實驗生動地證明了：母愛的本質，主要是心理上的支持和肌膚上的接觸，而不僅僅是單純的生理滿足。所以，母親養大一個孩子，主要的貢獻是她們的關懷、支持、擁抱、接觸、安全、依戀以及身體力行的教育和影響。相對來說，哈洛的研究和理論在當時是革命性的，從而也奠定了他在心理學歷史上的崇高地位。

不過，哈洛的實驗，從現在積極心理學的角度來講，其做法有些過份。因為他採用了近乎「殘忍」的做法，讓那些剛出世的猴子處於一種孤獨、壓抑和絕望的環境中。以我們現在對動物實驗的人道主義要求來看，哈洛的實驗在現在肯定是無法獲得心理學實驗倫理委員會批准的。但他的主要工作實際上是在20世

紀40至50年代完成的，論文也發表在20世紀50年代初期；而即便是在當時，他的實驗也引起了很多的爭議。但哈洛做這些實驗的目的，是為了證明母愛是我們人類健康發展必需的條件，因此，其動機是善意的，其立意是高尚的。

令人遺憾的是，後來根據他助手的回憶，哈洛開展當時的實驗，是在已經知道他妻子被診斷為癌症晚期，自己也正陷於抑鬱症的痛苦之中，甚至一度住進了精神病院的情況下進行的。對此，我經常想，哈洛其實有點像是我們心理學界的梵谷，畫家留給世界的是美麗的圖畫，心理學家留給世界的是他們精妙絕倫的實驗，科學家的研究和實驗也就是他們自我表達和創造作品的過程。我們現在無從得知當時哈洛個人的心理痛苦和他所研究的課題之間是不是有什麼關係，但他的人生經歷已經證明了我們人類其實非常需要心理關懷和感情支持！這也許是所有的愛最本質的要素。

## 天生的「心理治療師」

在哈洛的恒河猴實驗中，他還發現了一些可以稱之為「心理治療師」的母猴。雖然這些母猴自己也在孤立的籠子裡頭生活，但每天有機會和其他的猴子進行互動，因此，從某種意義上來

説，它們是正常成長的猴子。當這些猴子在長到三個月大的時候，哈洛讓它們去接觸那些在孤獨絕望的環境中長大的、有心理疾病的猴子。結果意外地發現，這些具有「心理治療師」天賦的猴子會執著地去跟那些「病猴」接觸，並給予它們各種心理的支持和關懷。經過幾個月的不離不棄，那些「病猴」居然能夠慢慢地從創傷的陰影中走出來，恢復正常的社交功能。

　　有時候我也在想，我們這些執著地追求和踐行積極心理學的人，是不是也有點像那些具有「心理治療師」天賦的猴子？雖然自己也有很多需要面對和解決的人生問題，卻依然自發地、本能地要去幫助那些更需要幫助的人。而那些需要幫助的人在積極心理學的影響下，也許真的可以走出心理的陰影，成為積極、快樂、幸福的人。這也正是我們為什麼充滿熱忱和希望的原因所在。

　　我們人類的母親也經常在不經意間扮演「心理治療師」的角色，幫助她們的孩子解決在成長過程中或者成長之後出現的心理上的困惑、憂慮、煩躁、痛苦和失落。母愛的本質，其實最後落實下來的就是對孩子的心理關懷和積極心理的影響。

第 9 講

# 優雅地讓她滿意 ── 男性可以幫助女性提高對自己身材的滿意程度 *

　　在互聯網推動訊息量爆炸的今天，有些女性越來越糾結於自己的身材。而放眼古今：「翩若驚鴻，婉若游龍」、「冰肌自是生來瘦」、「隔戶楊柳弱嫋嫋，恰似十五女兒腰」，對於女性的審美標準更多的是指向「苗條」二字，再加上當前各類媒體的宣傳，就使得這種標準深深內化到了女性的心中。面對理想與現實的差距，落差與沮喪時常伴隨女性的左右也就不足為奇了。因此，現代女性不乏有為了身材而去計算所謂的食物熱量、由於多吃了甜品而感到懊惱、糾結於體重秤上的那個數字、甚至在健身的同時強行節食等情形。

---

\* 　據張卓然、楊正航的《心理學前沿問題講座》作業改寫。

## 要嘛瘦，要嘛死

從身邊的女性在面對美食時的矜持，到新聞報導中因瘦身引發的厭食症等反面案例，我們可以感受到這場席捲全球的減肥瘦身之風，同樣在影響我們女性朋友的快樂和幸福感受。問題是，女性對自身身材的追求標準在不斷提高的同時，對於自身身材的滿意度卻在不斷降低。

一個人對於自身身體的美的看法，在心理學上稱之為「**身體意象**」（body image）。**根據心理學研究，一個對自己身體滿意的人往往擁有更高的自尊、更高的自我評價，而對自己身體不滿意的人則會有更大的情緒壓力和沮喪感受。**同時，對自己身體滿意的人往往也會有更好的人際交往能力，而對自己身體不滿意的人則可能帶來更低水準的性生活頻率、性滿意度和婚姻滿意度。因此，從女性幸福生活的角度來說，如何提高女性的身體滿意度是一個值得關注的重要課題。

## 三重影響因素模型

大量的心理學研究發現：

（1）看了更多宣傳苗條女性形象的電視節目或時尚雜誌的女

性報告了更高的身體不滿意度；

（2）隨機安排一些女性讓她們看時尚雜誌上極瘦的女性形象，她們報告了更高的身體不滿意度；

（3）通過整合分析（meta-analysis）可以得到媒體關於苗條女性的影響與女性對自身身體不滿的高度相關。

　　根據三重影響因素模型可以得知，受到苗條模特的影響導致女性對自身身體不滿意的機制，在於這樣會使女性將「更瘦會更有吸引力」的社會標準內化，並使她們在比較之下更加認為自己的身體不具備吸引力。那麼，由該模型推論出的一個預測是，讓女性接受不那麼瘦的模特形象會不會使她們不那麼嚴重地將苗條標準內化，進而體驗到更高的身體滿意度？事實上，已經有研究表明，經受偏胖體型影響的女性比經受苗條體型影響的女性報告了更高的自我滿意度。

　　但這其中，可能還存在一個重要的調節變量——男性對於女性吸引力的偏好。

## 身材逆襲源於改變認知

　　根據社會認知理論，個體傾向於模仿那些對他們的品質和行

為給予了獎勵的人。所以，異性戀的女性之所以會將這個苗條模型內化，是因為她們發現，在媒體的宣傳中，偏瘦者更多地被男性所喜歡（即獎勵）。那麼，假如告訴女性，其實「男性喜歡身材稍微豐滿一些的女性」是否有可能會逆轉這樣的效應？也就是說，如果讓女性相信「男性更喜歡偏胖的女性」會不會使得女性更不容易將苗條標準內化，並因此體驗到對自己體形更高的滿意度呢？

　　事實究竟如何，安德烈·梅爾澤（Andrea L. Meltzer）和詹姆斯·麥克納爾蒂（James K. McNulty）通過三個實驗證明了這種可能。

## 實驗1

　　研究者們向74名異性戀女性被試呈現八張僅顯示豐滿模特身材的圖片，並向實驗組告知「男性認為這些模特更具有吸引力」，而對於控制組則僅告知「這是廣告模特的圖片」，之後利用一個自尊量表中關於外貌的部分測量了女性被試的身體滿意度。

　　結果發現，受到男性喜好觀點影響的女性被試表現出更高的滿意度（實驗組M=3.33，SE=0.14；控制組M=2.93，SE=0.14），且差異顯著。但是，考慮到實驗過程並沒有進行嚴格意義上的控

制，實驗結果可能還受到其他一些因素的影響，如所選擇的量表並不是專業測量身體滿意度的量表，這有可能使結果可信度不夠高；另外，沒有預先測查兩組的滿意度水準，無法排除是否是分組造成了組間出現顯著差異；再者，沒有進行苗條模特和豐滿模特影響的直接對比，使得苗條標準並不如預料中那麼深入女性被試的心；然後，不能確定是男性對女性積極評價的內容（即豐滿身材具有吸引力），還是男性對女性積極評價的形式使得女性被試提升了身體滿意度等等。於是，研究者又設計了實驗2。

## 實驗2

　　研究者又選取了143名異性戀女性被試，隨機分成三組，同樣使用實驗1中的照片，並通過伸縮調整構成苗條和豐滿身材的對比，實驗時分別告知三組被試者三種不同的訊息：男性偏好豐滿身材、男性偏好苗條身材和無偏好訊息告知，最後利用專業的身材滿意度量表進行測量。

　　結果發現，受到男性喜好豐滿身材觀點影響的女性被試表現出更高的滿意度，並且顯著高於另外兩組；而另外兩組由於苗條的審美標準已經內化，並沒有表現出顯著差異。

　　考慮到整個研究只是出現了原因和結果，而並不清晰整個研

究的內在機制，即女性心中「苗條身材」的重要性是否是中間變量，也不清楚是否只受男性的積極評價作用。研究人員於是設計了實驗3。

## 實驗3

　　研究者進一步選取221名異性戀女性被試，隨機分成三組，同樣使用實驗1中的圖片，分別告知三組被試三類不同的訊息：男性偏好豐滿身材、女性偏好豐滿身材和無偏好訊息告知。為了檢測女性心目中「苗條身材」的重要性是否是中間變量，採用被試報告苗條身材的重要性進行評價；同時利用專業的身材滿意度量表進行測量。

　　結果發現，受到男性偏好豐滿身材觀點影響的女性被試的滿意度提升顯著高於另外兩組，而另外兩組之間沒有表現出顯著差異；同時，這種影響也會顯著降低「苗條身材」在女性心目中的重要性，從而降低女性內心對於自我身材的不滿。

　　從這三個逐級遞進的實驗研究來看，通過告知女性「男性偏好豐滿或者平均身材的女性」，能夠降低女性心目中對於苗條審美標準的內化程度，弱化獲得苗條身材的重要性，進而使得女性在評價自身身材的時候不再自卑，提升女性自身的身材滿意度。

　　當前，對於女性的苗條審美觀依然甚囂塵上，充斥於各大媒體之間。更有著名電視主持人叫囂著：「要嘛瘦，要嘛死」。或許在主流審美的大潮面前，本文的作用非常有限；但本文簡單的評述，有可能會讓部分知性的女性朋友一掃而光內心困擾已久的糾結與愁悶。所以說懂得一些心理學知識，幸福真的不難。

　　杜陵評書貴瘦硬，此論未公吾不憑。
　　短長肥瘦各有態，玉環飛燕誰敢憎。

　　——蘇東坡之筆，雖是在說書法，其實用來形容各類女性的身材也是各具美感的。同時也提醒我們男性朋友，如果看到心愛的她為了身材而糾結，請記得告訴她，其實，愛她的男性更喜歡她身材豐滿些……。

第 10 講

# 男人的愛美之心可否轉化為美德之心？

　　進化心理學有句名言：如果天下的女性都喜歡男人用手行走
的話，世界上就會有一半的男人開始用手行走。這雖然只是句玩
笑話，但已經有大量的心理學證據表明，為了取悅自己心儀的女
性，男人是可以做出很多瘋狂的事情的。這其實是人類在漫長的
演化過程中，男性為了應對爭奪伴侶而產生的競爭關係所形成的
一種適應策略。

　　因而，從進化心理學的角度來看，男人對美女的欣賞、憐
愛，其實並不都是齷齪之事。正所謂愛美之心，人皆有之。詩經
講「窈窕淑女，君子好逑」；今人說「自古英雄愛美人，英雄美
人惺惺相惜」；其實都是再正常不過的事。古往今來，也由此產
生了許多非常讓人心動的故事──如「文君當壚，紅拂夜奔」，
成就「相如忘琴，李靖隨性」。而當下平凡的人們，妻兒老小，

相親相愛，也絕對是我們應該追求的幸福生活。

那能否將這種聽起來離經叛道，其實是正常的、自然的微妙心理，轉化為提升男人高尚行為的正能量呢？

2012年，荷蘭心理學家馬克・馮・烏格（Mark Van Vugt）和英國心理學家溫蒂・愛戴爾（Wendy Iredale）在《英國心理學期刊》（*British Journal of Psychology*）發表了一篇論文證明：**男人喜歡取悅漂亮女性的原始衝動，可以轉化為資助社會公益事業的積極心理能量！**

## 「美女在旁」增加捐款數量

### 研究1

他們召集了平均年齡為21歲的男、女學生各65名，來參加心理學實驗以檢驗該想法。在實驗中，研究人員發給每名學生三英鎊（約150元新台幣），並告訴學生他們可以把任意數量的錢留著自己用，並把剩下的錢存進一個公共帳戶（都在電腦上單獨操作完成）。在所有人分配完手頭的錢後，研究人員會統計公共帳戶的總數額，然後，將這個數字翻倍，再平均分給隨機抽出的少數幸運者。

實驗過程中，在部分學生操作電腦選擇分配數額的時候，他

／她旁邊約三英尺（約一公尺）處會站立一名觀察員，有時是男性，有時是女性。但這些學生並不知道這些非常美貌的觀察員其實是精挑細選出來的：10名男性和10名女性的外觀先由另外一些志願者打分（為了不影響實驗結果，這些打分的志願者並不參與最終的實驗），最後只有分數最高、顏值超群的兩名男／女性才能入選──目的是為了讓漂亮異性可能產生的效應達到最大。

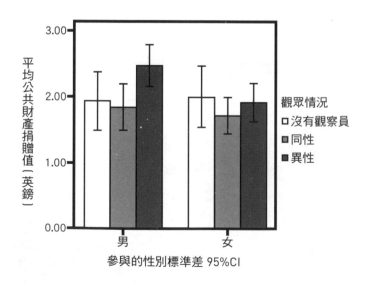

圖4　在三種觀察情況下男女公開財富捐贈的比較

　　實驗結果完全符合研究者的預期──對男學生而言，在沒有觀察員或者由帥哥作為觀察員的情況下，男生往公共帳戶裡投放的金額相差無幾；而在由美女作為觀察員時，男生往公共帳戶裡投的錢則明顯上升（見圖4）。相比之下，女生則沒有出現這種情況，無論是帥哥還是美女，都不能讓她們往公共帳號裡多投錢。

　　由於參與實驗的總人數眾多，往公共帳戶裡投放的錢越多，單個人可能拿到的錢就越少，因此，這個人也更加的「無私」或者說「利他」。顯然，有美女在場，會讓男性更加豪爽；而無論帥哥在場與否，女性則相對較少受影響。

## 美女照片對公共帳戶的影響

　　研究人員於是又設計了第二個實驗來驗證他們的理論。

### 研究2

　　在這次實驗中，他們選取了60名男生（平均年齡21歲）作為實驗對象，並且每3人分成一組。這些男生需要決定如何將手頭的1英鎊分配到私人帳戶和公共帳戶中去。

　　與第一個實驗不同的是，這一次，錢的分配需要連續重複五

次，在每一次的間隔中，被試者可以得知其他組員的分配數額。
與第一次實驗類似，一些小組被分配了一名美女或帥哥觀察員，
不一樣的是，觀察員出現在電腦上而不是在被試者身邊進行觀
察。為了強化「實驗有觀察員」這個印象，這些參與實驗的學生
可以在電腦上看到觀察員的照片。

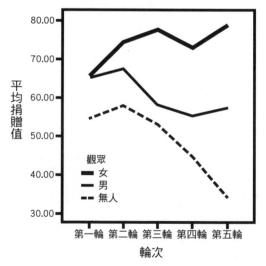

圖 5　五輪公開實驗中，男性在三種情況下平均捐贈值的比較

　　結果與第一個實驗一樣，當這些男學生意識到有一名女性觀
察員正在觀察他們對於資金的分配時，五輪往公共帳戶裡投入的

金額呈上升趨勢。而在有男性觀察員存在或者無觀察員的情況下，往公共帳戶裡投入的金額則少了很多（見圖5）。研究人員認為，這表明男性在女性面前更喜歡通過和其他男性競爭的方式來表現自己，試圖打動或引起對方的注意。

## 愛美之心增加男人施惠之度

該研究可以帶給我們很多啟示。男人可以通過給自己買豪車、住豪宅、揮金如土等方式，來炫耀自己的財富以增加吸引力；同樣，男人也可以採用慷慨大方地施惠於他人、貢獻社會的方式，來讓異性對自己印象深刻，甚至喜歡自己——因為這樣表明你既有資源，又有愛心，具備兩個動人心魄的優勢，就更具吸引力了。何樂而不為呢？

當然，我們還應該意識到：即使是人性的弱點，也可以轉化成正義的、積極的心理能量——因為在有魅力的女性面前，男人會變得更加勇敢、智慧、慷慨、利他。因此，一個積極善良的女性，可以把自己的魅力轉化成促使自己男人進步的動力。但不排除一些不那麼積極善良、甚至是有一些稍顯邪惡的女性，會利用男人好美色的特點，坑害或摧毀一些優秀男人，以求自私自利。這是值得警惕的！

　　其實，在中國心學的傳統智慧中，早就發現「程朱理學」中「存天理，滅人欲」的封建道德並不能讓社會變得更加道德，反而是「致良知，知行合一」的自然之心，有可能讓人成為聖賢。英雄豁達，當以發自內心的「公德之心」為本。

　　不過，積極心理學家可以多思考，有沒有更合適的辦法能讓人性中善良的天使飛升起來，讓我們社會中善良正義的力量強大起來，而不是總讓陰險邪惡的力量得意得逞。「道法自然，恢弘正義」，可能是值得考慮的途徑。

PART
02

# 神奇的福流

看的是河邊無名草，聽的是暮間禽聲噪。

——北宋文人，邵康節《邵夫子安樂窩碑文》

第 11 講

# 快樂與氣味一樣可以聞到嗎？*

　　人們常說「快樂是會傳染的」，荷蘭的幾位研究者可能為此找到了一些支持證據。他們的研究表明，個體在感到快樂時，身體會產生相應的化學訊號；這些化學訊號是一種有效溝通媒介，它能夠讓一個與自己無關的人感受到這種快樂，甚至同時也能產生快樂的感覺。

　　荷蘭烏特勒支大學（Utrecht University）的高級研究員甘・瑟敏（Gun Semin）等研究人員在《心理科學》（*Psychological Science*）期刊上發表了一篇研究──〈快樂的氣味〉（A Sniff of Happiness）。先前已有的研究表明，汗味中的化學訊號能傳遞出很多社會情感訊息，例如：性別訊息、遺傳相似性以及情緒狀

---

* 　根據余天嬌、郭天雨的《心理學前沿講座》作業改寫。

態。腋窩汗腺所釋放的物質與腎上腺素的分泌有關，人在不同情緒狀態下的汗腺分泌物的化學構成不同，而一個人長期的生活經歷會使他形成穩定的「情緒—氣味」聯結。這也是本實驗最基本的理論支持。

然而，先前研究與情緒有關的化學信號所關注的主要集中在消極情緒方面，例如恐懼和厭惡。這些荷蘭研究者希望知道，積極情緒是否也能夠通過汗味傳遞。他們為此設計了一個不同尋常的實驗，來檢驗人們在快樂狀態下的汗水是否會影響聞到汗味的人的行為、感知和情緒狀態。由於很多時候，我們並不清楚自身的情緒狀態，因此，研究者捨棄了自我報告的方法，而採用了內隱分析法——通過分析聞到汗味的人的面部表情來判斷他們的情緒狀態。

## 第一階段——採集不同情緒的體味

研究者徵募了12名異性戀的白人男性（因為相對於女性，男性的汗腺更大且更活躍，而女性對同性戀男子和異性戀男子的汗味會採取不同的評估方式）作為氣味提供者，採集他們在不同情緒狀態下的汗味。

首先，研究者清洗並擦乾了被試者的腋下，然後在他們的腋

窩處粘上吸水墊，再讓他們進行了四次「中文符號任務」（Chinese symbol task）。接下來，被試者開始觀看一些不同性質的影片（恐怖的、快樂的、中性的），來試圖誘發他們不同的情緒體驗（恐懼、快樂、中性情緒）。每種類型的視頻片段是按照情緒激烈程度由弱至強排序的，研究者希望能以此逐漸激發起被試者的情緒體驗。之後，被試又進行了九次中文符號任務，並記錄每個人愉快或不愉快狀態。最後，研究者取下被試者腋窩上用來收集汗味的吸水墊，並將其儲存在對應的瓶子裡。

　　在研究期間，為了保證被試者汗味的「純正」，要求被試者不能吸菸或服用任何藥物，而且沒有心理障礙，也禁止被試者飲用酒類飲料、發生性行為、食用有刺激性味道的食物（如大蒜、洋蔥等），以及過度運動。對數據分析證實，不同性質的影片片段確實影響了男性被試者的情緒狀態，在觀看恐怖影片後的男性被試者顯示出了負面情緒，而觀看快樂視頻後的男性被試者顯示出了積極情緒。

## 第二階段——情緒味道，難以掩飾其反應

　　研究者招募了沒有心理障礙、呼吸系統疾病或其他疾病的36名異性戀的白人女性作為氣味的接收者（女性的嗅覺相對於男性

更加發達，對情緒信號也更加敏感）。

　　實驗採用了雙盲被試內設計（實驗者和被試都不知道在實驗過程中被試會接觸到哪一種汗水樣本）。實驗者先為被試佩戴好面部肌電圖（facial electromyography）設備，然後讓她們觀看一段用於放鬆的視頻短片，並做了一些內隱測驗的練習。接著，讓這些女性被試聞了收集在小瓶子中的男性汗味的吸水墊，最後完成內隱測驗。結果顯示，在聞了「恐懼」的汗味後，這些女性被試的皺眉肌出現較大幅度的活動（內側額肌肉的活動增加），該區域正好是恐懼表情的特徵區域；而在聞了「高興」的汗味後，女性被試的「杜鄉式微笑」更明顯（臉部肌肉運動的幅度更大。杜鄉式微笑，Duchenne smile，又叫真實的微笑，當一個人發自內心地微笑時，眼角周圍的肌肉會產生收縮，出現皺紋；而假笑只會牽動顴骨附近的肌肉，使嘴角向上翹）。這意味著，我們既能夠聞到「恐懼」，也能夠聞到「快樂」。儘管我們無法說出聞到的是什麼樣的情緒，但我們的面部表情和知覺加工方式卻可以告訴別人我們聞到了什麼樣的情緒。也就是說，雖然嘴上不一定能夠恰當表達出來，但我們的身體反應卻毫不掩飾。

　　據此，研究者認為，汗味的提供者和接收者之間存在一個「行為同步」。這就表明，人在感到快樂時，身體產生的相應的化學訊號，同樣會讓接收到化學訊號的人感受到這種快樂，並也產

生快樂的感覺。但從目前來看，該研究的樣本量比較小，還有待更多的後續研究進行驗證。如果得到了確證，該發現就具有非常廣泛的應用價值，或許在不遠的將來，我們就能夠在超市買到帶著「幸福」氣味的商品──只要聞一聞它的味道，就會讓我們變得快樂許多。

　　如果真是這樣的話，清新、自然的氣息對於我們人類的幸福生活有著多麼重要的影響！由此也讓我們意識到，當空氣中彌漫著刺鼻的有毒物質的時候，人們怎麼可能感到快樂和幸福？在當下空污特別嚴重的時候，反思一下我們人類自己給自己帶來的惡果──索取的資源越多，我們製造的塵埃也就越多──而改變我們的某些行為，也許可以多為他人，多為子孫，甚至也為我們自己貢獻些「快樂與幸福」的味道！

第 12 講

# 為何傳世古詩中念念不忘的是杭州丹桂

　　2015年秋季，我應邀去杭州為阿里巴巴總裁馬雲等人創辦的湖畔大學首期創業企業總裁班講授《積極心理學》課程。學生一如既往地優秀和卓越，教學一如既往地緊張和快樂。但是，令我印象深刻、情有獨鍾的，不是杭州西湖秋雨秋風中的嫵媚多姿，或阿裡巴巴湖畔大學的典雅清秀，反倒是杭州金秋時節丹桂飄香、沁人心肺的氣息。

　　杭州丹桂飄香的氣息不由自主地讓我想起白居易老先生著名的《憶江南‧江南憶》：「江南憶，最憶是杭州。山寺月中尋桂子，郡亭枕上看潮頭。何日更重遊？」

　　離開杭州之後的白居易，對杭州山寺中的桂樹仍念念不忘。他老人家對古桂樹情有獨鍾，想必是他不滿足於鼻子聞滿了桂香的氣息，還曾經在沁人心肺的桂花香中，來到月光下尋找落地的桂子，在收穫之後滿意地回房繼續享受滿屋桂花悠長的香氣，而

且也讓我們後輩聞到從他淡淡的墨蹟中溢出的千年桂花清香。

## 千年桂花香

白居易江南記憶中最深刻的，為什麼是杭州金秋的丹桂香味兒呢？

首先，杭州的桂花香味，總讓人覺得舒坦而不妖媚，醇厚而不纏綿，清甜而不濃郁，潔淨而不猛烈。恰似我們積極心理學提倡的那種清爽的境界，使我們全身心沉浸在清心正氣的感受之中，我們的心為之潔淨，我們的神為之淡定，我們的行為之正義。

其次，越來越多的積極心理學研究發現，嗅覺對人們的積極情緒和心態有非常多的意想不到的影響作用。西方的教堂一定要有鮮花的香味，中國的廟裡一定要點一根清新的香。這也就是為什麼美國人在勸導自己的朋友要維持對生活的欣賞、自身健康和對幸福的關注的時候，經常說一句話──「要停下來聞一聞玫瑰的芬芳」（Stop to smell the roses）。這是因為嗅覺對我們心情的影響作用很大。

很長時間以來，人類科學家對嗅覺的重要性並沒有足夠的認識。美國醫生協會在《創傷評估手冊》中，對人類失去視覺的影

響作用認定為85％，但對失去嗅覺對我們的影響作用只認定為5％。好像只要我們的眼睛能看到，耳朵能聽見，還能說話就好了，而嗅覺起不了多大的作用。

這種誤解可能是始於19世紀一位重要的解剖學家——保羅・布羅卡（Paul Broca）。他通過比較不同動物大腦中控制嗅覺的部分占整個大腦的比例，將哺乳類動物分為兩類：一類是嗅覺發達型，比如狗，它們能通過靈敏的嗅覺感知外部世界；第二類是嗅覺不發達型，譬如人類和其他靈長類動物，以及海生哺乳動物，這些動物的嗅覺組織在大小和功能上都明顯不如嗅覺發達型動物。新近的遺傳學研究發現，在大多數哺乳類動物的基因中，存在能產生1000多種不同氣味感受器的編碼，但我們人類的基因只能編碼產生400多種氣味感受器。這似乎也證實了布羅卡的觀點。

然而，更多的研究發現，這些數據可能是有誤差的。特別是現代神經科學通過掃描發現，人類大腦中感知嗅覺的部分實際上多於布羅卡在100多年前通過解剖得出的結論。有研究者表示，雖然人類的氣味感受器在數量上比其他哺乳類動物要少，但人的鼻子和大腦之間的聯繫卻異常地活躍。和其他哺乳類動物相比，人類的每組氣味感受器所連接的神經細胞更多。也就是說，我們的氣味處理能力，也許更加強大。心理學家甚至發現，如果我們

把眼睛蒙起來，鼻子塞起來，我們基本上吃不出蘋果和洋蔥的差別。所以，嗅覺對我們味覺的影響是非常大的。再好的山珍海味，聞不到香氣時，我們也會味同嚼蠟。

最重要的是，科學家發現嗅覺訊息首先通過人的「下視丘」（負責記憶加工）和「邊緣系統」（負責情緒加工），最後到達大腦皮層。因此，嗅覺很容易與我們的情感和記憶產生關聯，從而影響到我們的思考和行動。這也許就是戀愛中的情侶喜歡燭光晚餐的原因。當蠟燭飄出的清香與愛情融合在一起的時候，就會讓人們產生永世不忘的羅曼蒂克的甜蜜記憶。

## 香的不只是香味

有研究顯示，睡覺前，在臥室裡噴一些鮮花的香味，我們就容易做一些積極的夢；而噴一些不愉快的香味或者沒有什麼氣味時，我們所做夢的性質就沒有什麼大的變化。

另外，香味也能刺激我們的購買行為。有人在美國拉斯維加斯的賭場，對一些賭博場所噴一些香味，發現能夠增加一半以上的賭博行為。

芝加哥大學的心理學研究也發現，同樣的鞋子，相比那些擺在沒有香味的屋裡，如果擺在一個充滿香味的屋裡，購買率要多

84％；而且，購買的價格也要平均高10英鎊多。其實，很多的房地產商早已經知道如何用氣味來吸引客戶消費。例如，在房間裡烤麵包或者煮咖啡，讓客戶感受到家的氣味，從而促進房子的銷售。

荷蘭的一些心理學家在酒吧裡釋放橙汁、海水或薄荷的味道，結果發現，與那些沒有氣味的酒吧相比，人們在這些酒吧裡玩得更嗨、更開心、更瘋狂。同樣有研究發現，空氣中淡淡的柑橘味，更能夠讓學生們自覺打掃衛生。

此外，香味也可以提高我們的睡眠品質，減緩我們的壓力程度。無論是香草的味道、咖啡的味道還是玫瑰的味道都會使我們降低焦慮感、緊張感和手術後的疼痛感。我在加州大學柏克萊分校心理系的學生們就發現，一杯咖啡的氣味就可以讓我們的心跳減緩，氣息平和，也更容易讓我們進入安靜的狀態。

研究還發現，女性更容易通過香味來發現男人和本人是不是匹配，她們更願意喜歡那些和她們的氣味相投的人。我們常說「聞香識女人」。其實，更準確的應該是「女人聞味識男人」。

甚至有研究發現，氣味還能影響人的認知能力。北卡羅來納大學威明頓分校（University of North Carolina Wilmington）的威廉・奧維曼（William Overman）和他的同事就發現，在對被試者進行一項決策能力測試時，在空氣中加入一些氣味，不管是好

聞的還是難聞的氣味，被試的成績都會大幅下降。因為這種氣味
會刺激我們大腦的情感區，使我們變得更加感性而非理性，從而
影響到我們的成績。但有研究表明，香味能夠增加我們的工作專
注程度，減少事故的發生，讓我們的工作效率更高。對於學生而
言，香味能夠幫助我們恢復遺忘的記憶。

　　顯然，好的氣味，可以給我們帶來積極心情的變化，並能夠
影響我們的思考、判斷、情緒和行為的傾向性。因此，保持環境
的清新，對我們的正能量激發絕對有極好的促進作用。
　　各位朋友，時不時去聞一聞大自然饋贈於我們的各種清新香
味吧。

第 13 講

# 年節假日越不無聊，幸福感越高

　　春節是中國一個古老的節日，也是全年中最重要的一個節日。

　　在千百年的歷史發展中，中國人對於如何慶賀這個節日，形成了一些較為固定的風俗習慣，有許多還相傳至今。各族人民均按照自己的春節習俗，舉行各種各樣的慶祝活動，具有各自濃厚且獨特的民族風采。然而，現在有越來越多的人覺得「年味」一年比一年淡，記憶中那個讓自己一想起就激動得睡不著覺的節日似乎越來越勾不起多大的興趣。

　　如何將自己的節日或假期過得愉快、積極和有意義呢？不同的人肯定會有不同的看法、建議和妙招。心理學家當然也有與眾不同的看法。今天我就從思維和決策心理學的角度，從增值未來幸福感的角度，談一談「如何度過一個有價值、有意義、能幸福

的節日」。

2002年諾貝爾經濟學獎獲得者、著名心理學家丹尼爾・康納曼（Daniel Kahneman）教授曾經在其著作《快思慢想》（*Thinking, Fast and Slow*）一書中提出：**人類對幸福的理解，其實有很多判斷的誤區。**

一個很重要的表現是我們經常混淆「**兩個自我**」──經驗自我（experiencing self）和記憶自我（remembering self）的區別。當然，他這並不是說我們人有兩個心靈的存在，而是說我們在經歷某一段事情的時候，我們的實際體驗和記憶之間是有偏差的，我們人其實經常受到記憶自我的影響。

另外，記憶自我通常有些霸道，它關注的是如何提升我們未來的記憶，而不是我們現在的體驗。換句話說，記憶自我不太關心我們現實的體驗到底是什麼樣子，它只關心我們未來會怎樣記憶現在的這種體驗。因此，我們往往願意為快樂的體驗留下記錄（如照相、快拍等），而不願意在下雨天或不快樂的情形下照相，這是因為人的記憶自我是想為我們的未來留下愉快的記憶。

我們的記憶自我經常玩的一個小伎倆叫做「過程忽略」（duration neglect），就是說我們以後的記憶根本不太關注我們現在的體驗到底有多長。以前，我們通常以為一件快樂的事情拖得越久，我們就會越快樂；但現在看來，在未來的記憶中，我們根本

就不會記得快樂事情的長度，我們只會記得快樂事情的強度。因此，如果我們想要節日過得很愉快的話，應該儘量多做一些短的，但是讓我們特別開心的事情。

想一想，我們到一個地方旅遊、聽一場音樂會或經歷一件事情，我們都會非常急切地拿出手機來拍下各種各樣的照片，卻忽略了去欣賞或體驗當時的心情。這是因為我們已經下意識地意識到自己對這件事情的回憶，將會影響我們對這個事情的體驗。換句話說，這些事情的幸福、快樂的價值，很大程度上都會受到我們未來對這些事情的回憶的影響。

我們所具有的這種心理特性，對我們現在如何度過這個節日和假期又有什麼啟示呢？想想你現在的體驗可能會受到你預期的一個星期之後、一個月之後和未來的選擇性記憶的影響，如果未來所記住的當前體驗傾向於正面的話，那麼，我們的這個節日就可以肯定是過得幸福的、有價值的；如果未來的記憶傾向於把現在的體驗想成不快樂的話，那麼，我們這次的體驗就過得沒有什麼意義，或者沒有什麼積極的價值。

因此，此刻我們再回到「如何過一個有價值的幸福節日」這個問題，視角是不是就可以不一樣啦？所以，我的建議就變成了「如何讓你現在的節日體驗變得更積極，以便讓你以後的記憶更幸福」？

## 幸福增值的六大原則：私人定製你的節假日

正所謂「事在人為」，遵循以下六大原則就可能增加我們節假日的幸福值：

**第一，要有活動**。因為我們人類記得更多的是我們自己行動的體驗，所以，過一個幸福的、有意義的、有價值的春節一定要有活動。我們不妨回憶一下自己對過去春節的記憶，很多都跟活動有關係：包餃子、吃飯、玩牌、放鞭炮等。但在目前新的環境條件下，有些活動，我們可以並且推薦繼續做，比如說包餃子、玩牌、探親訪友等；而有些活動就可能不適宜做了，比如說放鞭炮。由於現在空污問題過於嚴重，我們就不應該只為了自己的快樂，而去傷害他人和自己，並製造噪音擾人。因此，為了自己、他人和家人（特別是老人和孩子）的健康，也為了改善環境問題，少放為宜。

生命在於運動，幸福在於行動。那麼，我們能策劃哪些可以增加快樂價值的活動來替代放鞭炮這樣的活動呢？比如：鍛鍊身體、跑馬拉松、爬山、旅遊、唱歌、聽音樂會等能夠讓我們動起來的，更健康、更有益、更時尚的戶外活動，這些都將會成為未來形成美好記憶的基礎。

　　**第二，要有感情。**節日是我們家庭團聚、親人相會、朋友見面和愛人幽會的時節，這時的感情活動永遠是我們人類身心體驗中最強烈的、最值得回味的。因此，在節日裡一定要有一些情感的交流和互動，而不只是忙忙碌碌地做一些事務性的事情；即使遠在他鄉，無法回家團聚的人們，哪怕是在節日期間打個電話、發個簡訊、電子郵件，都有利於彼此感情的聯結和維繫。

　　**第三，要有巔峰體驗。**我們的主觀意識經常會選擇性地只記住生活中的一部分東西，而實際上我們經歷的事情要多得多。換句話說，我們在經歷某一件事情的時候，很少會客觀地量化我們所有的感受，而只會記住這一段經歷中間一些突出的感受。我們記住的通常是最令我們興奮的高潮部分，或者是最後結局的部分，或者是其中讓我們體驗到特別感受的一兩件事情。

　　心理學家已經發現，人們記憶中記得住的一定是那些讓我們特別亢奮、特別激動、特別幸福的巔峰體驗。這種巔峰體驗，有可能是突如其來的，也可能是由我們設計出來的。它們往往是一種強烈的福流，能讓我們達到天人合一、物我兩忘的境界，忘掉了時間和空間的存在——「此時不知是何時，此身不知在何處。」生活中有很多事情能夠讓我們如癡如醉、幸福酣暢、流連忘返——這就是我經常談到的福流體驗或巔峰體驗。

　　**第四，要有記憶。**也就是要儘量留下一些值得記憶的事情，

比如說：照片、影像、錄音、日記、筆記、感言或者社交軟體記
錄等，所有能夠記錄和反映我們有過這種幸福體驗、快樂節日的
一切媒介都可以。所以，手機「曬幸福」，其實也是我們增加幸
福值很重要的手段和方法，社交日記等也都一樣可以幫助我們重
構美好的記憶。

　　**第五，要有完美結局。**也就是說，我們應該為自己留下一個
完美的尾聲和結局。我們應該把一切最有可能讓我們開心的事
情，留到最後去做，因為，我們未來記住的往往是美好結局的部
分。比如一個美好的音樂會，如果結尾出現讓我們感到特別刺耳
的噪音，那麼，這個噪音就會讓我們對這場音樂會所有的記憶變
成負面或不愉快的。王寶釧守寒窯十八年，苦不堪言，但結局美
好，所以自己仍覺得值得。因此，一定要給自己的節日安排一個
愉快的尾聲。

　　**第六，要有意義。**無論是過節還是平常的生活，如果能夠找
到其價值和意義，往往是最能讓我們體驗幸福的時候。因此，在
節日中找到事情的意義，不只會讓現在的我們活得很開心，也會
讓未來的我們有很幸福的記憶。

　　節日的意義是要靠自己去發現的，一個具有積極心態的人往
往更容易找到積極的意義。而節日的意義可以是增加我們與親人
之間的感情；也可以是淨化自己的心靈；也可以是為鄉親們服務

做貢獻；還可以是衣錦還鄉，榮歸故里的快樂。無論做任何事情，我們只有發現它的價值和意義，我們做起來才會痛快酣暢，回味起來也才會幸福滿足。

　　當然，每個人的實際情況不一樣，每個家庭的具體情況也都不一樣。因此，到底採用什麼樣的方式和方法比較好，我相信我們大家一定會根據心理學的原則，創造出適合自己的具體技巧和方法。

第 14 講

# 希望的功效遠不止是一碗「雞湯」

爆竹聲中一歲除，春風送暖入屠蘇。千門萬戶瞳瞳日，總把新桃換舊符。

每當歲月交替，辭舊迎新之際，人們總是要對未來一年表達新的希望、新的祝福、新的追求。從國家領導人到平民百姓，祈福新年已經是我們現代生活必不可少的公共儀式和生活習慣。為什麼我們要辭舊迎新？為什麼我們要立新年願望？

這些人們心中最盼望的期待和願望，在積極心理學中被稱為一種美好的心理能力——希望感（hope）。

希望是我們日常生活中經常用到的一個概念。很長時間以來，我們只是把希望當作一種心靈雞湯，勵志、鼓勵的方式，甚至還有些人可能把它當作一種空談、虛幻和精神鴉片。因為感覺它既不能解決生活中的實際問題，也不能為我們指明行動的方

向。所以，它只能作為詩人愛談的一個主題或祝福，或者是宣傳工作者們喜歡搬弄的詞藻和概念。但大多數人可能不知道，希望感其實是積極心理學一個很重要的核心概念。

## 積極心理學關於希望感的研究

1991 年，著名心理學家查爾斯・斯奈德（Charles Snyder）提出了他的「希望感理論」（hope theory）。他認為希望感包括「意志」（agency）和「策略」（pathways）這兩個成分，一個有希望感的人不光要有意志去實現自己希望的目標，更要有一些實現自己目標的策略和方法。

希望感理論認為，希望感並不是一種心靈雞湯或者讓大家愉快的一種感覺，而是一種動態的認知動機系統（dynamic cognitive motivational system）。由此可見，希望感首先是我們的認知，然後才會有我們要的情緒反應。

與希望感有關的認知主要是學習目標（learning goals）。希望感能夠讓我們去不斷進步並得到提升，而那些具有學習目標的人，更可能去形成一種長期的、穩定的行動策略來實現自己的目標，並且隨時觀察自己的進步，從而不偏離行動的方向。大量的

研究已經證明，學習目標與我們的成功有很大的關係。不管是在學術成功，還是體育運動、藝術、科學、商務當中，都與樹立學習目標有很大的關係。

　　而那些沒有希望感的人，通常在生活中經歷的是一種目標失控感。也就是說這樣的人往往想走捷徑，不願意冒險、不願意接受挑戰、不願意接受成長的機會。他們在失敗之後通常會選擇放棄原先的目標，並且經常伴隨一些習得性無助感，即他們對自己的生活環境缺乏主動控制的能力，也不相信自己有這樣的工作能力，這樣的人往往是沒有希望感的人。

　　斯奈德還發明了一種測量希望感的量表，用來測個體「特質上的希望水準」和「狀態中的希望水準」。我們說的「特質」是一種穩定的性格特點，「狀態」指的是在特定時期展現出來的一種表現。有些人的希望感天生就很強，這屬特質上的希望感個體差異；也有些事情或環境會促使人們的希望感增強，這屬狀態中的希望感個體差異。希望感量表已經被翻譯成二十多種語言，它使用的是通常的評定量表，包括意志分量表（例題如「我是不是總是積極地追求我的目標」）和策略分量表（例題如「解決任何問題都有大量的方法」）。

　　通過研究，斯奈德等人發現，希望與積極的人生收穫有很大的關係。他們做了個研究，專門分析了「希望感對學生六個

月後的學習成績的影響」，發現希望感與較好的學習成績密切相關——希望感強的孩子未來的學業成績要好一些，而且獲得的學位也要高一些。

## 希望感的研究意義重大

最近，心理學家利茲‧黛（Liz Day）和她的同事還發現，希望感強的人，不只是學業成績要好一些，**他們的智商也要高一些，產生不同想法的發散性思考也要強一些，也更加負責任，而且對每個主意都有更細緻的分析。**

希望感和發散性思考之間的關係很容易理解，因為發散性思考就是要在單位時間內能夠想到很多不同的觀點、想法和方法。而希望感也包括對於自己想做的事情能夠想到很多解決問題的方法。

還有研究發現，希望感與運動成績有很大的關係。職業運動員，他們的希望感水準要比非運動員要高很多。這種影響甚至超過了訓練、自尊程度、自信程度和情緒的影響作用。因此，對自己有比較高的希望感有可能讓自己獲得比較高的競技成績。

但希望感與樂觀還是有些不同。樂觀代表的是一種相信一切都會很好的一般的希望。因此，樂觀雖然表示對未來結果有積極

的心態，但沒有考慮到個人對結果的控制作用，以及強烈的主動性。凱文‧蘭登（Kevin Rand）就發現，希望感其實比樂觀可以更好地預測學生的學業成績，甚至希望感水準比學生的法學入學成績（SAT）還更能夠預測其在法學院的學習成果。

另外，希望感和較好的適應能力也存在正相關。研究發現，**有較高希望感水準的人，記得更多的是正面的評論和發生在自己身上的正面事件**；而那些希望感水準比較低的人，記得更多的是負面的評論和負面的事件。因此，那些希望感高的人，通常有比較高的自尊水準，希望感也讓他們對目標充滿了激情，而不是充滿了恐懼。

最後，**高的希望感與一個人的健康密切相關**。希望感水準高的人通常對痛苦有更高的容忍水準。一些脊髓受傷的病人，或者是燒傷的青少年，較強的希望感使他們對問題有更好的適應，比較少抑鬱，而且康復得比較快，同時與照料者的互動更加積極。一些癌症病人如果希望感強的話，他們更願意去尋找解決問題的知識和應對疾病的正確態度。

所有這些積極心理學的希望感研究表明，我們人類真的是要培養一種對未來的希望感；希望感會讓我們有行動的動機，更讓我們有行動的方法。

## 培養你的希望感，做更好的自己

如何培養我們的希望感呢？斯奈德其實也已經給了我們一個行動的實施方案：

**第一步，培養目標導向的思維。**目標導向的思維，也就是給自己樹立一個明確的目標。比如說今年我要升職，今年我要考上研究生，今年我要找到一個對象等。斯奈德建議，最好的目標是那些可以實現、同時又不那麼容易實現的目標。為此，他提出來一個設定目標的 SMART 原則，即我們設定的目標應該是：具體的（Specific）、可以測量的（Measurable）、可以實現的（Attainable）、有關的（Relevant）、有時效的（Time-bound）。

**第二步，找到成功的方法。**我們要相信自己一定能夠找到實現這些事情、這些目標的路徑和方法。越是有創造性的人，越容易覺得自己有希望。

設定目標後，我們不妨經常想一想，能不能找到好幾種實現目標的路徑和方法？然後選擇一種最可能成功的方法去執行。

**第三步，落實行為的改變。**「心動不如行動」。希望感理論一個很重要的方面，就是強調個人的主動精神。因此，我們要實現我們的希望，一定要主動採取行動。另外，對我們的希望感影

響最大的因素通常是時間不夠。這也要求我們一定要爭取立即採取行動。

　　一個好的辦法就是能夠養成一種習慣。習慣形成後，我們就會發現既省時，又省力，更省我們的心神。長期的目標，尤其需要有一種堅持精神。因此，形成習慣就顯得特別重要了。

　　這也就是提醒我們，做一個希望感強的人，首先應懂得如何正確地管理自己的時間，要給我們認為重要的目標留出更多的時間，而不太重要的目標少留些時間，或者根本就不用考慮了。

第 15 講

# 笑得由衷不由衷？你的人生將清晰表白！

　　1860 年，法國醫生杜鄉（Duchenne，也被譯成「迪香」）開始了史上首次嘗試對人類的微笑表情進行科學研究。他通過採用電流刺激實驗對象的面部肌肉收縮來激活某種情緒和情感，並攝影紀錄下每種情緒和情感對應的面部肌肉活動。他發現，真實的微笑信號不光是微笑肌（附在口腔和顴骨上）受到刺激，使得我們的嘴角被拉起；它也會激活眼睛周圍的小肌肉，導致眼睛周圍出現皺紋（俗稱魚尾紋），這是種愉悅的純淨笑容，非常具有感染力和親和力；而職業性的偽裝笑容往往只有面頰提升、嘴角的笑，卻沒有眼角的微笑。因此，古人有句俗話形容這樣的笑是「皮笑肉不笑」，用科學心理學的表述應該是「皮笑眼不笑」。

　　一個世紀之後，當代著名心理學家保羅・艾克曼（Paul Ekman）發現，杜鄉的結論是正確的：我們不可能假冒真實的微笑！

當我們看到一個笑臉時，一定要去看其眼睛周圍的細紋，如果有
像魚尾紋一樣皺紋，那麼，這笑容就是真正幸福或者愉快的微
笑，否則就只是禮節性的假笑。嘴角的微笑可以控制，而眼角的
微笑是控制不了的。為了表示對這位法國科學家的敬意，艾克曼
建議以後將所有帶有眼角皺紋的真心微笑統稱為「杜鄉式微笑」。

## 笑容預測婚姻，可靠！

　　2001年，我的好友、美國柏克萊加州大學心理學系的達契
爾‧克特納（Dacher Keltner）教授和學生李安妮‧哈克（Lee-
Anne Harker）分析了位於柏克萊附近奧克蘭市的密爾斯學院
（Mill College）1960屆畢業的114名女生的畢業手冊，分析她們在
1958年到1960年所照的照片。除了三張沒笑外，所有女生都在
笑。但只有50位女同學流露的是杜鄉式微笑，61位女生展露的
是非杜鄉式的禮節性微笑。

　　30年之後，克特納和哈克再去回訪這些女生。結果發現，那
些以杜鄉式微笑上鏡的女學生，30年之後最初結婚的人數比例較
高，最後離婚的人數比例卻低，自我評價的幸福指數也較高。

　　美國迪堡大學心理系教授馬修‧赫滕斯坦（Mathew Herten-
stein）等人也收集了306名心理系校友和349名其他系的校友年鑑

照片。由兩名受過訓練的實驗人員（經過訓練以後兩人打分接近，誤差較小）對每一張照片裡人物的眼角肌和顴骨肌活動的強度打分，再將兩塊肌肉活動強度的得分相加作為笑容的程度。

研究人員稍後又通過郵件瞭解了這些人後來的婚姻狀況。將照片裡的笑容程度比對後發現，「笑容程度」在某種意義上能夠預測日後的婚姻狀況。照片裡笑得越燦爛的人，婚姻越幸福，離婚的可能性越低；笑容越少的人，婚姻幸福水準相對低些，離婚的可能性高些；而且男性和女性的趨勢是一樣的。

## 越笑越長壽？

美國密西根州的韋恩州立大學（Wayne State University）的歐內斯特‧阿貝爾（Ernest Abel）和邁可‧克魯格（Michael Kruger）收集了來自1952年的美國職業棒球大聯盟選手註冊時拍的登記照片，挑出230張目光注視相機的照片，並放大兩倍。然後，邀請其他人對打亂順序的230張照片按照嘴周圍的肌肉、顴骨肌、眼角周圍的肌肉、眼輪匝肌等活動情況打分。

結果發現，截止到2009年6月1日，照片裡笑容越燦爛的球員，壽命越長。笑得最燦爛的一組球員比最不會笑的一組球員的平均壽命要長7歲！

不過，對於職業球員而言，影響壽命的因素有很多。所以，研究人員排除了一些可能的因素，比如出生年份、身體質量指數（body mass index）、職業生涯長度、婚姻狀況、所上的大學等，得到的結果仍然是「笑容程度效應」非常顯著，也就是說確實可以通過「笑容程度」來預測壽命。

會不會是因為這些人的笑容比較有吸引力，所以他們得分更高，人生也更順利呢？為了排除照片中面孔吸引力的影響，實驗人員又進行了後續研究。他們重新評定了照片的吸引力得分，但結果發現，吸引力得分並不能預測壽命。

綜上可知，照片裡笑容越多的人，離婚的可能性越小，壽命越長；反之，笑容越少的人，離婚的可能性越大，壽命越短。為什麼會這樣呢？心理學家認為，經常性的笑容反映個體某種穩定的人格特質和潛在的情緒狀態。具有這些積極心理特質的人可能會主動尋找與自己特質相適應的環境或人；而有積極情緒基因的人可能會找到有利於愉快婚姻的環境，甚至是找到本來就具有積極情緒的伴侶。

另外，笑容也能夠傳達幸福、友好、愉快的訊息。照片裡愛笑的人，現實生活中可能更愛笑，而笑容裡傳達的友好訊息有助於維護穩定的親密關係。還有，情緒是可以傳染的。看到照片裡的人在笑，看的人也會無意中展現出笑的表情。那麼，經常看伴

侶笑的照片，不知不覺地跟著笑，和伴侶的關係自然會得到提高。

　　由此就不難理解佛教教導我們的話：即使是窮人也可以做出施捨。最簡單、最直接、最便宜的施捨就是對人微笑，即「顏施」。而從積極心理學的角度看，關於杜鄉式微笑的研究，很好地詮釋了「顏施」的意義和價值。

　　讓我們的生活充滿「杜鄉式微笑」：對大自然微笑，能讓我們心曠神怡；對朋友們微笑，能送去溫暖和友誼；對陌生人微笑，能重塑我們中華禮儀之邦的美譽；更要對我們的親人們微笑，他們是我們生命的價值和意義。關鍵還要對自己微笑，能讓我們心中充滿感恩、幸福和愛意！

第 16 講

# 幽默面前並非人人平等

　　幽默是積極心理學所關注和研究的領域之一，它是人類特有的心理和行為現象。嬰兒從四個月開始會笑，兩歲半開始就知道討人喜歡（知道通過一些行動和言語來讓父母親高興），到了六七歲之後，他們每個人都可以開始講笑話或對笑話產生相應的反應。已有的研究也發現，幽默感強的孩子，更容易得到父母親及其他人的關注和喜愛，也更容易有積極的社會關係和個人魅力，更容易產生自信和影響他人的優勢。

　　純粹從生物進化的角度來講，很難說幽默是自然選擇的結果。因為人類的進化，除了自然選擇之外，還有一個很重要的選擇機制──性選擇。也就是說，在與異性交往的過程中，具有幽默感的男性更容易得到女性的喜愛，因而更容易有優先選擇配偶的機會。所以，相對而言，有幽默感的男性具有更多與異性交往

的機會，從而獲得生殖上的成功而產生後代。這就是為什麼男性講笑話的比例要比女性高很多的原因。

那男性喜歡講笑話的女性嗎？

心理學家理查德‧懷斯曼（Richard Wiseman）在其暢銷書《怪誕心理學》一書中就報告，根據他長達一年多的研究發現，男女兩性在講笑話和對笑話作反應的比例上有很大的差別。

（1）男性喜歡講笑話，而且也喜歡女性聽他們講笑話，但不喜歡聽女性講笑話；

（2）71％的女性在男性講笑話的時候願意笑出聲來，而只有39％的男性在女性講笑話的時候，願意笑出聲來；

（3）63％的女性講笑話，基本上都是自嘲，而男性的笑話，只有12％是自嘲。

由此可見，幽默感是男性吸引力的重要標誌，而男性不一定喜歡聽女性講笑話。

## 論幽默的重要性：智商的判定標準之一

在現代生活中，幽默感不單單是男人魅力的重要體現，對我們大家的生活和工作也都很重要。根據已有的研究發現，我個人

認為，幽默重要的原因主要體現在以下四個方面。

**第一，幽默是智力和創造力的體現。**很多電視節目的幽默作品和吐槽，確實出人意料，讓人拍案叫絕。可以看出來，創作這些作品的人應該都是些思維敏捷、言語表達流暢，並且具有創造精神的人。

關於幽默起源的人種發生學研究發現，人類最早的幽默來自於各種各樣的遊戲，而這些遊戲恰恰是智力、體力和性格在行為中的綜合體現。通過遊戲，我們人類掌握了很多生存的技能。在漫長的人類生存歷史中，有較高智力和創造力的人，往往更容易活下來，並且活得很好，這樣就使得智商和創造力具有了進化選擇的優勢。因此，由遊戲活動所引發出來的幽默就成了這種生存能力高低的一種標誌。

**第二，幽默是我們快樂和幸福的源泉。**有幽默感的人很容易形成社會關係的凝聚力和獲得認同感。六千五百萬年的人類演化歷史，使我們人類的大腦越來越聰明，同時也使得我們形成了對未來的追求和嚮往，以及對新奇事物的喜愛和偏好。因此，人類其實是厭倦常態、常規、重複、單調的生活的。這種喜新厭舊的情緒有可能會使我們對自己的伴侶產生厭倦、難以形成長久穩定的關係，也就不能很好地繁衍和培養後代。而一個具有幽默感的

人，善於從日常生活中發現新異現象，容易產生快樂和幸福體
驗。所以，幽默也是抵制厭倦的一種重要的手段。

　　有幽默感的人容易讓自己的伴侶產生新奇的感覺，從而保持
長期穩定的關係。

　　**第三，幽默能夠釋放我們的性壓抑和攻擊情緒**。弗洛伊德認
為，幽默是過分的性壓抑與攻擊行為緊張得到釋放的一種結果。
他有一句特別有名的名言：「一根雪茄可能就只是一根雪茄，但
一個笑話就絕對不僅僅只是一個笑話。」（A cigar may just be a ci-
gar，but a joke is never just a joke）一個小的笑話、幽默和吐槽，
可以降低我們的焦慮，增加我們的快樂、健康與幸福水準。

　　其實我們也可以從別人喜歡講的笑話裡頭，發現他所關心、
焦慮和擔憂的問題。一個經常嘲笑別人長相的人，可能對自己的
長相有過分的焦慮和關注；一個喜歡談身高的人，可能也是因為
自己的身高有缺陷；而愛講官員腐敗、明星八卦、富人出醜之類
笑話的人，可能也是因為對這些「特權」人物的一種嫉妒、焦慮
和憤怒情緒的自然流露。

　　**第四，幽默可能也是一種身心健康的積極反應**。最近的神經
心理學研究就發現，右腦半球有損傷的人很難對幽默和笑話產生
反應；精神病人就缺乏幽默感；心情不好、精神壓抑的人，也不
會對正常的吐槽和幽默產生任何積極的反應。因此，可以這麼

說，沒有幽默感的人是「腦殘」的人。

　　當然，不是所有的吐槽、笑話都是好笑的，特別是那些通過嘲笑別人而產生優越感的笑話，就是一種傷害和心理攻擊。亞裡士多德就曾經說過：通過嘲笑別人的生理缺陷、區域局限和地位差異的笑話而產生優越感，對於被嘲笑的人，會造成很大的心理傷害；對於嘲笑的人，就是一種不道德。

　　克勞德‧斯蒂爾（Claude Steele，他是我在密西根大學的博士生指導老師之一，現任柏克萊加州大學的常務副校長和教務長）曾經提出一個著名的心理學理論──「**刻板印象威脅**」（stereotype threat）來解釋這種嘲弄所帶來的負面心理效果。至今，已經有300多篇發表的心理學研究證明了這種成見對於被嘲弄的人所產生的焦慮、抑鬱和負面的影響。

　　所謂的「刻板印象威脅」指的就是：如果在某個環境裡，個體擔憂或者焦慮自己的行為會驗證別人對於自己所屬社會團體的負面刻板印象，那麼，這種焦慮就會影響到他的表現，使得他的成績變差、心情變壞、行為受到干擾。比如說一個金髮女郎在聽到有關「金髮女郎胸大無腦」的笑話之後，那麼，她就會產生一種「刻板印象威脅」，接下來去做有關智力測驗時的表現會很差。同樣，一個來自農村的人在聽到有關「農村人的笑話」之

後，那麼他的表現和行為也一樣會受到干擾和影響。因此，以刻板印象嘲弄別人，這些人的心理和行為必然會受到傷害，而這種傷害，反過來又有可能確認嘲弄的成見和刻板印象。

　　對我們的幽默感最大的限制還是來自於各種意識形態和文化控制。一些極端主義分子和恐怖分子是很不喜歡各種吐槽、幽默和笑話的；信奉集權主義和威權主義的人，也是缺乏幽默感的人。因為他們沒有信心，也沒有積極的心態，想的更多的是自己的利益、地位和尊嚴。這也就是為什麼在很多極權主義社會裡，幽默和笑話往往是反抗集權的有效方法之一。

　　「改革開放」政策30年以來，中國大陸的社會和文化已經發生了翻天覆地的變化，人們有了更加充分的個人自由。因此，網路笑話、諷刺和吐槽越來越受到寬容和理解，這是社會文明和進步的反映。特別難得的是，有一些自嘲，表現了對自身能力的自信和境界的昇華。社會學家羅傑‧布朗（Roger Brown）就發現，所有的笑話、幽默通常是由有自信的、社會地位較高的、有領導才華的人首先開始和啟動的。因此，幽默和自嘲是一種領導能力的充分體現，也是增強社會凝聚力和團體關係的一種重要方法。

　　從某種意義上來講，幽默和自嘲也淋漓盡致地展示了「慧眼

禪心」，因為有「慧眼」才能意識到社會中新奇的、不一樣的角度，有「禪心」才能夠寬容、理解、積極、快樂地應對各種生活中的挑戰、矛盾和怪誕。

第 17 講

# 為什麼銅牌選手會比銀牌選手更開心？

　　2014年底的一個上午，在為北京清華大學心理學系研究生講
《社會心理學》專題課程中，我們討論了康奈爾大學的著名心理
學家吉洛維奇和他的學生的一篇經典研究報告。題目是〈少一些
可能更好：奧林匹克獎牌選手的反事實思維與他們的滿足感之間
的關係〉（When less is more: Counter factual thinking and satisfac-
tion among Olympicmedalists）。這篇文章發表在1995年的《人格
與社會心理學》期刊上，是社會心理學和積極心理學經常涉及到
的一個經典實驗。

## 銀牌選手為什麼不會杜鄉式微笑

　　為什麼拿銅牌的運動員會出現杜鄉式微笑，而拿銀牌的運動
員卻不會？在湯瑪斯・吉洛維奇（Thomas Gilovich）和他的兩個

學生──麥迪（Medvec）和馬蒂（Madey）所做的這個研究中，請康奈爾大學的學生評價了1992年巴塞隆納夏季奧運會各種比賽的獎牌選手在衝過終點時和在領獎臺上時的情緒表現。利用一個十級評分量表，分別請學生對這些選手臉上所表現出來的從痛苦到開心之間的那種表情程度進行打分。結果他們發現，在比賽結果剛剛宣佈的時候，在從痛苦到開心的十級量表上，銀牌選手的平均得分4.8分，而銅牌選手的得分高達7.1分。在頒獎儀式上，銅牌選手的快樂表情有所收斂，但仍有5.7分之高，而銀牌選手變得更不開心，快樂表情變成4.3分。統計分析顯示，銅牌選手與銀牌選手的開心程度差異在統計水準上是顯著的。

　　按照我們通常的理解，人們的開心程度應該是與他的成績高低有對應關係的。如果我們表現得好，成績優越，我們應該開心，表現不好，成績不優越，我們應該不開心。按照這種邏輯，銀牌選手應該比銅牌選手開心，因為他只是一人之下，卻在眾人之上。吉諾維奇等發現，產生這種意外結果的主要原因是這兩種人的反事實思維不一樣的。所有的人都在進行**反事實思維**，即如果怎麼樣，就會怎麼樣。銀牌選手的反事實思維肯定是往上比較的，因為他只要再努力一下，就一定可以獲得金牌，這就是往上比的反事實思維。銅牌選手更可能是往下比的反事實思維，因為差一點他可能就是第四名，得不到獎牌。而對於銀牌選手而言，

獎牌已經到手，後悔的是差一點就得金牌，所以，往上比的反事實思維是很自然的。而銅牌選手差一點就沒有獎牌，因此，往下比的反事實思維更自然些。比的方向不同，對人的影響也就不同。

　　十幾年後，我的好朋友、美國舊金山州立大學的大衛‧松本（David Matsumoto）教授和美國《世界柔道雜誌》的編輯巴布‧威廉漢姆（Bob Willingham）對在雅典舉行的2004年夏季奧運會上，獲得柔道比賽的金牌、銀牌和銅牌選手的面部表情進行了電腦分析，特別是他們在比賽剛剛結束之後的表情和站在領獎臺上的表情之差，令人頗有感悟。他們發現金牌選手和銅牌選手在贏得比賽後，都出現了燦爛的微笑，而沒有一個銀牌選手在比賽結束後露出笑臉的。更有趣的是，銀牌選手甚至還表現出悲傷、輕蔑和冷漠等各種負面情緒反應。換句話說，銀牌選手不光表現得不開心，甚至還會表現出強烈的負面情緒體驗。

　　不過，這兩位學者發現，在領獎臺上，銀牌選手還是會露出笑臉來的。事實上，96％的運動員在領獎臺上都會微笑。不過仔細分析一下這些選手的面部表情，這兩位科學家發現，銀牌選手的微笑大部分是偽裝出來的，他／她們的微笑很多是禮貌性的微笑。而金牌和銅牌選手都出現了心理學家稱之為杜鄉式微笑的真心快樂──這種微笑是一種發自內心的、有感染力的、愉快的真

心微笑。因此，這兩位心理學家認為，那些表現出真心微笑的運動員在比賽結束後和在領獎臺上的表情基本是一樣的，而那些在比賽結束沒有表現出真心微笑的，在領獎臺上往往要裝出禮貌性的微笑。由此可見，銀牌選手確實是不如銅牌選手開心。

## 心理學關於開心的基本發現

　　這些研究生動地説明了心理學的一個基本發現：**一個人的成就、獲得和收益到底有多大，與他的幸福沒有完全的正比關係，反而是和他的認識和判斷有相當大的關係。**當我們往上比的時候，我們很難感受到自己已經獲得的成就；當我們往下比的時候，反而會感覺到「退一步海闊天空」的愉快。當你的工資漲了500元錢的時候，你也許會非常開心；可是當得知你的同事漲了1000元的時候，你可能就會感覺特別地難受。但是如果你之前的預期是300元，實際上達到500元，你可能也會很開心。如果你的同事他之前的預期是1500元，實際上只收到了1000元的預期，那麼他可能就很不開心。這就意味著，真正影響了我們人生的幸福和快樂的，是我們的預期和比較。

　　在那天上午的課上，我們還討論了文化差異的問題，因為2004年雅典奧運會柔道比賽選手的面部表情是跨文化的研究結

果。也就是説，不管獲獎選手來自哪種文化，都可以得出同樣的
表情差異。

## 轉換視角

俗話説，「文無第一，武無第二」。體育比賽誰好誰壞，發
獎金誰多誰少，還能有客觀標準。但現實生活中，誰的日子過得
好一些，誰的孩子聰明一些，誰的丈夫成就大一些，以及誰的老
婆漂亮一些，都是複雜的綜合的概念，沒有絕對的客觀標準。這
個時候，我們不妨想一想，我們的生活中擁有什麼，我有哪些別
人沒有的特長，我有哪些別人不具備的優勢，我們的精神、追
求、理想和文化等，這些沒有客觀標準的生活體驗，是不是也是
豐富多彩的？

因此，我特別提倡人們的精神追求，在一定的物質基礎滿足
之後，精神追求可以給我們無限的心理資本。它不是簡單的否定
事實的「阿Q精神」，而是我們追求靈性、悟性、善性、感性的
文化精神，這兩者之間是完全不同的。因此，我們不妨多一些對
自己擁有的生活的感激，少一些比別人缺失的焦慮，這樣才能夠
真正地獲得生活的幸福和快樂。

第 18 講

# 女神與心理學的神奇碰撞

33 歲的娜塔莉‧波曼（Natalie Portman）受邀回母校參加了 2015 屆哈佛畢業典禮並發表演講。當天她演講主題是「把缺乏經驗變成你的優勢」（Make Your Inexperience An Asset）。演講影片發布在網上後，轟動一時。

## 從女神到學霸

為什麼她會如此受歡迎呢？有個說法我很喜歡，「當女神遇到心理學後，傳奇就由此產生」。娜塔莉‧波曼是位出色的演員。她在以色列耶路撒冷出生，但成長於美國。13 歲時，她就因出演了第一部電影一炮而紅，這部電影的名字叫《這個殺手不太冷》。如果說剛才你還不知道她是誰，那麼現在應該知道了吧。18 歲，她就出演了美國傳奇電影系列之《星際大戰前傳首部曲》

中的女主角──年輕的女王「佩咪·艾米達拉」，令人驚豔。

　　她1999年進入哈佛大學攻讀心理學專業，四年後的2003年，獲得心理學學士學位。從她的教授們眾口一詞的讚美聲中，可想而知她的智商和情商有多高──她的心理學成績基本上都是A。更為神奇的是她還選修了哈佛大學「臭名昭著」的法學教授艾倫·德肖維茨（Alan Dershowitz）的「神經心理學與法學」課程，居然也得了A。因為這種跨學科的課程是最難學的，一無教材，二無常規，再加上一個古怪、任意和任性的老師，實在是難為了作為學生的她。

　　2010年，娜塔莉出演《黑天鵝》，並憑藉該片中的出色表演獲得奧斯卡最佳女主角獎。她應該是第二位畢業於哈佛大學而又獲得奧斯卡獎的優秀演員。

　　即使人生的成就到此為止，也已經非常輝煌了。但她卻表示還要去攻讀心理學博士，並選擇了基礎心理學研究方向。她讀本科時就已經發表研究報告刊登在頂級的神經心理學雜誌《神經圖像》（Neuroimage）上，到2015年文章的引用率已超過20次。

## 事物恒存性知覺

　　娜塔莉到底研究了什麼樣的心理學問題呢？

在這篇以她真實姓名娜塔─李‧赫許勒（Neta-Lee Hersh-lag，波曼是她藝名）發表的題為〈大腦前額葉在事物恒存性知覺中的活動：近紅外光譜的證據〉一文中，她和其他幾位神經心理學家研究了人類一歲內的嬰兒的一種認知能力──事物恒存性知覺：即剛才看到過的事物，雖然現在看不到了，但實際上還是存在的。

長期以來，心理學家猜測大腦前額葉在這種心理活動中起了很大的作用，但苦於沒有證據，因為嬰兒不會好好地待在核磁成像設備裡任由心理學家測試。娜塔莉和她的同事發明的這種新方法──近紅外光譜──能在不影響嬰兒的情況下測試嬰兒的大腦活動。結果表明，當嬰兒開始有了事物恒存性的認識時，大腦前額葉確實開始活動了。

雖然這只是心理學中一個很小的研究，但這樣一個漂亮得可以靠臉吃飯的大明星能夠花時間和精力，去研究如此基礎的心理學問題，真的值得我們推崇和學習。

近年來，越來越多的優秀女生選擇了心理學作為自己研讀的專業，在有些名校的心理學專業，男女比例甚至已經接近1:7。在這樣的情況下 現幾位像娜塔莉這樣的女神應該是很正常的現象。我在這裡也衷心希望中國的女神們也多多學習科學，尤其是來研修心理學。讓大家明白，美女的智商其實也是蠻高的。

　　順便再透露一下，娜塔莉目前已是一個男孩的母親，她的丈夫班傑明‧米派德（Benjamin Millepied）是一位芭蕾舞演員兼編舞家。這一切說明了，女博士一樣可以是好演員、好女人、好母親、好妻子。

　　常言道：判斷一個學科有沒有價值的直觀標準是看其從業人員的平均顏值。女神都在學心理學，你還猶豫什麼呢？歡迎大家都來學習心理學，熱愛心理學，做一個真正的知「心」人！

第 19 講

# 心靈霧霾可以用科學來治理

　　經濟的快速發展，讓我們的生活節奏越來越快，各種壓力也隨之而來，使得我們的心靈很是壓抑，催生了諸多精神垃圾，從而造就心靈霧霾。部分心理承受能力較差的人，在心靈霧霾的污染下失去了幸福的能力。希望積極心理學能成為吹走心靈霧霾的那一陣風，讓大家的生活重新擁有幸福的藍天。

## 撥開心靈的霧霾，還生活一片藍天

　　經常有人問積極心理學家：幸福真的那麼重要嗎？大量的心理學研究已經表明，幸福的人身體更健康、更長壽；平均而言，快樂的人比不快樂的人要多活七年。這 7 年增壽意味著什麼？我們不妨拿吸煙來進行比較，一般而言，吸煙的平均危害是減壽 2.5 年。如果一個煙民每天不停地抽煙，從 17 歲開始到 71 歲死亡，

那麼香煙對他的壽命傷害甚至可以達到6.5年。由此可見，幸福
對我們人體健康的影響，遠遠超過吸煙對我們人體健康的影響。

　　世界衛生組織在2014年9月4日「世界預防自殺日」到來之
際發佈的調查報告顯示：全球平均每40秒就有一人自殺，每年
自殺死亡人數已經超過戰爭和自然災害致死人數之和。這是世衛
組織耗時10年、調研全球172個國家後得出的統計數據。可見，
自殺已經成為嚴峻的公共健康問題。自殺的誘因主要有幾大類，
如抑鬱、承受巨大壓力、生活處境困難、與親友之間的矛盾激烈
等，但概括起來莫過於三個字──不幸福。

　　現在我們應該清醒地意識到，單純追求經濟的發展並不能保
證給人民帶來幸福感。美國著名心理學家戴維‧邁爾斯（David
Myers）在《美國悖論》一書中就提到，雖然過去的30年，美國
的經濟指數增長了，但是美國人的幸福感並沒有由此而增加。也
有研究表明，在工業化國家裡，中國大陸人在工作中得到的幸福
比例是最低的。

## 積極心理學創造幸福生活的五個要素

　　2010年，富士康總裁郭台銘邀請了海內外的心理學、社會
學、管理學及精神病學等方面專家到富士康，尋找擺脫「連跳」

陰影的出路，我是受邀者之一。我個人認為，富士康的問題是企業轉型中的心理危機問題，具有普遍性，不是簡單的心理、病理問題。

　　所以，我是全力支持積極心理學走進企業的。因為積極心理學走進企業，首先能給企業一個如何使員工快樂的客觀標準，比如環境、陽光、體育活動。這些都是客觀增加幸福感的方法，企業可以輕而易舉地去操作。其次，還可以提供一些主觀的標準，比如公民精神、互相支持、認同。通過積極心理學的組織設計，讓企業家能夠學會怎麼去做這些事情。再有，就是個人的心態調整，可以做很多普及教育和諮詢的工作，讓員工覺得開心。

　　那麼，如何用積極心理學創造幸福的生活呢？我總結了創造幸福生活的五個要素：笑、動、說、觀、心：

**笑**：指的是微笑。

**動**：包括行動和運動，做善事、聞香氣、鍛煉身體等。

**說**：就是溝通、交流、表達，積極地鼓勵。

**觀**：是指用心去看生活中的真、善、美，很多時候人們看不到有益的事情，不是因為笨傻，是看到了又沒看見，心理學上叫做無意識盲。所以一定要有慧眼，讓自己慢下來、停下來，用心去看周圍的真、善、美，你會發現這個社會不單調、不枯燥。

心：就是一種感覺，一定要用心去感受世界。很多人活在這個世上心是不動的，沒有讓他激動的事情，沒有令他感動的人，沒有使他振奮的事，就像行屍走肉一樣生活一輩子。只有具備基本的心理體驗活動，你才能知道什麼是真實的快樂。

幸福是人類一個永恆的話題，長久以來，人們關注幸福、追求幸福、談論幸福、體驗幸福。無論是哲學家，還是我們普通人，對幸福的嚮往，誰都憧憬過；對幸福的回憶，誰都珍藏過；對幸福的滋味，誰都品嘗過。

然而，不同的文化，不同的族群，對幸福的看法也不盡相同。孔子認為：仁，就是幸福；亞里士多德認為：不走極端，選擇中道，就是幸福的黃金法則；古希臘人的幸福：要求人們在大千世界找準自己的位置；歷代中國人的觀念：盡忠盡孝、光宗耀祖、履行職責、服務社會、關心他人也是幸福。

## 科學分析幸福的元素

2002 年的諾貝爾經濟學獎獲得者，著名心理學家丹尼爾·康納曼則從心理學的角度賦予了幸福四個方面的意義：

（1）**總體的幸福感**。簡單地說，就是你對自己總體生活中的狀況基本滿意。生活有方方面面，有時候，你可能在自己的工作中感受不到任何幸福，但你的家庭讓你感到溫暖和幸福，總體幸福感讓我們跨越了這些具體方面的局限，來對自己的幸福程度下一個平均的評價。

（2）**快樂的性格**。性格有著跨情境和跨時間的一致性和穩定性。所以，幸福的人，往往是有快樂性格的人，他們喜歡社會、喜歡他人，對未來充滿嚮往和期待。幸福的人生活的動機更加強烈，應付挑戰和困難的意志更加堅決，對成功的渴望和行動也更加明顯。尤其是他們樂觀向上的性格和心態容易得到他人的幫助、支持和社會的欣賞——我們總以為那些廢寢忘食、捨生忘死的天才人物所取得的偉大成就是由他們的高速度、快節奏、緊張的工作帶來的。其實這是一種誤解，快樂的人創意更多，成就更大。因此，幸福其實就是最重要的生產力。幸福也是提升生產力最直接、最有效的方法。

（3）**積極的情緒**。人有悲歡離合，月有陰晴圓缺，此事古難全。人生活在社會環境之中，社會環境的變化讓我們無時無刻不在體驗情緒。喜怒哀樂，是我們常有的情緒，但是心理學家發現：人還有很多積極的情緒，比如感恩、同情、敬畏、福流，等等，在這樣的情緒下，我們也會感到幸福。

（4）**愉悅的感覺**。每當我們漫步沙灘，雨中跳躍，月下談心，品嘗美食，聞到花香，甚至溫柔地觸摸時，都會感到一種身心的愉悅。雖然這種愉悅只是感覺，但它會影響到我們的情緒。因此，身心的愉悅，是幸福最直接的體現。

第 20 講

# 什麼情況會導致渴望自己並不喜歡的東西？

　　在《伊索寓言》中，有個《狐狸與葡萄》的故事，說的是有只狐狸特別渴望吃到葡萄藤上熟透了的葡萄，它就跳起來去摘，但不夠高；再跳起來，還是夠不著；再跳起來……狐狸試了又試，最終也沒有成功摘到葡萄。最後，它決定放棄，就邊走邊說：「我敢肯定，它是酸的。」狐狸下意識地接受了自己其實並不是特別想要吃到這些葡萄的想法，於是，它便能夠「心安理得」地離開了。這就是著名的心理防禦機制──「酸葡萄心理」的由來。

　　現代心理學的研究也發現，即使狐狸繼續嘗試下去，並且最終得到了它所渴望的葡萄，它最後也很可能會覺得自己其實沒有那麼喜歡這些葡萄。這就意味著，我們在某個時候也許會渴望得到自己其實並不喜歡的東西。

## 渴望和喜歡來自不同的通道嗎

　　在一般的情況下，「渴望」和「喜歡」是緊密聯繫在一起的——我們渴望得到自己喜歡的東西，同時我們也喜歡自己渴望得到的東西。但是，事實可能並不如此。

　　密西根大學的心理學家坎特・布瑞吉（Kent Berridge）及其同事的研究發現，**人類的「渴望」與「喜歡」可能是由兩種不同的神經反應通道和不同的大腦加工區域來完成的。**

　　心理學家如果想要研究人類或動物的渴望程度，通常可以通過測量其行為表現來獲得。比如，渴望獲得食品的老鼠，可以通過它行動的速度、頻率和次數來反映出它的渴望程度。那麼，如何來測量喜歡程度呢？坎特發明了一個方法，就是通過考察人類或動物的情緒行為表現（特別是面部表情），來定量評定他／它們的情緒反應。比如，一隻猴子或老鼠在面對喜歡的食物時，就會出現愉快的表情，更為明顯的是表現出一些相應的動作，比如舔嘴唇。在類似的情況下，人類也會有同樣的反應。對於我們想吃的食品，我們不僅會吃它，還會吃得很多；同時，我們也會有一些諸如舔嘴唇、咽口水等行為表現，從而使周圍的人也能看出來我們對這些食品的偏愛。

　　通過這樣的測量技術，坎特等人發現：人類的「渴望」和

「喜歡」，其實是由大腦不同的神經通道來完成的。「喜歡」的神經通道位於人類大腦皮質的下部，如果採用電極刺激這些區域，特別是刺激伏核區，人類或動物就能產生積極快樂的情緒。但是，我們畢竟不能用腦外科手術把電極埋置在伏隔核來進行電擊。另外一種刺激該區域的方法，是通過攝入一種類似鴉片的神經化學激素，這種激素的作用有點像大麻、海洛因等毒品的作用，它同樣能讓人類或動物產生積極的快樂情緒。另外，坎特等人的研究還發現，控制人類「渴望」區域的神經系統是與「喜歡」區域的神經系統互相聯接的，也都在大腦皮層的下部；只是，「渴望」比「喜歡」的神經分佈更為廣泛，而且是受不同的神經化學激素所刺激──影響「渴望」的神經化學激素主要由多巴胺產生。

　　有意思的是，很多藥品上癮的人，他們的興奮反射區域主要是在「渴望」區域。因此，這些人經常表示他們特別「渴望」這些藥品，但他們並不見得「喜歡」這些藥品。正如我們很多人在拚命地追求官位、權力、財富等，但捫心自問，自己的內心其實並不一定特別喜歡這些東西。

## 得到了未必珍惜，得不到的才會掛念

除此之外，最近的一項心理學研究還發現，如果我們正渴望某樣事物，卻又特別難以獲得的時候，內心對它的欲望會變得越來越強烈。

但在終於獲得了那個自己渴望的東西之後，我們對它的喜愛卻也會隨之消失。這是人類心理一個很微妙的地方，有可能正是我們先前過於渴望得到，在這個過程中過多地消耗了心理的能量，因而當我們終於獲得原先所渴望的東西時，反而已經變得有點討厭它了。這在某種程度上也提醒我們年輕人，在戀愛過程中，如果真的喜歡對方，就需要掌握好一個度，別過於為難對方。

總而言之，「渴望」和「喜歡」的詞義已經清晰地提示我們，它們有著不同的意義；有關這兩者的心理學研究也已經明確地告訴我們：「喜歡」和「渴望」是由兩種不同的神經系統來完成的。**「喜歡」與幸福和快樂的感受相關，而「渴望」則不一定會帶來幸福和快樂的體驗。**因此，雖然在通常情況下，我們會渴望得到自己喜歡的東西，並且也喜歡我們所渴望得到的東西；但是，我們並不總是會渴望得到自己喜歡的東西，也未必總是會喜歡我們所渴望得到的東西。

　　來看看現實生活中的我們，最渴望得到的，也許是美色（包括性），也許是物質（包括財富），也許是威望（包括權力）。但是，當真的都得到了這些所渴望的東西時，我們也許會發現，它們其實並沒有原先以為的那麼高貴和華麗，也不一定會讓我們感到快樂和滿足，更別提能夠讓我們覺得幸福和榮耀了。

　　正如生活中最珍貴、最美好的東西都是免費的一樣，所有能讓我們真正喜歡的，也許恰恰是那些樸素無華而又真實長久的事物，比如親情、友誼、工作、學習、運動、藝術、希望，等等。因此，智慧的人們，千萬不要被我們所「渴望」的輕易欺騙了。

# 第 21 講
# 文人悲秋和「季節性情緒障礙」

　　自美男子宋玉賦《楚辭・九辯》以來，中國文人便有「悲秋」一說。宋玉寫道：「悲哉，秋之為氣也！蕭瑟兮草木搖落而變衰。」杜甫在〈登高〉一詩中也寫道：「無邊落木蕭蕭下，不盡長江滾滾來。萬里悲秋常作客，百年多病獨登臺。」抒發了詩人一種傷逝、憂國、老病、孤獨的心境。

　　更加生動，如電影蒙太奇一般描述秋瑟的是著名詩人馬致遠的《天淨沙・秋思》，他用「枯藤老樹昏鴉，小橋流水人家，古道西風瘦馬。夕陽西下，斷腸人在天涯。」極為經典地勾勒出一個天涯遊子在秋日黃昏之際自己的茫然、孤獨、感傷、無奈、寂寞，堪稱傳神之作。秋之傷感，莫過如此。而劉禹錫的一句「自古逢秋悲寂寥」，更似刻意形成一種文化印象：秋天永遠是跟悲傷的情緒相聯繫的。

　　心理學家發現，悲秋可能並不只是所謂的文人頹廢或無聊之

作，而是借景抒情另有他意。其實，這種普遍的悲秋情緒很有可能反映的是我們都可能存在的季節性情緒波動。

1984年，美國國家精神健康研究所的科學家羅曼‧羅森塔爾（Romain Rosenthal）和他的同事第一次命名人都可能體驗到的一種季節性情緒波動而引發的抑鬱傾向，它被稱為季節性情緒障礙（Seasonal Affective Disorder，簡稱SAD，取悲傷之意）。

這種季節性的情緒波動問題是由於季節的變化，特別是秋冬之交，環境、氣溫及生活規律的改變讓人產生的一種抑鬱的傾向。這種傾向在其他季節相對較輕，但是，在特定的季節特別是秋冬之交比較突出，因此，也有人把它叫做冬天抑鬱症（也有極個別人能體驗到春天抑鬱症）。

心理學家暫時還不是特別清楚「季節性情緒障礙」產生的原因。可能更多的是由於日照時間減少對於我們人類生物節律的一種影響。因此，延長光照時間和曬太陽的時間可能對我們的心情會有一些正面的幫助。

怎麼知道我們可能有季節性的情緒障礙呢？一般來講，它的突出症狀表現為貪睡、白天疲倦、不想起床、一定程度的焦躁、精力的下降、性欲的減退、思維和注意難度增強、食欲猛增，引起體重增加，特別是對甜食和碳水化合物的渴望。

那麼，如何去克服這種由季節變化所產生的輕度的抑鬱傾向

呢？

　　第一，積極主動地參加體育鍛煉。積極心理學的研究發現：運動可以幫助我們克服輕度的抑鬱傾向。主動積極地參加體育鍛煉十到十五分鐘後，大腦會分泌出多巴胺刺激我們的快樂中樞，讓我們產生積極的神經生物化學激素。所以，每天適量的運動（時間、強度因人而異，一般是在半小時左右），就可以有效避免抑鬱的感受。

　　第二，儘量增加曬太陽和光照的時間。北京清華大學心理學系已故教授羅伯斯就堅持每天三十分鐘日光浴，以增加體內維生素 D 的含量。有研究發現，維生素 D 較低會增加女人患抑鬱症的風險。增加曬太陽的時間則會幫助身體自身完成維生素 D 的合成，改善新陳代謝和內分泌功能，也幫助我們改善自己的心情。

　　第三，建立積極的社會關係。走親訪友，特別是與具有積極心態的朋友多來往、多交流、多溝通，傾訴自己的心聲。參加朋友的聚會，參與自發的社會公益活動。在幫助別人的同時也會改善自己的心情。

　　第四，抽出一部分時間做自己喜歡的事情。無論是集郵、打球、攝影、種花，只要是能夠讓心力集中在自己想做的事情上，就會短暫地忘記外在環境如蕭瑟秋風對我們的影響。把自己的注意力集中在自己的精神世界和文化世界上，比如，看電影、看

書、聽音樂，也會讓我們避免季節性情緒的波動，達到物我兩
忘、心馳神往的一種高尚境界，使我們獲得產生一種心靈自由的
快感。

　　總而言之，不要把悲秋當作只有文人才會出現的頹廢心態，
這其實是一種很正常的人類情緒波動和觸景生情的自然反映。很
多優秀的人都會短暫地體驗到這種情緒的波動，它不是一種嚴重
的心理疾病，只要有積極的人生態度和生活方式都可以加以克
服。正如《岳陽樓記》所述：「不以物喜，不以己悲」，也許就
是我們應該具備的一種正確的積極心態。

# 第 22 講

# 做一個真正的勇士，敢於面對慘淡的成績單

　　每到學期末放假之前，也是大、中、小學考試的時間，以檢驗一學期或者一學年的學習情況。但很多同學在刻苦經歷這段時間之後仍然不得安心，因為還要面對可能是讓自己痛苦、焦慮、不安的考試成績。顯而易見，考試成績肯定是讓幾人歡喜幾人憂，幾人得意幾人愁。特別是對一些考試成績不好的同學來講，如何應對慘不忍睹的考試成績，不只是影響個人心情的問題，甚至會影響個人的健康和生命。2014 年年末，在美國舊金山金門大橋就有兩位在美國名校讀書的中國留學生試圖自殺，僅僅是因為自己考試成績不好，覺得沒臉見人。

　　很多同學都遇到過考試成績不理想的情況，現在，我想從老師的角度來談一談應對考試成績不理想的方法和技巧。這不是學術分析，只是出於對這些同學的關心和同情。我作為過來人，也

曾經得過非常差的考試成績。特別是在北京大學心理學系學習初
期，由於對心理學不是很喜歡，因此把很多時間都花在看雜書、
聽講座、學音樂、搞藝術上，結果，我在北大心理學系第一年的
考試成績，是我一生中所得過的最低的分。後來，痛定思痛，
「改邪歸正」，在接下來的幾年裡，學習成績不斷提高，也因此，
得以被作為「進步明顯」的學生，留在北京大學心理學系任教。

## 三步走，雲淡風輕

　　根據我的個人經驗，如何應對慘不忍睹的考試成績呢？

　　我想，這可以分成三步走。第一步是接受現實，第二步是採
取行動，第三步是爭取好成績。

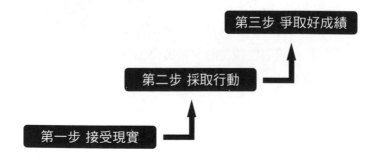

**圖 6 提高成績「三步法」**

　　**第一步，接受現實**。首先是不要緊張，每個人在生命的某個階段都會得到自己認為不好的成績。因為成績不好，對不同的人來講，標準是不一樣的，也許有些人會認為得了 B 是不好的成績，也許有些人認為不及格才是不好的成績。因此，基本上每個人都會有覺得自己的成績不太好的時候。所以，即使得了不好的成績，也千萬不要覺得世界末日到了。因為所有的人，只要努力，只要有計劃，只要有行動，都可以從不好的成績中「鹹魚翻生」。

　　具體步驟，可以先深呼吸一下，接著去做一些其他事情轉移自己的注意力，聽音樂、看電影、跑步，然後再想想為什麼會考成這樣。

　　待心情平靜以後，再去想自己到底錯在什麼地方？是不是老師設定的複習範圍不正確？或者是他們沒有仔細地核對你的答案？你是不是理解了所學習的內容？花在學習上的時間是不是還不夠？答題時是不是看錯了題目？……等等。

　　如果你自己不是很清楚這些問題，不妨問問你的同學，看看他們的理解和回答是不是和你的一樣。這樣你就可以知道為什麼他們考得比你要好。找到了原因，你就可以進行分析，針對下一次考試，自己應該如何去改正？是不是要做不同的事情？如果讓你重新來準備這次考試的話，你要有哪些改變？是不是你的時間

分配出了問題？是不是身體出了問題？是不是家庭關係、父母親的態度等等各方面出了問題？如果能改，儘量調整好。

　　**第二步，採取行動。** 如果能夠馬上和你的老師進行溝通，其實應該跟你的老師談一談，尋求老師的支持和幫助。和老師的交流，表示你關心自己的學習成績，尊重老師的教學、知識和經驗，也許還能夠改善你和老師的關係。

　　心理學家早就發現，學生和老師之間良好的互動關係，是考試成功非常重要的心理因素。當老師認為你是一個會學習、愛學習、願學習的好學生的時候，他會下意識地去照顧你、支持你、幫助你。因此，表現出良好的學習和改正的意願是獲得好成績非常重要的一步。如果能夠有機會補考，或者是做其他事情來提高成績，就一定要抓住機會，爭取做得更好。

　　當然，與此同時，你也要認真考慮如何能夠真正提高你的學習成績？是不是需要改變你的學習方法、學習態度？看一看老師和同學有什麼建議，特別重要的是一定要認真重視未來的學習，爭取把自己的成績變得更好。

　　**學習成績不是我們能力的體現，它只是我們學習態度和學習時間的體現。** 所以，不要因為一次考試成績不好，就對自己的能力產生懷疑，要懷疑的是自己所用的學習方法以及自己對學習的

重視程度。史丹佛大學心理學家卡蘿‧德威克（Carol Dweck）認為：有這樣的認識才是學習成功的關鍵。在《心態致勝》（Mind-set）一書中，她把那些將成績看成是能力體現的思維習慣稱之為「固化心態」，而把成績看成是階段性行為反映的思維習慣稱之為「變化心態」。顯然，後一種心態更利於我們自己和孩子成長。

有了這種認識，我們就可以通過尋找各種各樣的幫助，來改善或提高我們的成績，因為華人社會是重視教育和學習的社會。這個時候，可以去找一下輔導老師，或者是業餘的補課老師，學校的諮詢師來幫助你調整或改變學習方法。也可以找學長，或者是圖書館的工作人員等來幫助你學習到更多有用的知識，特別是人文知識，可以幫你的人其實是很多的。

當然更重要的是，要更加認真地對待學習，更加有效地去學習，並找到自己的弱點在什麼地方，儘量去克服這些弱點，以免它們影響自己未來的考試。

我個人的一個秘訣，就是去琢磨透自己的生理、心理和智力的變化規律。儘管目前還沒有任何系統的心理學證據能夠證明這些規律的存在，但我儘量地讓自己相信「有失必有得、有得必有失」，「禍福相依」等辯證思考。這一次考試考得很好，下一次就要小心，可能會考不好。這次不好，下次就可能考得很好。並且儘量將那些出現高分週期的時間調整到重要的考試時刻，而最

重要的是沒有必要追求每次考試都是全班第一。

　　**第三步，爭取好成績**。首先就是要確定自己的學習風格。每個人的學習風格是不太一樣的。有些人記憶超群，回憶知識的能力比較強，那麼，你就儘量把自己的記憶能力發揮到極致；有些人喜歡視覺加工訊息：畫圖、畫表、羅列事實等等，那麼，你就儘量把你所學的知識進行再加工，變成你喜歡的視覺素材。還有一些人也許是喜歡看視頻、看影像，而不是聽課，那就儘量多複習影像、錄音素材，以幫助你記憶、理解所學的知識。如果你發現自己最好的訊息加工方式是聽自己說話，你就不妨讀出來，自己聽一聽，邊讀、邊聽、邊記，也許能夠幫助你更好地理解所需要掌握的知識。

　　過去我在北京大學讀書時，由於愛聯想，所以發現自己在上課時經常分神。於是，我就儘量強迫自己多記筆記，因為一邊聽一邊記就使我沒有多少時間走神。而且重新整理筆記成為幫助我複習的一種好辦法。

　　很多人相信「臨陣磨槍，不快也光」，喜歡考前衝刺。但其實，在考前一天拚命地學習，反而對第二天的考試有很大的傷害。還有，學習時間長並不意味著學習效果好。我們要成為有效的學習者，就需要提高我們有效學習的時間。

# 提升智商的良好契機

最近，美國德州大學心理學教授山姆‧高斯林（Sam Gosling，畢業於柏克萊加州大學心理系）和他的學生就發現，經常進行模擬測試其實是個很好的學習方法。不斷地通過模擬測試做題，能幫助我們學習、記憶、理解、消化所學知識。因此，經常用提示卡或者嘗試回答每一章節後面的問題，或者請別人考考我們，都有可能會提升我們的考試成績。同時，分散性學習永遠是一種有效的學習方法。在不同的時候學習不同的知識，有效地分配自己學習的時間和材料，是能夠幫助我們學習好知識的方法之一。千萬不要在考試之前臨時瘋狂複習，因為這已經是被一再證明非常不好的學習方法。

當然，最重要的還是要有一種積極的心態。就像我告訴我的學生，很多成就大事的人，並不一定是考試成績最好的學生。很多優秀的人士，在人生的某些階段，其實都得過很低的分數。馬雲自己就講過，他高考考了三次才考上，而且數學成績基本上是個位數的分數，離零分無窮地接近；臺灣的李遠哲教授，當年在臺大考化學，只得了 60 分，但仍然不妨礙他後來去柏克萊攻讀研究生，並獲得諾貝爾化學獎；卡蘿‧格萊德（Carol Greider）當年報考柏克萊大學生物學系的 GRE 成績非常差，但是她善於利

用自己的優勢，花了很多時間幫助老師在實驗室做研究，破格被柏克萊大學錄取，後來成為歷史上最年輕的諾貝爾生物和醫學獎的獲得者；我自己當年在北京大學心理學系學習，第一次考普通心理學時，差點不及格，後來不也是還有機會任教北大、清華和美國的柏克萊大學嘛。

因此，當我們面對慘不忍睹的考試成績的時候，想一想，有什麼可以改進的方法？想一想，我自己有哪些學習方面的優勢和特點？更重要的是想一想，自己未來想做什麼樣的事情？如果我們的目標是清晰的、明確的，考試成績差這樣的打擊，其實是可以克服和彌補的。

人的生命遠比考試有意義，人的幸福遠比成績更重要。人生不由所謂的起跑線所決定，而是由你自己的選擇和奮鬥過程所決定。相信前途永遠在前頭！

第 23 講
# 積極心理學：我跟阿 Q 不一樣

　　推動積極心理學事業以來，經常遇到這樣的提問：你推薦的積極心理學是不是一種「精神勝利法」？它和「阿 Q 精神」究竟有什麼不同？

　　阿 Q 是作家魯迅於 1921 年在《晨報》副刊上發表的中篇小說《阿 Q 正傳》的主角：他是個橫遭壓迫、備受屈辱的雇農流浪漢，他在任何情況下都能自己安慰自己，都自以為是「勝利者」。猛然一看，積極心理學提倡的積極心態好像也是類似的，建議大家要以積極、陽光、快樂、主動的心理來面對生活中的磨難、痛苦、挫折和失敗，這不是精神勝利法又是什麼呢？這其實不僅是對積極心理學的誤解，也是對阿 Q 精神的誤解。

　　關於阿 Q 精神和精神勝利法，網路上有很詳盡的解釋。我引用其中原北京大學中文系教授黃修己先生在《中國現代文學發展

史》中非常透徹又簡明的論述：

> 這就是他的自欺欺人、自輕、自賤、自嘲、自解、自甘
> 屈辱，而又妄自尊大、自我陶醉等種種表現。簡言之，
> 是在失敗與屈辱面前，不敢正視現實，而使用虛假的勝
> 利來在精神上實行自我安慰，自我麻醉，或者即刻忘
> 卻。例如，他挨了人家的打，便用「兒子打老子」來安
> 慰自己，並自認為是勝利了。由於這種病態精神的支
> 配，他便永遠難振作起來以求自強，並永遠在屈辱中苟
> 活。他的一生就是一部受盡屈辱的血淚史。直到最後糊
> 里糊塗地被殺，還在「二十年後又是一條好漢」的呼喊
> 中，完成了最後一次精神勝利。

　　從中可以看出，阿Q精神的實質是：否定現實、自欺自賤、不求反抗、甘於屈辱。它是我們心理學家已經發現的16種心理防禦機制（psychological defense mechanism）中的兩種，屬逃避型和自騙型消極心理防禦機制的結合。雖然它可以讓人在遭受困難與挫折後，減輕或免除心理壓力，短時間就恢復心理平衡，但其消極意義也是非常明顯的，可以讓人因壓力的短暫緩解而自欺欺人，出現自我麻醉，不求改變從而導致更加嚴重的心理疾病。

## 阿 Q 精神所存在的問題

阿 Q 精神中的「否定」（denial）是一種比較原始而簡單的心理防禦機制，它「否定」不愉快的事件，當作根本就沒有發生，來獲取心理上暫時的安慰。比如，小孩子闖了禍，用雙手把眼睛蒙起來；面對絕症，或親人的死亡，許多人會本能地說「這不是真的」；被人批評，假裝沒聽見，等等。其他如「眼不見心不煩」、「掩耳盜鈴」都是否定作用的表現。

阿 Q 精神中的「精神勝利」就是典型的「**合理化**」（rationalization），又稱文飾作用。是個體無意識地用似乎合理的解釋來為難以接受的行為辯護，以掩飾自己的無能、過失，或者齷齪，以減免焦慮的痛苦和維護自尊免受傷害以使其可以接受。這個理論有兩個很著名的案例，一個是**酸葡萄心理**──儘量醜化自己沒有滿足的欲望，一個是**甜檸檬心理**──儘量美化自己已經滿足的欲望。很多強迫型神經官能症（obsessive neurosis）和幻想型精神病（paranoid psychosis）患者就常使用此種方法來處理其心理問題。

由此可見，阿 Q 精神是病態的、消極的，有時是有害的，甚至邪惡的。試想一下，當我們心理學家在面對一個被家暴的女性、一個被性侵犯的女孩、一個被迫害的弱勢人士、一個被矇騙

的無辜孩子等不幸人士的求助時，我們能只告訴她／他們要一分為二、要合理化、要「積極」嗎？還需要有能解決問題的具體行動！

## 積極心理學不是「雞湯」，更不是「阿Q」

積極心理學是建立在科學原則基礎上的一個新興領域，科學的一個基本原則就是相對的真實性。我們不一定能夠完全知道自然世界和人類生活中所有真實的情況，但起碼我們不能否定事實、證據和現實。同樣是面對霧霾天氣，「阿Q精神」通常是不承認它存在，或者以為無論官民大家都是「平等的」受害者而淡化它的危險，甚至變態地認為它是人間最美好的體驗；但「積極心態」想到的卻是如何去應對、如何去改變、如何去進步。

因此，我們積極心理學家所說的「積極」不是要去混淆是非、粉飾太平、歌功頌德或者自我麻痺。我們只是相信，人類的積極心理，如幸福、審美、創造、善良、道德甚至信仰等讓我們人成其為人的東西，同樣值得我們心理學家去研究；而不只是關注人類的如焦慮、抑鬱、自殺、競爭、鬥爭等消極心理 —— 而這恰恰是20世紀人類學術界所關注的重點！

我個人認為，積極心理學是不是能夠成功發展，在很大程度

上取決於它的科學性，這也正是它區別於其他心靈雞湯、政治說教和宗教信仰的地方。令人欣喜的是，在過去十年裡，積極心理學發現了很多經得起檢驗的相對真實事實，這樣的科學發現是非常值得自豪的。我這裡就舉九個有科學證據的例子（「九」在中國傳統文化中是代表極致的數字），積極心理學研究已經發現：

（1）大部分人是心理健康的，而且是快樂的；

（2）人心是堅強的，不幸是可以克服甚至超越的；除了刻骨銘心的愛人亡故之痛比較長久之外，其他痛苦都有可能較快康復；

（3）人性是善良的，即使是嬰兒也有善惡之辨；

（4）情感在我們生活中有很重要的意義，情商比智商重要；

（5）信仰很重要，人要心存敬畏；

（6）養生重要，養心比養生更重要，積極心態是長壽的重要原因；

（7）關心他人很重要，良好的人際關係是幸福感的重要來源；而良好的社會關係是我們應對各種挫折和失敗的最好保障；

（8）金錢對幸福的效應是邊際遞減的，有錢的人把錢花在別的有意義的事上更容易產生幸福感；

（9）幸福的生活是可以學的；知行合一是有道理的；追求高

尚，甚至只是心嚮往之也比無動於衷、自甘墮落要好得多。

　　當然，積極心理學還是個年輕的學術思潮，它還有很多未知的問題亟需探索和發現。但我們有足夠的證據支持積極心理學不是「心靈雞湯」，更不是阿Q的「精神勝利法」；它所關注的是人心中的善良天性，人類社會的正能量，以及我們共同具備的靈性、悟性、感性和德性！

　　最後問大家一個現實情境的問題：假設您已經舉辦了一個party（晚會），但有人提出了一些不同的意見。對此，阿Q精神的反應會是什麼樣的？積極心理學的反應又是什麼樣的呢？
　　不要說我沒有告訴你答案哦！

第 24 講

# 過度相信樂觀作用的「陷阱」<sup>*</sup>

　　人們一直對樂觀主義的作用深信不疑，在網路上也隨處可見
「樂觀是成功之源」、「只要樂觀，就能成功」等類似成功學觀點
的心靈雞湯。然而，是否過分高估了「樂觀即可帶來成功」這一
信念的作用？一項來自猶他大學和加州大學的最新研究發現：

　　（1）人們喜歡樂觀主義可能是因為相信它會提高我們的成就。
　　（2）實際上我們可能過分高估了樂觀能給成功帶來的作用。

## 人們為何如此推崇樂觀主義

　　樂觀主義為何備受推崇？許多心理學研究者試圖對此做出解

---

\* 　根據楊璐的作業改寫。

釋，積極心理學中的一些研究也驗證了樂觀的好處。比如，通過積極思考可以改善人們的社會關係，提高幸福感和健康水準等；另有研究者發現樂觀主義可以促使人們形成趨近取向（approach orientation），使得人們更努力地向目標靠攏，而不是選擇迴避，因此也更有可能成功；還有一個大家普遍認同的原因，或許在於人們相信樂觀主義可以提高個體的表現，更好地完成任務，從而實現成功──這也就是樂觀提升表現假設（optimism performance hypothesis）。為驗證人們相信該假設是人們推崇樂觀主義的原因，研究者進行了如下的實驗研究。

研究者通過網路平台（M-Turk上）招募了305名被試，實驗分為兩步進行。

首先，被試者會隨機讀到一個關於決策的故事。共有四個故事，舉其中一個為例：

簡（Jane）獲得了一筆遺產，同時，她擁有該生意的主導權，可以自行決定公司的發展方向，制定公司決策等。她想將這筆錢投資做生意，如果成功，會獲得巨額收益，而一旦失敗，則將完全失去這筆錢。另外三個故事類似，皆為包含風險的決策，如主角是否接受心臟手術、申請獎學金、舉辦聚會。

然後，告訴被試者故事中的主人公簡投資該生意的實際可能

成功率為70％，但是簡自己並不知道。他們分別讓被試者猜測，當簡認為自己的成功率為85％、70％、55％時，他們認為簡最後成功的機率為何。

85％是指簡有較樂觀的信念，70％對應簡有差不多準確的看法，55％則對應簡較為悲觀。通過比較不同樂觀水準下，被試者認為簡成功的不同可能性，來驗證研究者的假設──人們是否認為樂觀的信念會帶來成功。

結果顯示：故事中人物的樂觀情況主效應顯著，即相比悲觀（M=60.34％）和準確組，當被試者得知故事中的主角擁有樂觀信念時，會認為其更可能成功（M=73.39％）。

該實驗說明，人們相信「樂觀主義信念會促進人們成功」的觀點，也驗證了「樂觀提升表現假設」存在於現實生活中。

## 樂觀信念的作用被高估了嗎

上述實驗驗證了「人們相信樂觀主義會提升我們的表現，讓我們更成功」這一信念的存在，也是人們推崇樂觀主義的原因。可這一信念的真實作用如何呢？我們對樂觀主義的作用是否存在盲目崇拜呢？另外，有研究者發現，自我效能（self efficacy，人

們對自己能力的主觀判斷，也即自我能力感）會影響人們在完成任務時的努力程度和堅持度，但不會直接影響人們的任務表現。而樂觀主義和自我效能之間密切相關，樂觀主義信念的作用會不會也和自我效能的作用類似呢？研究者通過實驗進行了驗證。

　　研究者在網路上招募了150名被試，分為參與組（experienced，即真實參與實驗任務）和觀察組（predicted，瞭解參與組情況，並進行預測）兩組。

　　參與組被試共經歷兩個步驟，第一步，研究人員發放給參與組被試者五張人物照片，讓被試者猜測照片中人物的年齡。填寫完畢後，研究人員隨機將被試者分配為高／低樂觀兩組（和他們猜年齡的表現無關）。研究人員告訴高樂觀組被試者，根據剛才的測試，「我們認為您在真實測試中的正確率為70％」，而低樂觀組則被告知正確率為30％。

　　第二步，告訴被試者正式任務開始，給被試者十張人物照片讓其猜測年齡。通過比較高、低樂觀組被試的答題正確率來驗證樂觀信念的作用。對於觀察組的被試，研究人員詳細介紹了參與組情況，並讓他們推測參與組被試在正式任務中的正確率。

　　結果顯示：參與組中，高、低樂觀信念並不會直接影響人們的任務表現（M高樂觀=42.3% vs. M低樂觀=39.4%），即高樂觀

組的實際表現並沒有比低樂觀組更好；而觀察組中，人們卻普遍
推測高樂觀組的任務表現會更好（M高樂觀=60.7% vs. M低樂觀
=46.5%）。（見圖7）

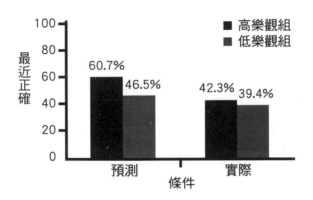

**圖 7　高低樂觀組的實際表現與人們對高低樂觀組任務表現的推測**

　　該結論說明了，樂觀主義的信念並不會直接提升人們的實際
任務表現，反而是人們高估了它的作用。

## 做一個客觀的樂觀主義者

　　根據上述研究，我們是否可以得出「樂觀對人們的表現並沒
有促進作用」這樣的結論？但這顯然不完全是研究者的意圖。

　　作為積極心理學一直倡導的樂觀主義，已有大量的研究佐證「樂觀有利於提高我們的幸福感，促進成功」，而該研究卻證實了：樂觀主義信念並不是我們實現成功的決定因素。研究者一方面驗證了自己的疑問，另一方面也提醒我們，現實生活中所存在的「盲目崇拜樂觀作用信念」的偏見和誤差，反而可能導致我們忽略現實，減少風險防範，成為阻礙我們成功路上的「陷阱」。

　　因此，如果用一句話概括本研究的啟示，那就是：想要實現成功，僅僅依靠「仰望星空，微笑樂觀」是遠遠不夠的，歸根究柢，我們還需要腳踏實地地提升自身實力，並不懈地向目標奮進。

第 25 講

# 聯合國「國際幸福日」紀實

　　題記：2014年3月20日，本書作者彭凱平教授應聯合國新聞部邀請，赴美國紐約參加了第二個「國際幸福日」的紀念活動，並在聯大會場做了有關〈幸福科學及在中國實踐〉的主題報告，引發與會聽眾的興趣，並經由聯合國網路電視向全球實況轉播。這應該是積極心理學在中國大陸發展史上一個重要的標誌事件。

## 國際幸福日的意義

　　早春的紐約，春寒料峭，乍暖還寒。一大早，我們就趕赴聯合國新聞部參加會議的新聞發佈會。在入口處，已經有了來自世界各地的人們在排隊準備接受安檢後參加這一天的「國際幸福日」慶典活動。儘管至今還沒有能用來衡量「幸福」這種源自內心美好感受的全球統一標準，但追求幸福和快樂卻是我們全人類

共同的目標和願望。尤其是看到現場有很多中小學生幸福而又踴躍地等待著當天的紀念活動，讓我備感欣慰。

本次紀念活動在歡快的〈幸福之歌〉中開始，首先由聯合國新聞部外聯司非政府組織關係處主任傑弗瑞·布雷茲（Jeffrey Brez）宣讀時任聯合國秘書長潘基文的致辭，聲明指出，「如今各國在探討人類的可持續發展時，日益頻繁地談及幸福和福祉的概念，並且已經有許多國家開始采取確實可行的措施，在立法和政策制定過程中推行這兩個概念」。潘基文秘書長強調，「雖然幸福的含義因人而異，但我們可達成這樣一個共識：幸福意味著努力結束衝突、貧窮和其他不幸的境況……幸福也是人類大家庭每一個成員都抱有的一種深深嚮往，不應剝奪任何人追求幸福的權利，而應向所有的人開啟幸福之門。該願望包含在《聯合國憲章》關於促進和平、正義、人權、社會進步及改善民生的承諾之中」。因此，聯合國呼籲「消除貧窮，促進社會包容和文化間和諧，敦促國際社會採取切實行動，結束衝突和貧困，確保人人享有社會進步帶來的幸福和福祉」！

目前，我們人類還有許多同胞生活在種種不幸的處境之中，如果由聯合國大會來確認「幸福和福祉是全世界人類生活中的普世目標和願望」將具有深遠的現實意義。因此，聯大在2012年6

月28日通過了66/281號決議，宣佈每年的3月20日為「國際幸福日」，並強調「幸福是人類共同的追求，是人類生命的目的，也是世界各國發展的指導方針」。於是，確定2014年紀念活動的主題是探討「幸福對全球社區的影響」，希望探索出各個國家、各個組織和機構、普通公民、媒體和技術公司是如何推廣、宣傳、發展人類的幸福運動的。

　　會議是由著名作家和電影導演克莉斯蒂娜‧史蒂文斯（Christina Stevens）主持的。她在開幕式中先介紹了參加會議的主題發言嘉賓，三位政府代表，分別是丹麥駐聯合國代表伊布‧彼得森（Ib Petersen）、前伊拉克駐聯合國代表哈米德‧巴亞提（Hamid Al Bayati）、薩爾瓦多駐聯合國代表卡洛斯‧恩裡克‧加西亞‧岡薩雷斯（Carlos Enrique Garcia Gonzalez）；以及三位民間代表，分別是盧安達種族大屠殺的倖存者和作家肯索麗‧尼西姆威（Consolee Nishimwe）、美國南達克達大學學生凱倫‧拉森（Kaylen Larson）和我本人。

　　三位政府代表主要是從各國政府如何支持本國的幸福運動和用「公民幸福指數」替代人均GDP的可行性、實用性、經驗與教訓等方面發表了主題演講。

## 最幸福國家的啟迪

丹麥是連續三年榮獲聯合國「幸福國家」排名第一位的國家。在丹麥駐聯合國代表伊布‧彼得森看來,「丹麥人最幸福」的說法讓他頗感意外,因為丹麥的天氣很糟糕、稅收很高、足球隊甚至無法入圍那屆巴西世界盃足球賽……,「但哥本哈根大學新成立的『幸福研究學院』總結的八點成功經驗,或許能帶給其他國家一些啟迪:

第一,丹麥人的幸福來自高度的信任感。除了人與人之間的互信,還包括民眾對政府的透明、廉潔、效率和能力的信心。

第二,低犯罪率和完善的社會保障制度給了丹麥人較高的安全感。

第三,高國民收入帶來高品質的生活水準。

第四,自由。丹麥自1849年頒佈的憲法中就明確規定了言論、集會、財產自由等一系列權利,丹麥人有權決定自己的生活。

第五,高就業率。獲得就業機會不僅意味著能確保家庭收入,更是社會關係融洽的關鍵,同時也使丹麥人在展示自我價值的過程中更有意義。

第六，民主。這主要體現在較高的民眾參政議政水準上，議會選舉時投票率通常都在85％以上。

第七，社會凝聚力。約530萬丹麥人中有近200萬人在參與各類社團的志願者服務活動。

第八，保持個人生活、家庭以及工作之間的和諧，丹麥人樂於適度工作，並享受生活。」

伊布・彼得森認為，丹麥的經驗體現了幸福是人類共同追求的主題，丹麥很樂意與世界各國人民共享丹麥的經驗。他平和、簡練的發言很能反映北歐人民那種淡定從容的氣質。

前伊拉克駐聯合國代表哈米德・巴亞提是聯合國66/281號「幸福決議」的主要撰稿人。他認為：「幸福源於內心。」儘管當今世界「利益紛爭、弱肉強食，戰火和硝煙從未平息過」，但在這個發展與博弈並存的時代，「平安、和諧、幸福」仍然是人類共同的追求。因此，他呼籲「全世界人民必須團結起來，杜絕戰爭，消除貧困，美化地球，共同實現『世界幸福』這一全人類最偉大的目標！」他的發言結合了自己個人的經歷，強調幸福是戰勝災難、衝突和戰爭最好的方法，幸福是人類充滿希望、自信的核心精神支柱。我個人感覺類似的故事他已經講了很多次，有種圓滑、老練的外交家氣質。

　　薩爾瓦多駐聯合國代表卡洛斯・恩里克・加西亞・岡薩雷斯特別強調了藝術及藝術教育在人類增強幸福方面的具體作用。他很有南美人民的熱情、隨性、平易近人的氣質。

## 盧安達倖存者的幸福追求

　　參加這次大會主題發言的前兩位民間代表：一位是來自盧安達種族大屠殺的倖存者和作家肯索麗・尼西姆威。她從14歲開始便一直生存在種族滅絕的恐懼之中，其父親和三個弟弟都死於從1994年開始的種族滅絕大屠殺；她在不斷的逃亡和恐懼中頑強地生活下來，成為了一位有名的作家。她的著作《極端考驗：一個大屠殺倖存者的痛苦、堅強與希望的故事》，曾是美國2012年暢銷書之一。肯索麗主要談了個人通過對幸福的追求來戰勝種族的偏見、歧視和戰爭的陰影。另一位是美國南達克達大學學生凱倫・拉森，她是全美家庭事業和社區服務領袖會（FCCCLA）的主席。她代表年輕一代談了幸福對我們人類未來的意義，以及在為社區服務和幫助世界人民實現幸福方面所做的工作。這兩位嘉賓分別代表非洲和美洲、第三世界和西方世界、婦女和學生，以及更多的是從個人的角度談了幸福對自己的意義。她們的發言與我作為亞太地區的代表，同時也是科學和教育界的代表，準備講幸

福對集體的作用形成了很好的呼應。

## 幸福科學在中國大陸的推廣與實踐

　　我是最後一個發言的嘉賓，主持人開玩笑地說：「聽完了學
生的發言之後，我們該聽教授的了。」在報告開始之前，我首先
播放了我的好朋友、中國大陸「央視」著名編導姜詩明和我的學
生倪子君為我精心編製的將近兩分鐘的宣傳片，專業的製作、
美麗的畫面、動聽的音樂，震撼了全場的觀眾。會後很多外國
朋友感歎說這是他們所見過的宣傳幸福科學最好的短片，有一種
高端、大器、上流的感覺。我的報告著重談了幸福科學對於中
國和人類的意義。首先，我介紹了中國人民為什麼要關注幸福的
問題，因為過去 30 年裡，大陸社會經濟的飛速發展增強了民間
的物質利益，但也帶來了很多社會心理的傷害，大陸人民的幸福
指數在聯合國的多次調查當中，排名都在 90 多位，這顯然與中
國的大國地位與經濟實力不相匹配。不過這也不是大陸獨有的問
題——人類在過去的兩百年中，在「意義」和「幸福」兩個重要
的心理維度上出現了嚴重的落差，造成這種明顯落差的原因，包
括功利主義、社會達爾文主義、個人主義以及工業化所帶來的影
響，這些方面在中國近代發展的軌跡上也都有所反映。這就是為

什麼在中國大陸推廣幸福科學和積極心理學顯得很有必要。

　　其次，我介紹了在中國進行的積極心理學研究。這方面主要介紹了北京清華大學行為與大數據研究中心所做的「中國幸福指數的測量」和「中國幸福地圖的編製」。我們結合世界幸福科學的前瞻理論和中華文化的實際情況，第一次創建了世界上最完全的中文幸福詞庫，採用了將近1250多個幸福測量指標，並且第一次用大數據衡量了國家級的幸福指數變遷，做了幸福地圖的繪製。

　　再次，我還介紹了北京清華大學心理學系在「幸福園丁」公益項目方面所做出的貢獻。北京清華大學心理學系在大陸許多有識之士的支持下，成立了「幸福園丁」公益基金，主要是為了幫助大陸偏遠地區的校長和老師學習積極心理學，掌握和提升讓孩子幸福的技巧和方法。

　　最後，我還談到了「中國積極心理學會」（CPPA）在幫助宣傳、普及和推廣積極心理學方面的一些措施、方針及有效的方法。在回答聽眾提問時，我特別談到了民間組織、社會機構、公司和個人在積極運動方面的作用，並提到CPPA到現在為止還是一個民間組織，在很多方面是熱心幸福事業、關注他人幸福的志願者所從事的工作。但在短期內已經有了非常大的影響，並且得到了大家的認同和欣賞。

　　在主題報告結束後，與會聽眾紛紛就企業在幸福運動中的作用、各級政府在幸福政策方面的制定以及年輕人在幸福運動中的地位等議題進行了深入的交流和熱情的探討。

　　紀念活動結束時，會場再次響起了歡快的〈幸福之歌〉。

　　我能夠有幸代表中國參加聯合國舉辦的「國際幸福日」紀念活動，個人認為這既體現了世界各國對中國積極心理學的期望和支持，也體現了聯合國對大陸人民幸福事業的關注和欣賞。

第 26 講

# 讓你目光短淺的是憤怒嗎？*

　　當一個人極端憤怒時往往就無法深謀遠慮，正如傳統文學作品中的人物——無論張飛還是李逵，「動不動便要殺他個片甲不留」的猛將，似乎永遠是謀略不足的；而能夠在談笑間使檣櫓灰飛煙滅的，如諸葛孔明般的，總是帶著了然於胸的淡淡微笑。憤怒情緒是否真的會影響人們的思考活動？發表在《人格與社會心理學期刊》（*Journal of Personality and Social Psychology*）的心理學研究表明：憤怒情緒確實使人變得「目光短淺」——當看到令人憤怒的圖片之後，人們更難注意到事物的整體，注意範圍也變窄了。

　　來自美國阿拉巴馬大學（The University of Alabama）的蓋布爾教授和其同事普爾、哈慕‧瓊斯（Gable，Poole & Harmon

---

\* 　根據過繼成思的作業改寫。

Jones，2015）使用了心理學領域研究注意的經典實驗——**奈文**
（Navon）**任務**——探究憤怒情緒對人們心理、認知活動的影響。

　　研究者先讓招募到的大學生志願者分別看兩組圖片，一組圖
片令人產生憤怒情緒，而另一組則是不含情緒訊息的景物圖片。
看完圖片之後，這些志願者被要求完成奈文任務，即辨認圖片中
代表整體訊息的字母或者代表局部訊息的字母。研究結果顯示，
在看完令人憤怒的圖片後，志願者在辨認代表整體訊息的字母所
需要的時間大大增加，這表示人們在憤怒時的注意範圍變小了，
而難以關注到事物的整體訊息。

　　除此之外，蓋布爾教授和其同事還研究了憤怒情緒對人們進
行歸類任務的影響。

　　該研究任務很簡單，即判斷某個事物（如駱駝）是否屬某類
事物（如交通工具）。如果人們更加關注事物的個性（如駱駝有
自己的情感、意識），那麼則更傾向認為該事物不屬某個範疇；
如果人們更加關注事物與範疇的共性（如駱駝能夠載人交通），
那麼則更傾向於認為該事物屬某個範疇。蓋布爾教授和其同事的
研究發現，當看完令人憤怒的圖片後，人們更傾向於不把具體的
事物歸到一個類別中。也就是說人們在概念思維上的「視野」變
窄了，更多地看到事物的個性，而非個體和類別的聯繫。

　　當然，憤怒情緒對我們心理活動的影響程度也存在個體差

異，即不同個性的人受憤怒的影響也不同。

　　蓋布爾教授和其同事在研究中發現，更努力追求目標、更容易受獎勵影響的人，也更容易被憤怒情緒減小認知的「視野」。努力追求獎勵不是壞事，但是這種個性往往體現出對目標的趨近動機——**當您離一個東西近了，自然也就更多看到的是局部了。**從這種觀點出發，蓋布爾教授和其同事提出了一些可能避開憤怒情緒影響人們「認知視野」的途徑——當憤怒使您產生接近某件事物的動機時（「我生氣地想打他一拳」），那麼阻斷接近這件事物的渠道（「退一步海闊天空，您可能看到更遠」）可以減小憤怒情緒的影響。此外，當您生氣時，並非想要趨近，而是能保持自身，也能減小憤怒對認知的負面影響。

　　現在我們已經知道憤怒會使人變得「短視」，那麼在現實社會中，憤怒的影響會帶來什麼樣的後果呢？蓋布爾教授和其同事對此也提出了一些自己的看法。

　　他們認為憤怒之所以會引發很多攻擊性行為，人們變得「短視」是其中重要的原因，因為在憤怒時，人們不僅從注意上只看到局部的訊息，而且從概念上只看到眼前的。因此，人們在憤怒時往往忽視了很多可能和平解決的方式，進而採取最便捷的攻擊性行為。而更進一步，發生在 2015 年 11 月 13 日晚的巴黎恐怖襲擊事件震驚全球，憤怒便可能是促進極端主義行為的重要原因。

戰時，我們需要「同仇敵愾」才能實現「萬眾一心」，聚焦到一個目標；而在和平發展的當下，**注意解決問題的多元角度**才是我們需要努力的方向。

最後，我們來看一看心理學理論是如何解釋憤怒情緒使我們「短視」這一現象的。來自美國密西根大學的芭芭拉·弗里迪克遜（Barbara L. Fredrickson）教授提出了「擴展──建立模型」，認為積極情緒為人們提供了一種安全、穩定的環境，進而擴展人們當下的思維和行為範圍，並且能建立起長久的心理能量。相反，消極情緒（如憤怒、緊張、悲傷、失望）作為一種應對緊急的、受威脅的生存危機時的反應，使人們的思維和行為範圍更為關注能帶來直接、即時利益的事物之上，而不關注長期的利益。

憤怒情緒作為人類的基本情緒之一，有其進化的適應意義，但我們也需要清楚憤怒的負面作用──使我們的「視野」變窄，難以關注事物全域。希望大家在憤怒時，能想起這篇短文，並能試著「退一步海闊天空」；而在平時，能注意培養積極的情緒，從而使自己的視野更加開闊，境界更加高尚。

第 27 講

## 悲傷時聽傷感音樂會讓你更積極嗎？

2014年出版的網路科學雜誌《PLoS ONE》發表了塔魯夫（Taruffi）和凱爾奇（Koelsch）（2014）所寫的一篇很有趣的文章，題目是〈傷感音樂的矛盾效應：一篇網路調查研究〉（The paradox of music-evoked sadness: an online survey）。

這兩位學者試圖破解傷感音樂的悖論，目的是想看一看，為什麼還是有那麼多的人喜歡傷感音樂？他們做了一個網路調查，詢問了772個實驗參與者。這些人來自不同的文化、不同的年齡、不同的社會階層，主要是想瞭解他們對傷感音樂的體會。

他們根據被試者的反應，總結出來76個原因，並根據該報告總結出76條體驗，然後，再根據這些體驗編製了一個調查量表，讓被試者在一個沒有任何音樂的環境裡，安靜地回答這76個問題。結果發現，在聽傷感音樂的時候最頻繁出現的不是憂鬱

和悲傷的情緒，而是懷舊的情緒。

　　換句話說，人們通常以為傷感音樂激發的一定是傷感的情緒。但很多時候發現，傷感音樂激發的是人們情緒的回憶，最鮮明的是懷舊的情緒。因此，傷感音樂能觸發人們的同理心、同情心，以及關心他人和理解他人的社會心理。

　　以前，很多人認為傷感音樂的主要作用是讓人意識到自己不是世界上唯一的傷心人。因為音樂是一種社會交往的工具，讓人可以分擔其他人同時感到的痛苦。這就是為什麼艾爾頓‧強（Elton John）的《風中之燭》在全世界都有傳播，因為它是在「戴安娜王妃」去世之後發表的，能夠讓全世界很多戴安娜的粉絲分擔這份痛苦，而不是一個人獨自承受那份傷痛。

　　但這個研究基本否定了以前傷感音樂的心理效應，並且該研究也發現，傷感音樂激發的情緒反應，實際上是非常複雜的，受到了同情心和同理心的影響。從某種意義上講，傷感音樂也會有一些正面、積極的作用，就是能夠對我們的負面情緒起到一種調節和安慰的作用。這些正面的情緒反應，可能就是傷感音樂受到很多人喜歡的原因，讓我們對自己美好的情緒記憶產生一種積極體驗。

　　當然，這個研究還有很多不清楚的地方，畢竟只是一個網路研究，很多的結論也只是相關性的研究結果，沒有實驗控制和操

縱，很難得出明確的結論。

　　而且，從某種意義上講，可能還有很大的個體差異。如文章中提到對於情緒不穩定的人來講，傷感音樂可能反而會起到更好的情緒調節作用，緩和他們經常能體會到的一些負面情緒的因素。因此，對於生活基本快樂的人建議多聽一些歡快的音樂；但時運不濟、人生坎坷的人似乎聽一些傷感的音樂，反而更有可能起到一些正面的調節作用。

　　我對這個研究感興趣的主要原因，在於還想說明：積極心理學其實還有很多需要探索和研究的問題，人類的心理其實很微妙、很複雜。

　　正如蘇格拉底所說：「未經審視的人生是不值得過的。」我個人覺得：未經研究論證的心理學觀點也是不值得信任的。因為我們有很多對心理學樸素的、直觀的認識，尤其是積極心理學，在某種程度上講，還是有很多觀點缺乏系統的、嚴謹的科學驗證。即使我們自認為天然真理的快樂音樂的快樂效果，傷感音樂的負面效果，也都值得重新審視和研究。

　　「想當然」不是科學的態度，「是不是」才是需要驗證的問題，而「為什麼」更是最重要的目標。

第 28 講

# 和當代最傑出的心理學家聊聊天

　　感恩節之際，我們每個人都有自己該感謝的人和事。我特別想感謝曾經指導過我的老師以及和我一起工作過的心理學同仁們、同事們。從 1979 年投身到心理學的學習、研究、教學和普及工作以來，我已經和成千上萬的老師、同學和社會人士有過學習、工作、生活的經歷，所有這些人都給了我很大的幫助。我衷心地向各位表達我的感謝。

　　我特別相信佛祖釋迦牟尼說過的一句話：「無論你遇見誰，他都是你生命中該出現的人，絕非偶然，他一定會教給你一些什麼……」所以，孔子說：「三人行，必有我師焉。」因此，大家其實也都是我的老師！

　　當然，有些老師是絕對與眾不同的，這就是在我成長過程中受教過、共事過、一起工作過的最傑出的心理學家們。

## 當代最傑出的心理學家們

　　最近，美國維吉尼亞大學心理學教授，原美國伊利諾州立大學著名心理學家艾德・迪納（Ed Diener）教授完成了一篇對第二次世界大戰之後，人類最偉大的傑出心理學家的數據分析，結果如表1。

　　這份排名不包括我們以前所熟悉的威廉・詹姆斯、巴甫洛夫、弗洛依德等二戰之前的經典心理學家，主要是由二戰後的心理學家組成。

　　利用多種來源，迪納收集到了348位傑出心理學家名單，最終將評選出其中最傑出的兩百位。迪納是通過借鑑心理學家海格博盧姆（Haggbloom）曾經採用的評選20世紀一百位傑出心理學家的方法，確立了測量「傑出性」的三種標準：引用率、教科書覆蓋率、重大獎項（其中，引用率包括總引用率與單篇作品最高引用；重大獎項包括來自於美國心理學會和心理科學協會的獎項）。最後，為了進一步驗證，研究者還查看了這些心理學家在維基百科上的介紹。有趣的是，排名越靠前的心理學家在維基百科上的介紹往往也越多。

　　最後的數據顯示，當代心理學家的排名呈明顯的正偏態，這意味著，最傑出的幾位心理學家將其他的心理學家遠遠地甩在了

| 排名 | 姓名 |
|------|------|
| 1 | 亞伯特・班度拉（BANDUR A, Albert） |
| 2 | 尚・皮亞傑（PIAGET, Jean） |
| 3 | 丹尼爾・康納曼（KAHNEMAN, Daniel） |
| 4 | 理查・拉薩魯斯（LAZARUS, Richard） |
| 5 | 馬丁・賽里格曼（SELIGMAN, Martin） |
| 6 | 伯爾赫斯・法雷迪・史金納（SKINNER, B.F.） |
| 7 | 諾姆・喬姆斯基（CHOMSKY, Noam） |
| 8 | 謝利・泰勒（TAYLOR, Shelley） |
| 9 | 阿莫斯・特沃斯基（TVERSKY, Amos） |
| 10 | 艾德・迪納（DIENER, Ed） |
| 11 | 司馬賀（SIMON, Herbert） |
| 12 | 卡爾・羅傑斯（ROGERS, Carl） |
| 13 | 拉瑞・斯奎爾（SQUIRE, Larry） |
| 14 | 約翰・安德森（ANDERSON, John） |
| 15 | 保羅・艾克曼（EKMAN, Paul） |
| 16 | 安道爾・圖威（TULVING, Endel） |
| 17 | 高爾頓・奧爾波特（ALLPORT, Gordon） |
| 18 | 約翰・鮑比（BOWLBY, John） |
| 19 | 理查德・尼斯貝特（NISBETT, Richard） |
| 20 | 唐納德・坎貝爾（CAMPBELL, Donala） |

表 1　二戰後人類最偉大的傑出心理學家前 20 名

後面。傑出的心理學家們所取得的成就大多在他們50歲以後，並且他們中的大多數人直到晚年還投身在工作之中。

## 我的導師尼斯貝特教授

在以上排名中，位列第19位的理查德‧尼斯貝特（Richard Nisbett）教授，就是我在美國密西根大學攻讀博士學位的恩師。他是一個永不停歇的思想者和科學的播種者，培養了很多優秀的心理學大師，有很多人已經成為美國社會心理學界的領軍人物（有一項研究發現，尼斯貝特培養的學生佔據了美國一流心理學系、社會心理學專業將近20％的領導職位）。他不光學問做得好，人品也非常突出和優秀，對我產生了深遠的影響。

其實，我與他的第一次接觸還是我在北京大學的時候，他到北京大學心理系來講學。當時，我剛剛大學畢業留校任教，正好旁聽了尼斯貝特在北大開設的社會心理學課程。我是一個上課從來都不喜歡記筆記的人，但尼斯貝特的課程讓我第一次認認真真地做了筆記，可能是因為他所講的社會心理學對我而言是一個全新的陌生領域。

尼斯貝特作為當代社會心理學的奠基人之一，他所開設的社會心理學，讓我有一種柳暗花明、耳目一新的感覺，印象非常深

刻。北京大學心理學系從 1978 年以來，一直沒有開設社會心理學的課程，直到 1982 年才邀請吳江霖先生開始開設社會心理學課程，讓我對它產生了濃厚的興趣。但我個人感覺吳先生的社會心理學講的是二戰之前的內容，而且更多的偏重於社會學的社會心理學，而不是心理學的社會心理學（這兩者之間還是有很大的差異的）。只不過後來我接受北大的恩師陳仲庚老師的任務，準備開設大陸「文革」後的首次心理測驗課程，由於工作的需要，我在北大就沒能發展我對社會心理學的學習興趣。

1989 年 1 月 20 日，我去美國密西根大學心理系做訪問學者。沒想到又重新和尼斯貝特有交集，並有幸成了他的學生。尼斯貝特給我最深刻的印象，是他把科學研究作為自己的事業。

1995 年，我曾經有機會成為福特公司派駐中國的代表之一，年薪非常高。當我向尼斯貝特彙報我這一個可能的任職機會時，他把我邀請到家裡，進行了將近三個小時的談心。他特別提出，上帝給每個人安排好了位置，科學家其實行使著上帝的職責，代表上帝判斷人間的真偽。而我和他的生命交集一定是有別的意義在其中。這是我第一次被宗教式的使命感所震撼。

長期以來我認為，教授也就是一個工作職位而已，做科學研究也就是我們安身立命的方式和手段。但對尼斯貝特來講，科學是一項神聖的事業、高尚的事業、天意的事業。這是我以前從來

沒有感受過的職業使命感。但尼斯貝特本人並不是一個宗教信徒，他有科學家的理性和對人類生命的摯愛，所以才把心理學研究當作神聖的事業。他經常說的一句話是：「一個優秀的科學家，永遠是在追求、探索未知的領域。」因此，他不可能一輩子只做一件簡單的事情，他一定是要追求讓他心動的新課題。

尼斯貝特的一生確實是追求科學發展的一生，我甚至都覺得他在遵循一種科學探索的規律，每十年他都要換一個研究方向；通常都是以大量的科學研究論文開始，然後以一至兩篇理論綜述結尾，最後以一至兩本理論著作結束。因此，在他40年的學術研究中，他基本上是每十年就有一個重大的學術重點課題。20世紀70年代他關注的是歸因問題，成了社會心理學歸因研究的大師；80年代他關注人類決策的問題，成為和康納曼齊名的人類決策的心理學家，被提名為諾貝爾經濟學獎候選人；90年代他開始關注文化的問題，成為文化心理學的奠基人之一；到了21世紀，尼斯貝特更多地關注人類的社會智力和社會問題。因此，他是一個永遠追求不息的攀登者、開拓者和播種者。和這樣的導師一起工作，絕對是一種終身受益的體驗。

同時，尼斯貝特教授也是一個非常慷慨的人。在我和哥倫比亞大學商學院邁克‧莫里斯（Michael Morris）教授完成〈文化與歸因〉論文時，他把自己的名字從作者名單中去掉，因為他認為

我和邁克爾‧莫里斯是這篇文章貢獻最大的人，他非常滿意我們所做的工作，而不需要署上他的名字。雖然這項工作從開始到結束，他傾注了大量的心血。

另外，尼斯貝特的暢銷書《思維的版圖》（ *The Geography of Thought* ）總結了他自己和學生在文化心理學方面的工作。但是在他序言的開篇，卻特別提到了「一個普通的中國學生」——也就是我，對他的思想的衝擊和影響。這也讓我特別地感動，因為很少有這樣的學術大師能夠講出來他最初的創意來自一個普通的學生。讓我對他敬佩之至。

## 近距離接觸最傑出的心理學家

在艾德‧迪納教授所列出的20位當代最傑出的心理學家中，我和其中的10位心理學家有過親密的接觸和共事的經歷。

排名第1位的亞伯特‧班度拉（Albert Bandura）教授，我們曾經在史丹福的暑期工作坊一起講過課。排名第3位的丹尼爾‧康納曼教授，2002年諾貝爾經濟學獎獲得者，我在柏克萊心理系「托爾曼大樓」（Tolman Hall）的3029辦公室就是康納曼以前使用過的辦公室，而且1997年7月1日我去柏克萊上班的第一天就遇到了他。

　　排名第4位的理查‧拉薩魯斯（Richard Lazarus）教授，是我柏克萊的同事，辦公室就在一起。他是認知情緒理論的奠基人，我們在柏克萊共事了三年，直到他退休。

　　排名第5位的馬丁‧賽里格曼（Martin Seligman）教授，是我從事積極心理學最重要的支持者和合作者，好幾次國際積極心理學大會，都是馬丁請我做主題發言；他也為我們中國積極心理學的發展做出了巨大的貢獻，因此，我把他當作我現在從事的積極心理學事業的同事。同時，他的幾位優秀的學生也在北京清華大學積極心理學研究中心工作，幫助我推動積極心理學在中國的發展）。

　　排在第8位的謝利‧泰勒（Shelley Taylor）教授，1997年我獲得加州大學教職聘任邀請的主要推動者就是他，因此，我們有好幾次一起會面、聚餐、談工作，並一起參加美國心理學會科學領導小組的領導工作。

　　排在第9位的阿莫斯‧特沃斯基（Amos Tversky）教授，他是尼斯貝特教授的至友，我經常陪他們兩個人喝酒聊天，一起開會。如果不是英年早逝，他一定是和康納曼教授一起共享諾貝爾獎的。他們兩人的故事也算是心理學界「高山流水遇知音」的典型了。

　　排在第10位的迪納教授，當代最著名的心理學家之一，也

是積極心理學的奠基人之一。我曾經在美國伊利諾伊大學心理學系多次和迪納相逢，包括在國際積極心理學聯合會理事會共事。迪納是最有影響的積極心理學家之一，曾經被《紐約時報》認為是為人類的幸福做出過最偉大貢獻的研究者。

　　排在第 11 位的司馬賀（Herbert Simon）教授，是第一個獲得諾貝爾經濟學獎的心理學家，1979 年獲諾貝爾獎後來北京大學心理學系訪問，他應該是第一個訪問中國大陸的諾貝爾經濟學獎獲得者，也可能是第一位訪問中國的非華裔的諾貝爾獎獲得者。他當時很親切、隨和、低調，是不能和現在獲得諾貝爾獎的人在中國的排場相比擬的。我們後來又在美國心理學會心理科學領導委員會共事。排名第 15 位的保羅・艾克曼教授，也是我在柏克萊文化與人格研究所的同事，他所開創的情緒研究，應該是當代情緒革命最早的先驅之一。

　　總而言之，以我的親身經歷，和這些科學大師們在一起，感覺不到他們的盛氣凌人、蠻橫霸道，而是很親切隨和、單純可愛。**真正的大師並不喜歡人們的頂禮膜拜，而是欣賞平等地交流和溝通。**反倒是胸無點墨、狹隘心虛的人需要擺出架勢來嚇唬別人。

## 感慨與感恩

我們經常用「春蠶到死絲方盡，蠟炬成灰淚始乾」來讚譽老師，但我覺得這樣的讚譽不是很恰當。教師是一種高尚的職業、幸福的職業、偉大的職業。在人類五千多年的文明歷史中，出現了無數的職業，此起彼伏、層出不窮，但只有兩個職業能永垂不朽，彪炳千秋，在任何文化和社會都存在。一個是類似各種宗教中的傳教士，另一個就是類似教師這樣的職業。

因此，從事教育工作是人最幸運的工作，也是最偉大的工作，甚至是最幸福的工作；因為溝通是快樂的、交流是舒適的、幫助他人是幸福的。能夠從事這樣的工作，我們應該感到一種自豪和驕傲。如果我們的教師自己覺得我們做的只是奉獻、犧牲的工作，那就可能要怪我們的社會、我們的體制，怪我們周圍的人不尊重知識、不尊重文化、不尊重教育。

因此，在感恩節這個特殊的日子，我特別想對曾經關懷、愛護和支持過我的老師們誠摯地說一聲：老師，感謝您曾給予過的指導和指引。我尤其想借此傾訴我對尼斯貝特老師的感謝之情，他讓我學會了如何做人、如何做事、如何做研究以及如何做教授，至今都一直深深地影響著我的為人、處事、為師！雖然我們中國人比較內斂，不善言表，但大家可以趁這樣的日子，對我們

該感謝的人和事説出我們心底的由衷感謝。同時，我們也要感謝
社會讓我們有這樣的工作機會和社會身份。感謝老師、感謝同
仁、感謝大家！

# 正心的道理

正心事業始冠纓。

——南宋詩人，陸游

第 29 講

# 道德與正義真的是人的天性嗎？

　　喬納森・海特（Jonathan Haidt）是2014年美國總統科學獎得主，也是心理學界從事道德心理學研究的第三代學者的領軍人物之一。第一代道德心理學是以精神分析理論為基礎的弗洛伊德（Freud）學派。他們更多的是把道德問題，作為超我概念來加以分析，是把它作為對本我——人的欲望、本能、衝動的一種文化控制、監督、干預來理解。

　　第二代道德心理學是以柯爾伯格（Kohlberg）為領軍人物，主要是從發展與教育心理學的角度來談論道德意識的產生和道德觀念的形成。

　　第三代道德心理學研究者包括喬納森、達克・卡特勒（Dacher Keltner）、珍・米勒（Joan Miller）、喬舒亞・格林（Joshua Greene）等新一代的道德心理學家。這其中，尤其以喬納森所做工作的影響最為深遠。作為和他相識多年的同行，我由

衷地敬佩喬納森的學術成就、執著的學術精神和勤奮的工作態度。

　　喬納森曾應我的邀請至北京清華大學演講，當時主要介紹了他的新書《正義之心》（*The Righteous Mind*）。這本書著重強調了人類的道德意識、正義之心是一種人類的本能，是人心的一種積極主動的反應，是人類進化選擇出來的一種競爭的優勢。因此，無論是人心嚮往善良和高尚，還是人心厭惡邪惡和卑鄙，都是我們人類的靈性、悟性、德性的一種體現。喬納森一個重要的工作就是，分析了道德的多元，他在《正義之心》裡提出六大道德基礎，每個人遵循的、信奉的、實現的道德原則其實並不完全一樣，比如有人比較強調理性的法律，有人比較強調感情的直覺，有人比較強調天然道德，有些人比較強調社會契約，這都是各種各樣道德基礎上的差異。當然，心理學家從事道德的研究，與倫理學家、神學家和社會工作者的角度不同，我們更關注證據、證明和證偽，需要有實驗的觀察、統計的分析、邏輯的推斷，更要有思想的貢獻。

## 為何道德和正義是我們人類的一種本能和天性呢

　　首先，我們發現，人類習慣性地、主動地把道德和人類出現

**的第一個情緒緊密相連。**

　　人類是一種充滿複雜情緒體驗的生物，但是人類最早出現的情緒不是快樂，不是憤怒，而是厭惡。人類的嬰兒在出生後兩個星期就會出現厭惡的表情；更有意思的是，人類下意識地把人們的道德和厭惡聯繫在了一起。因此，遇到很多不道德的事情時，人們的自然反應是噁心、厭惡，覺得這種事情骯髒，不潔、不淨、令人作嘔等等。

　　所以，喬納森的第一個心理學實驗就是從一堆堪稱奇葩的提問開始，他讓人對一些人類的行為做出判斷，看這些行為是不是不道德。比如說：

　　（1）有一戶人家的狗在家門口被撞死了，他們聽說狗肉很香，所以切開了狗的屍體煮了吃，沒有任何人看到他們所做的一切，你覺得他們做的事情道德嗎？

　　（2）一個女人清理櫥櫃時，發現了一面舊的美國國旗，她現在也用不了這面國旗了，所以她決定將它剪成碎塊用來拖廁所的地板，你覺得她做得對嗎？

　　他甚至還提出一些更加稀奇古怪的案例：

假設有兩個兄妹，一個九歲，一個十歲，躲在大樹後效法接吻，你覺得他們做得對嗎？

還有個更奇葩的問題：

有個男人，每週五下午去超市買一隻冷凍全雞回來。但是在烹飪之前，他一定要和這隻雞發生性行為，然後再把它煮了吃掉，你覺得他這樣做道德嗎？

針對上述離奇的問題，並沒有任何法律或政策規定我們不能那樣做。但是，絕大多數人都會本能地覺得做這樣的事情噁心、彆扭、怪誕、荒謬，因而不值得去做，也不應該去做，那是不道德的行為。

換句話說，人類的道德與不道德可能是建立在這種「對勁和不對勁」的感覺基礎之上。這與俗話所說的「為人不做虧心事，半夜不怕鬼敲門」的觀念非常相似。這就是為什麼越來越多的道德心理學家意識到中國（明朝）哲學家王陽明的「良知理論」可能是有科學道理的（所謂的良知就是不用覺察都會覺得對還是不對的一種感覺）。因此，喬納森的道德心理學實驗研究其實在某種程度上證明了中國心學的偉大，良知其實就是一種情緒體驗。

　　編寫這些稀奇古怪的人類行為的時候，喬納森才剛滿24歲，這也是他在賓州大學心理學系讀研究生時所做的第一個研究。而這項研究讓他有了一個很重要的發現：**人類道德判斷的依據並不是我們通常所理解的政策、規範、法律、原則，而是人類樸素的、自然的、本能的反應。所有這些反應建立的基礎，不是我們通常所說的理性，而是我們通常輕視的情緒。**西方哲學家、經濟學家、社會學家、政治學家等通常推崇強調理性在人類思維中的重要性，恰恰低估了感情在人類思維中的作用。

　　**其次，道德是人類的一種天性，還在於我們人類對「對與錯」的判斷，不完全是靠後天的教育才領略到的。**

　　著名心理學家柯爾伯格就發明了一系列的「道德兩難」問題，其中最著名的問題是一個叫海恩斯的男人，是不是可以闖進藥店去偷藥來拯救他垂死的妻子？心理學家就發現，各年齡階段的孩子會隨著自己心理的成熟而發展出對這個問題的善惡判斷。也就是說，當孩子沒有到一定年齡的時候，家長無論怎樣解釋「這件事情的道德意義有多大」，也不會起作用；但是當孩子的心理成熟到一定階段之後，只要跟小朋友一起玩一個遊戲，就可以理解公平正義到底是怎麼回事。因此，可以說，人類的道德意識是我們心理成熟的一種體現，這就與孟子所說的一樣：惻隱之心，是非之心，源自天然。

其實關於「對與錯」這一點，道德心理學就很好地平衡了道德中「情」和「理」這兩個維度。這在中國的哲學中也是一個討論了很長時間的命題，是循情，還是循理？心理學家發現，人在某種意義上講有情，但也有理，但是情在先，理在後。這是心理學家的一個貢獻，而喬納森在這個領域所做的貢獻是最多的。

**再次，道德與正義之心屬我們人類的天性，並體現在我們人的行為經常下意識地不由自主地受到道德理念的影響。**

喬納森就做過一個有趣的實驗，他們對來參加實驗的人進行催眠，使被試無論何時聽到某一個單詞的時候都會感到厭惡。喬納森使被試做出反應的這個單詞叫做「拿」（take）。比如有這樣一個案例：一個自稱是堅定反貪污的國會議員，自己卻偷偷地從煙草公司那裡「拿」賄賂。不出意外，在喬納森所準備的六個故事中，只要出現了催眠的密碼詞──「拿」，不用提供任何的訊息，大家就會對故事的主人公（比如說這個議員），提出嚴厲的批評。

然而，問題在於，即使有些故事的主人公，並沒有做任何不道德的事情，但如果用了「拿」這個字，同樣會使被試對他們表現出厭惡反應。比如，喬納森就讓這些參加實驗的人讀一個故事：有一個學生會的主席在和老師討論「如何安排課程的討論時間」，用的說法就是「他建議拿那些吸引教授和學生的話題」作

為討論的主題，這個故事沒有任何違背道德的情節，但還是有三分之一的受測者譴責這位學生會主席，因為他們受到了「拿」這個概念的影響。

聯想到近年中國大陸的「反貪」運動，現在就容易明白：為什麼它這麼容易受到大眾的熱烈推崇。在很大程度上，因為它也是我們人類的一種道德和正義之心的自然流露，是國民良知的行為體現。

## 道德判斷需要科學的態度

正是因為道德和正義是我們的一種天性，就使得每個人都希望自己所相信的、所判斷的、所堅守的是最道德的。喬納森的《正義之心》花了很大篇幅闡述了「因為人類的這種天然道德追求心態，使得每個人都認為自己佔領了道德的制高點」。這就是為什麼在西方國家，如美國有很多的政治團體、宗教團體、不同的民族團體，總是有一些調停不了的矛盾。同樣在我們國家，網路的輿論大戰，各個社會階層、利益集團的不同看法，都在試圖以說明對方不道德來證明自己的道德優越。即使如霧霾這樣對錯分明的事情，也還有人會去挑剔柴靜（編按：大陸著名媒體人，曾製作過一支關於霧霾污染的轟動紀錄片）的個人道德問題，來

否定她提供訊息的重要性，可想而知人類的共識是多麼難以達成。

因此，喬納森特別提出，**我們對不同的道德判斷，應該有一種科學的態度**。就像孟子在兩千六百年前說過的那樣，「理義之悅我心，猶芻豢之悅我口」。換句話說，凡「悅心」的「理義」，都是深入淺出的，對於心靈來說就像好吃的肉一樣，有不同的感覺，而這種感覺都有其存在的合理性。因此，我們應該理解：每一個人其實都是從自己認為的道德角度去看問題，每一個問題都是事物反映的一個角度，沒有絕對的對和錯，更不要提倡所謂的鬥爭和批評精神，以及非黑即白的極端思維。當然，同樣還需要注意的一點就是道德判斷的度的問題。度過了，就不道德了。但任何事情一定要有心，有情，才能夠守德，否則就會過德，而過德對我們的傷害會很大。

如何改變人類這種「我對你錯」的習慣呢？我個人覺得，可以多瞭解一些心理學的知識，瞭解人性、人情、人欲，多一些大度之心、菩薩之心、民主和寬容之心。至少我們不輕易以道德的名義去詆毀與自己看法不同的人。換句話說，那些與我們自己政治觀念不同的人、價值理念不同的人，其實也和我們一樣，有著同樣的真誠之心，同樣的道德之心和正義之心。他們只是不喜歡我們的口味，但並不意味著他們智商有缺陷、情商有不足、童年

有心理陰影，其實他們的邏輯和我們的邏輯是一樣的。只有跳出絕對的白與黑的道德框架，我們才會有一種平和的心態，去審視各種群體對道德不同的口味。當然，這種心態説起來容易，做起來很難。

第 30 講

## 多助一次人，少生一次病──
## 「道德份子」催產素解釋利他性對於生病
## 的作用<sup>*</sup>

　　當拋開所有的輿論與道德因素，您是否曾捫心自問：在遇到老人倒地這樣的情形，扶，還是不扶呢？這本不該成為一個問題，正如古人所說，「惻隱之心，人皆有之」，有人摔倒了，伸出手，扶一下，是再正常不過的事了，無需任何思考或猶豫。但當前社會上發生的一些事情，難免使我們產生或多或少的猶豫，因為這似乎已經不單單關乎道德層面，甚至有可能已經上升到法律層面。扶，還是不扶？儼然已成為一個問題。

　　然而，越來越多的心理學研究卻發現，即使是從自私自利的

---

<small>*　根據劉靜遠的文章改寫。</small>

角度出發來看待問題，我們最好也要與人為善，多幫助別人，因為這種善意遲早會回饋到我們自己身上。一篇發表於 2013 年的有關催產素受體基因多態性和利他行為影響壓力緩解與疾病減少的文章，解釋了為什麼做好事，最終受益的還是我們自己。

## 催產素為什麼被稱為道德分子

下面先簡單介紹一下本研究所涉及的幾個生物學概念（如果您真的不喜歡看生物學術語，也可以直接跳過去看本研究的結果部分）。

（1）什麼是催產素

催產素（Oxytocin），是一種垂體神經激素。它在哺乳動物分娩時起到引發子宮收縮，刺激乳汁分泌的作用，於是在臨床上主要被用於催生引產，由此得名「催產素」。但它不只在生孩子的女人身上有，在不生孩子的女人身上也有，甚至在男人身上也有。因此，它不應該只起催產的作用。確實，它具有廣泛的生理功能，尤其是能調節中樞神經系統。心理學的研究進一步發現，催產素在人類的母嬰關係和社會關係形成中也發揮著重要作用：催產素既能影響親子依戀和父母教養行為，也能促進人際信任、

親密關係及慷慨行為。催產素也因此被稱為「愛情激素」或者
「道德分子」。

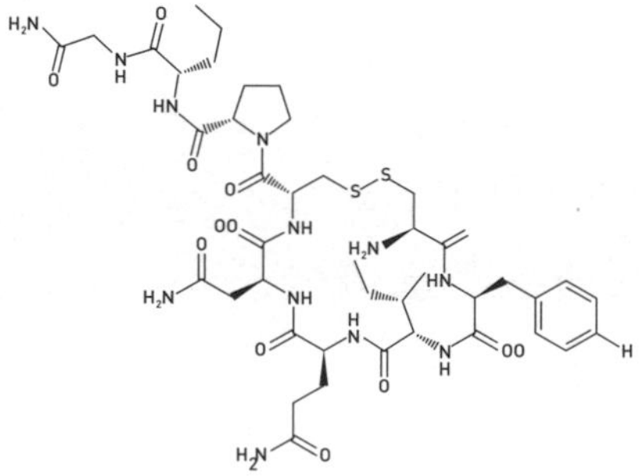

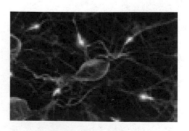

圖 8 催產素分子結構

（2）催產素受體

催產素受體是一類存在於細胞膜上的特殊蛋白質，它能夠與
細胞外的催產素分子結合，進而激活細胞內的一系列生物化學反
應，使催產素的作用得以發揮。

圖 9 催產素受體結構

（3）催產素受體基因多態性

　　催產素受體基因是編碼催產素受體的DNA分子。DNA分子是由A、T、C、G這四種核苷酸構成（其中A、T是一對，C、G是一對）。有研究發現，催產素受體基因的多個位點上都具有單核苷酸多態性；也就是說，其DNA分子上的某一個位置存在城基置換現象，即A、T和C、G間發生互換。比如在催產素受體基因的rs53576這一位點上，就有三種基因型表現：AA、AG和GG。目前，關於催產素受體基因多態性與社會行為的研究都是按照這種劃分形式，對這一位點上的三種基因型進行的探討。

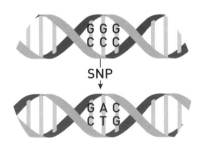

圖 10　基因多態性示例

## 耗時十年的研究

　　心理學家耗時十幾年來開展本研究，主要採用了田野研究的方法。具體從2002年起，每隔一年、分三次調查1916個人所經歷的壓力事件、參與社會公益事業的情況及身體疾病的數量；並在2008年時，又採集了這些被試者的唾液樣本進行基因分型實驗；最後將一年間及兩年間壓力事件的變化、利他行為的變化以及疾病數量的變化情況與催產素受體基因多態性之間的關係進行了多層泊松回歸分析。

壓力事件
慈善行為
身體疾病

第一輪　　　　第二輪　　　　第三輪
2002　　　　　2003　　　　　2004
　　　　　　　DNA收集

圖 11　基本研究設計

## 研究結果

### 一、別人有難伸援手，自己少生一次病

　　分析該研究的結果表明，利他行為與壓力事件之間具有很強的交互作用。我們可以看到，當人們的利他行為較少時，IRR

（也就是發病率）為 1.15，它表示，近期的壓力事件每增加一個單位，個體得病數量就會增加 1.15 個單位，說明當人們的利他行為較少時，近期壓力事件的增加可以很好地預測身體疾病數量的增多。而當人們較多參與社會公益事業時，相比之下，這種效應不那麼明顯。也就是說，**不愛幫助他人的人，生活中的不如意，會對自己健康產生影響；而利他行為可以明顯緩衝壓力對身體健康的損害。**所以，我們在不經意間幫了別人一個小忙，卻有可能因此而少得一次病。當然，對於一直在幫助別人的人來說，這個作用並不明顯。

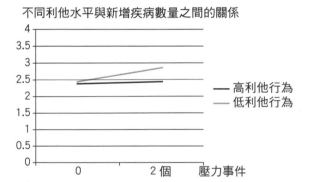

不同利他水平與新增疾病數量之間的關係

利他行為與壓力事件間的交互作用
當人們的利他行為較少時，近期壓力事件的增加可很好地
預測身體疾病數量的增多；相對於較高利他行為時影響稍小

圖 12 利他行為與壓力事件間的交互作用

## 二、「自私的基因」？其實並不自私

　　研究還發現，對於不同催產素受體基因型的個體來說，壓力事件對身體健康的影響作用並不同。如，壓力水準會影響AA或AG型人的身體健康狀況，壓力越大，這些人的得病次數可能會越多；但是對於GG型的人來說，身體健康狀況卻不會受到壓力水準的影響。這是一個非常有趣的發現。難不成AA或AG型的人天生就脆弱或者抗壓能力差嗎？

不同遺傳類型與新增疾病數 量之間的關係

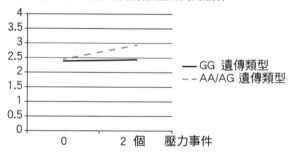

近期的壓力水平會增加AA/AG型個體的得病數量
但不影響GG型個體的得病數量

圖 13　壓力事件對不同催產素受體基因型
個體身體健康的影響作用

　　我們再來看看其他研究結果的解釋。對於AA或AG型的人來說，當他們的利他行為較少時，高壓就可以預測高的發病率；但

當他們具有較多的親社會行為時，壓力水準與身體狀況之間便沒有了這種相關性。也就是説，對於AA或AG型的人來説，利他行為在壓力損害身體健康的過程中有可能起到一種緩衝作用。所以，不是AA或AG型的人天生就脆弱或抗壓能力差，而是他們平時的利他行為較少，相應地所產生的催產素也較少，低於能夠緩衝壓力對健康損害的閾限。而當利他行為較多時，這種緩衝作用便得以體現。

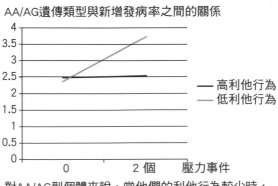

圖 14 AA/AG 基因型個體的利他行為能夠
緩衝壓力損害身體健康的作用

但對於GG型的人來說，壓力的增加對其身體健康狀況似乎並沒有影響，並且與其參與親社會行為的多少也沒有關係。

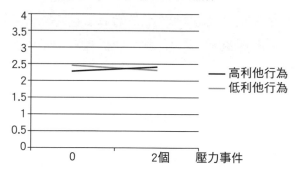

GG遺傳類型與新增疾病數量之間的關係

近期壓力不能預測CG型個體的發病率，無論是他們的利他行為少時，還是利他行為多時

圖 15 GG 基因型個體的利他行為與壓力事件
之間不存在交互作用

這可能是因為GG型的人本身參與的親社會行為就比較多。該觀點得到了很多文獻的支持，所以，這個研究中所謂的低利他可能只是一種相對低利他，從實際利他行為的數量來看，低利他的GG型的人所做的利他行為可能要多於高利他的AA或AG型的人，所以，對於GG型的人來說，他們所參與的親社會行為，即

便是相對較少，也已經足以起到緩衝壓力對健康的損害作用。

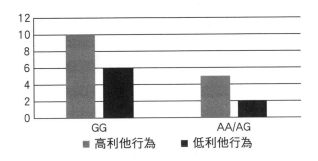

圖 16 GG 基因型個體相對較多的利他行為

　　當然，基因與利他行為之間，還有很多複雜的問題沒有研究明白。但無論怎樣，不管我們是什麼基因型的人，**分配適當的精力做一些幫助他人的事，可能對我們來說都是有好處的**。那麼，回到最初的問題，在遇到老人跌倒時，我們還是應該扶一把，即使只是出於我們個人健康的考慮。

第 31 講

# 文化資本──「氣質」的積極心理學解讀*

有一段時間，社交軟體的朋友圈內流傳著一句「（看人）主要看氣質」。

這件事情説來有趣，主要看「氣質」，那麼次要看什麼呢？看「顏值」！都説這是個看臉的社會。然而，即便是看臉，也不是臉蛋看起來漂亮就是女或男神了，何況並非每人都有臉可看。如今雖有各種彩妝品和自拍修圖神器，有時終囿於自身顏面不好以臉示人，或者那美貌也許只能存活在美顏相機或手機裡。「氣質」則不一樣，此説激發了大家不甘示弱、紛紛 PO 出自己照片的熱情，誰都可以發張照片到社交平台上，因為「主要看氣質」。

但是，我們日常使用的「氣質」一詞，通常情況下並非是心理學意義上的「氣質」。日常所説的「氣質」是指一個人看起來

---

\*　根據喻豐的文章改寫。

的風度、樣子。垂髫孩童、翩翩少年、謙謙君子、窈窕淑女、耄耋老人等莫不具有自己獨特的氣質。日常所謂的氣質大抵如此，我們在展笑蹙眉之間氣質自生，它反映了個體的品味、格調以及舉手投足間所散發出異於常人的星星點點。而心理學意義上的「氣質」則包含更豐富的內容。

## 「人格差異」造就不同氣質

人格心理學講的氣質，是指相對穩定的、具有生物基礎的個性特點和風格氣度（個體差異）。實際上，「格」這個詞本意為「木長貌」，也就是樹木繁盛的樣子；由此可知，「人格」無非就是我們人看起來的樣子，這與我們通常所說的氣質異曲同工。而當我們從學術的角度講「氣質」時，我們更偏向於指代個體看起來穩定的模樣背後的生物學基礎。因為「氣質」（temperament）一詞實際上源於拉丁文，本意「混合」。混合何物？混合的是古羅馬醫生蓋倫（Galen，公元129年～199年）在希波克拉底（古希臘文 Ἱπποκράτης，公元前460年～前370年）的基礎上所創立的體液說裡的不同體液。蓋倫也就是最先提出「氣質」這一概念的人。

蓋倫根據人體內各種體液所占比例的不同將人分成了四類：

膽汁質、粘液質、多血質和抑鬱質。

膽汁質者黃膽汁佔優勢，易發怒，動作激烈；
粘液質者粘液佔優勢，善思考，冷靜平緩；
多血質者血液佔優勢，有熱情，歡快活躍；
抑鬱質者黑膽汁佔優勢，有毅力，憂鬱沮喪。

　　雖然其對氣質類型特徵的描述較為接近事實，並且也提供了一種研究人格的思考邏輯（提出一些不同的類型，每一類包含一些特定的特徵，類型與類型之間彼此存在差異），但其以體液作為氣質類型劃分的依據欠缺科學性。

## 教育孩子，因「氣質」施教

　　後來，英國心理學家艾森克（Eysenck）提出的人格 PEN 模型中，內外向和神經質兩個維度交替形成的 4 個象限正好分別對應於 4 種氣質類型，使得古老的體液理論得以被重新審視。但在通常情況下，人格心理學更傾向於採用「氣質」而非「人格」來描述幼小兒童，因為在兒童早期，他／她們的社會性還處於發展過程中，呈現出來的樣子更多是基於他／她們的生物學基礎，即

更多是氣質型的。

　　現代氣質理論之一的「氣質發展理論」，是由美國紐約大學醫學中心的教授湯馬斯和蔡斯（Thomas & Chess）等人在對嬰兒進行大量追蹤研究的基礎上提出來的，認為嬰兒出生後不久即在氣質上表現出彼此不同的個體差異，並區分出 9 個維度來衡量兒童的氣質。分別是：

活動準則（如進食、穿衣或睡覺時是否亂動）；
規律性（如是否按規律進食或排泄）；
分心程度（如是否容易被周遭環境影響）；
趨避程度（如對陌生人的接受程度）；
適應性（如融入新環境的難易程度）；
注意廣度和堅持性（如是否不受阻礙而堅持完成某事）；
反應強度（如喜怒哀樂是否都很大聲）；
反應閾限（如尿布需要多濕孩子才會哭）；
心境品質（如友好與不友好、愉悅與不高興行為的比例）。

　　據此，他們將孩子分為了三類，40％的孩子屬容易型，在上述 9 個維度上都表現良好；10％的孩子屬困難型，在上述 9 個維度上表現不佳；還有 15％的孩子屬慢熱型，介於以上二者之

間（其餘35％屬混合型。因此，也有觀點分4類：容易型、困難型、慢熱型、中間型）。

　　由於每一種氣質類型都可能形成某些積極或消極的性格品質，每一種氣質類型的兒童都可以成為品學兼優的人才。因此，建議家長或教師要瞭解兒童的氣質類型和特點，並在撫養和教育兒童的過程中，注意與兒童的氣質特點進行「調適」，從而達到有針對性地去幫助兒童發展積極品質、防止或克服消極品質的目的。

## 氣質更應是種「文化資本」

　　現在大家談論的「氣質」可能並非心理學家所說的「氣質」，反倒更像是積極心理學家正在探討的「文化資本」。法國社會學家皮耶‧布迪厄（Pierre Bourdieu）認為，一個人擁有的資源除了通常熟知的經濟資本（以佔有的資產和物質為衡量指標）和社會資本（以具備的社會關係和社會地位為衡量指標），還包括文化資本。文化資本又有三種存在形式：物品化形式（即可以直接傳遞的文化產品，如書籍、繪畫、古董等），制度化形式（即以文憑或證書確認的所掌握的知識、文化和技能）和具身化形式（即通過教育與學習形成的身體、精神和行動三位一體的

教養、品味和風度）。蘇軾所謂的「腹有詩書氣自華」就是反映了文化的具身化過程。

　　因此，我們認為所謂的「氣質」其實就是具身化的文化資本，它是長期學習、修煉和踐行的結果；它最終只屬特定的個人，無法通過饋贈、買賣或交換來獲得。換句話說，**這種文化資本般的氣質是金錢買不來的，但在一個文明和昌盛的社會，它倒是的確有可能轉化成金錢和地位。**

　　我們曾經設計過一個實驗來驗證文化資本的轉換機制。我們告訴學 生，「劉靜雲」是一位風度翩翩、滿腹經綸的教授或者是一個有名無實、金玉其外的教授。他在海邊散步時撿到一枚在1985年時價值1千元的戒指。那麼，您覺得戒指現在值多少錢？劉靜雲為丟戒指者會有多著急、有多不安以及會花多大力氣尋找失主？後幾個問題的答案不言而喻，而前一個假設問題的答案則是由真才實學支撐起的氣質要遠遠高於所謂的浮萍飄影的氣質。這就是所謂的文化資本的價值——知識還是有些力量的。

　　總體來說，研究之「氣質」和日常之「氣質」並不完全相同。作為研究對象，氣質渾然天成，可變甚難；而作為日常生活，氣質提升易如反掌，飽讀詩書便可。正如清朝中興名臣曾國藩所言「唯讀書則可以變其氣質」。

## 第 32 講

# 寬恕之心的蝴蝶效應

　　人類生活中難以承受的生命之重，是親人、愛人、朋友、同事、尊重的人等對自己的傷害、誤解、欺騙和背叛，嚴重的如他人的陷害、口角、爭執、執法過當、意外傷害等，這些都會使我們感受到極大的憤怒、悲傷、抱怨、悔恨、挫折、失落、痛苦、恐慌和焦慮，並由此而衍生出猜疑、冷漠、警惕、誤解、衝突、憎恨和報復，嚴重的會影響我們的生活品質，甚至可能使我們質疑自己生命存在的價值和意義，以及社會的公平和友善。

　　顯然，如何應對、化解、調適、處理、修復、轉化生命中不可承受之重，如何找到超越傷害的意義和積極的心理，使生命獲得新的希望和人生價值，使心靈獲得一種安寧和自由，是心理學無法迴避的一個重要研究課題，也是積極心理學研究和應用要面對的一個重要課題。

# 從科學角度認識「寬恕」

　　長期以來，「寬恕」一直被看作是宗教神學的主題，而不是科學研究的主題，所以一直被我們所曲解，甚至有人把「寬恕」看作是基督教的獨特概念──基督教的寬恕之心，源於對上帝的感恩，因為其寬恕了我們的原罪；所以，我們也應該寬恕其他人的任何罪過。其實，「寬恕」自古以來就是中華民族的一種美德，中華文化把「寬恕」與孔子所倡導的「己所不欲，勿施於人」的「恕道」，視為同一種美德，認為「恕道」是寬容之道，是一種人際參與，是「共存」的意思。古人云：「以恕己之心恕人，則全交；以責人之心責己，則寡過」；曾國藩也曾說過：「善莫大於恕。」其意義都非常明確，寬恕別人等於善待自己。可見，中國人的寬恕之道，來自於我們對他人的尊重，來自於為人處事的一種道德規範，是我們維繫社會和諧、人際和諧、自我和諧的根本法寶。

　　寬恕的對立面是報復，它是指受到傷害的個體，以攻擊、懲罰、傷害的手段和方式，施加給那些曾經帶給自己傷害、挫折、痛苦的人，以宣洩心中仇恨、不滿的負面情緒。從本質上來講，對傷害者的懲罰和報復是客觀存在的，有深刻的人性基礎和社會歷史文化的根源。

　　無論是在東方還是西方，復仇思想是普遍存在的，「有仇必報」、「君子報仇，十年不晚」、「以牙還牙，以血還血」、「以其人之道還治其人之身」等傳統的觀念，實際上使得我們在社會文化和心態上，相信報復的正義性和必要性。這種集體的無意識，使我們很少反省報復過程中所蘊含的殘忍和醜惡，以及它對當事人的精力、時間、心靈、精神和社會性的傷害。報復心理的存在，只會使受害者更加沉浸在痛苦的漩渦中，而無法解脫，無法獲得真正的快樂和輕鬆。

　　心理學的研究發現，相對於其他的攻擊行為，報復的破壞性更強，因為它有強烈的、不斷延續的性質。也就是說，報復會在傷害者和受害者之間形成強烈的、持續不斷的、相互反應的惡性循環，直至變成「冤冤相報何時了」的仇怨。

　　**傳統的觀念認為，寬恕就是遺忘過去的事實，其實並不如此。現在的心理學研究發現，真正的寬恕是記得。**寬恕並不是姑息錯誤或者是弱者的被迫反應，寬恕不是軟弱、退縮、無能、遷就的同義語。可以這麼說，寬恕是一種更富智慧的方法，它提醒我們不要重蹈痛苦和不公正的類似行為。寬恕展示的是愛心和堅強，它是積極、主動、善良、偉大的同義詞。

## 寬恕是一種積極心理資本

1984年，考夫曼（Kaufman）提出，寬恕就是放棄怨恨。1989年平格萊頓（Pingleton）認為，寬恕是指受害者受到傷害之後，放棄報復和懲罰傷害者的權利和需求。1987年，諾斯（North）把寬恕定義為：個人克服由傷害者所引起的憤怒情緒時所經歷的心理過程。認為寬恕包括避免負性情感和呈現正性情感兩種心理成分。

著名心理學家鮑邁斯特（Baumeister）和艾斯林（Exline）提出，寬恕是情緒和行為的一種混合狀態，它既代表著受害者的負面情緒的逐漸減弱，也代表著行動上的積極正面的反應。

心理學家恩萊特（Enright）把寬恕定義為：受害者對傷害者在「認知、情感和行為反應」三個方面變化的心理過程。他認為，可以從「認知、情感、行為」三個方面來考慮個體在經受傷害事件後的寬恕歷程，該過程可分為七個階段：一是經歷到傷害並覺察到傷害給其心理上造成的負面影響和結果；二是感到並產生解決問題的心理需要；三是決定以仁慈和公平的策略來解決問題；四是產生寬恕的動機；五是決定去實施寬恕；六是執行內在的寬恕策略；七是感到有付出寬恕行動的需要並以實際行動回應對方。當然，這種寬恕的心路歷程，在順序上並不是一成不變

的，有研究發現，有的可以出現倒退和跳躍現象，而且還有很大
的個體差異。

　　研究寬恕的兩位著名研究者麥卡洛（Mc Cullough）和沃斯頓
（Worthington）曾經將寬恕主要定義為：人類在動機上的變化。
1997年，他們在《人格與社會心理學期刊》上發表了一篇很有影
響的有關寬恕的研究，他們認為，寬恕指的是受害者在動機方面
的變化，一是逐漸地降低報復對方的動機；二是逐漸地降低維持
敵對情緒的動機；三是逐漸增加與對方和解的動機。也就是說，
寬恕並不代表完全遺忘對方的過錯，而是自己在意願上體現出能
寬容對待對方的過錯。

　　1999年麥卡洛提出寬恕的利他、共情、遷就等成分，指出寬
恕的本質，在於受害者對於傷害者在動機上有利他行為的改變，
這種改變削弱了受害者仇視和報復傷害者的內在動機，同時增強
了受害者善待傷害者的正性動機，有利於二者之間的和解。麥卡
洛特別強調，寬恕並不單是個人的動機變化的結果，而是一個親
社會動機的互動變化的結果。

　　因此，**寬恕是一種積極心理的資本，一種優勢力量，一種親
社會的利他行為**；它也是個體的一種重要的、正面的、積極的人
格和性格品質，能夠讓我們轉化過去的負性體驗，恢復內心的寧
靜和諧，一致穩定，從而獲得正向的情緒體驗。寬恕的社會利他

性質，是我們應該提倡的正向美德和積極的善良行為；寬恕也是我們處理現實生活中消極方面的一種積極態度和選擇，是一種積極的策略和道德情感。

## 寬恕和不寬恕的體驗性心理實驗

心理學家夏洛特‧維茨利特（Charlotte Witvliet）和他的同事發現，寬恕有積極健康的價值和意義。他們在《心理科學》（Psychological Science）上報告了他們完成的一項研究工作，發現寬恕能夠讓受傷的人從負面情緒中解放出來，從而產生情緒上和行為上的積極效應。包括降低焦慮、減少負面情緒、較少的心血管疾病和較好的免疫系統功能。而毫不寬恕的記憶和報復的心理形象，能夠讓人產生強烈的負面情緒反應，包括了負性的面部肌肉表情、強化的心血管疾病和對交感神經系統的活動產生的負面作用，其實與極度的憤怒和恐懼所帶來的負面作用是一樣的：

他們調查了七十多位美國密西根州霍普學院的大學生，讓他們回憶他們曾經被傷害和被其他人不公正對待的經歷。然後這些被試者，或者是回憶寬恕對方的體驗，或者是回憶不寬恕對方的體驗。寬恕意味著原諒對方，同時讓負面情緒逐漸地消失，並爭

取和對方和解；而不寬恕就是讓被試者不斷地重複被傷害和憤怒的心理。研究者希望這些參加實驗的被試者關注在這兩種狀態下他們的思想、感情和身心反應的變化。結果發現，所有參加實驗的人都能夠記憶到負面傷害，包括被拒絕、被欺騙，或者被自己的朋友、情侶或者是家庭成員所侮辱。實驗總共歷時兩個小時，被試者的所有身心反應、口頭報告、行為表現、情緒活動，以及面部表情都被記錄下來。結果非常明顯：寬恕條件下，人產生更多的健康的身心反應和情緒反應相關；在不寬恕的實驗條件下，被試者更多體驗的是負面的和強烈的憤怒和悲傷；而那些要求儘量寬恕別人的被試，報告出更加積極主動的同情心和寬恕之心。

　　研究者還發現，在不寬恕的條件下，被試者的皮電、肌電圖顯示出更多的不規則的行為，測量出的緊張程度也更加明顯，眼睛和面部也顯示出很多負面情緒的表現。讓人不安的是，很多這樣的變化，一直延續到實驗結束之後的恢復時期。相對而言，在寬恕的條件下，皮電和肌電的活動情況都相對較低，交感神經活動的喚醒也較少；同時，血壓也明顯降低。這些研究充分證明，長期的不寬恕比較容易導致不健康的身心狀態。由於負面的身心反應如此強烈，所以，不寬恕是消極的、不健康的心理狀態，應該儘量加以避免。

　　仇恨，是我們生活中最主要的毒化劑之一，而寬恕則是讓這種毒化劑逐漸稀釋的因素。真正的寬恕，其實還真的不是有利於那些傷害我們的人，讓他們占什麼便宜；也不是要顯示我們的寬宏大度，滿足我們的虛榮心。寬恕真正的受益者是我們自己，它讓我們自己更加健康、快樂和幸福。

　　由此看來，寬恕是一種生命的智慧，是人性中的一種偉大情感。認識寬恕、懂得寬恕、學會寬恕、選擇寬恕、踐行寬恕，應該是超越傷害、憤怒、痛苦、悲傷與仇恨的不二法門。對寬恕心理的研究和普及，不只是對我們個人的身心健康有意義，而且也可能對我們解決社會問題，甚至世界範圍內的階級對立、種族衝突、社會暴力、團體糾紛、家庭爭執以及日常生活中人與人之間的傷害等都有積極的借鑒和指導意義。

　　當然，我們提倡寬恕之心，並不是說所有的過錯都是可以寬恕的，更不是否認法律、公正在社會生活的重要性，我們只是講在人與人之間的關係和社會成員之間的關係時，寬恕是一種積極正面的心理能量。所以，寬恕那些傷害我們的人，它能使我們更加卓越、優秀、快樂和幸福，也能讓我們華人社會充滿積極的正能量，讓我們的愛超越階級的仇恨、意識形態的分歧、種族之間的猜疑和人與人之間的傷害。

　　我們的社會需要積極的寬恕之心。讓我們學會寬恕那些讓我們傷心、失望、痛苦和憤怒的人。寬恕他們，解放我們，成就大家，造福社會！

第 33 講

# 美德之巔──真實的感恩之心

　　「感恩」的英文「gratitude」來自拉丁語「gratia」，它的基本意思應該與「grace，graciousness，gratefulness」是重疊的。也就是說，它代表著一種優雅的、神聖的感激之情。

## 感恩之心的體驗

　　由於我們現在身處物欲橫行、焦慮煩躁的社會時代，人們關注更多的是自己缺什麼，或者別人有什麼而自己沒有，從而使得感恩之心不容易產生。因為感恩往往是對自己曾經或正擁有事物的一種欣賞。當人們關注自己沒有什麼東西的時候，內心充滿的是不滿、憤怒、焦慮和鬥爭；但是，當人們感謝自己所擁有的東西的時候，內心充滿的是滿足、幸福、意義和仁愛。因此，感恩

一定是建立在擁有感的基礎上，而不是建立在「稀缺感」的基礎上的。

　　感恩也是人類靈性和善性的體驗，它使人們意識到有一些在自身之外的他人存在、自然的存在和神、天等的存在。這些存在給予人們很多的益處、善意和德行，同時人們也不覺得虧欠他們任何東西。

　　所以，感恩之心不是什麼特殊的技巧和方法，它是人類的一種複雜的、優雅的、道德的體驗。因此，有人把它定義成心靈的回憶、人類的道德記憶，還有人把它稱為「美德之巔」。

## 感恩之心區別於報答之心、欣賞之心

　　我們經常把感恩之心和愧疚之心、虧欠之心連在一起。愧疚之心或者虧欠之心，它是一種有陰影的或者受局限的義務之感，代表的是受惠人對施惠人的一種心理上和情感上的義務。這種愧疚、義務之心在中華文化裡面通常以報恩、報答之心來體現出來。這種精神是好的、有意義的、正面的。但是，**感恩本身是不牽扯到任何報恩的因素在內的**。因為認識到別人的恩惠是一件幸福的事情，但意識到我們自己是被迫去做往往是一件痛苦的事情。所以，報答之心有的時候會驅使受惠的人對施惠人產生迴避

或者不滿的心態。因此，報答與感恩的體驗是不同的。

當前有些感恩教育過於強調「報答之心」的意義和作用，特別是在年青人身上灌輸「感恩教育」就是所謂的「報答教育」，這其實是一種思想控制而不是在培養感恩的心態。因為真實的感恩不是感人，而是對人們所擁有東西的一種滿足，是一種快樂的、輕鬆的、幸福的體驗，它伴隨人們的是心理的放鬆，而不是心理的壓力。

「感恩之心」也應該與「欣賞之心」有所區別。「欣賞之心」代表的是對人類具有的好人好事等優良美德的認可和欣賞，但感恩更多的是具備人性的光輝和敬畏的心理體驗。

言外之意，很多感恩之心的產生是意外的收穫，或者是當施惠人的社會行為比較高尚的時候，人們產生的一種敬佩、敬仰和崇敬之心。因此，感恩應該是有這樣的一種崇敬成分在裡面。

所以，在感恩的體驗中人們一定要有一些情感的體驗，沒有情感的體驗往往只有欣賞之心。但如果人們對他人所做的事情和所給予的幫助有所感動，感恩之心就會油然而生。因此，在那些教過我們的老師中，讓我們感動的不一定是那些好老師，而是那些激勵了我們、昇華了我們、鼓舞了我們的老師，因為他們讓我們動心、動情、動感。

換句話說，如果人們的感恩之心是真實的感恩，而不是報答

的義務或者是對他人的欣賞，人們應該能體會到一種快樂、神聖、熱情、同情，而不應該感覺到絲毫壓力、焦慮、傷心、孤獨、後悔、嫉妒，因為所有這些都是和感恩之心不相容的情緒體驗。

因此，感恩之心最大的心理效果，就是讓人們不去關注自己缺什麼，而是關注自己有什麼；同時，讓人們更加關注別人而不是自己。正是因為這個原因，西塞羅（Cicero）就把感恩之心當作人類的道德巔峰，因為它是所有人類其他美德產生的根源。

## 關於感恩的科學研究

積極心理學為什麼重視感恩的研究呢？是因為我們已經有大量的證據指出，感恩之心強烈的人，通常對生活更加滿意，行動的動機更加強烈，而且更加健康，睡眠也更加充足，焦慮、抑鬱、孤獨感都會下降。感恩的人更加容易融入生活、融入人群，和大家和諧相處，也更多地接納自我和個人的成長，有更強烈的目的感、意義感和道德感。

根據我和我的北京清華大學心理學系博士研究生劉冠民的研究還發現，感恩之心強的人其實對自己的接納也更加正面、積極，更加喜歡自己，更加願意為自己和他人的共同利益而奮鬥。

　　積極心理學之父——美國賓州大學心理學家馬丁‧賽里格曼教授做了有關感恩的積極心理效益的研究。他測試了參與過積極干預的411個人的效應，比較了那些寫過「感恩信」的人和其他一些隻寫過「自傳」的人，研究他們之間的幸福指數有什麼差異。結果發現，寫過「感恩信」的人，他們的幸福指數有顯著增加，而且這些幸福指數可以一直持續一個月左右。

　　另外還有研究發現，感恩和工作效率有密切的關係。那些在月底給自己的員工寫一封感恩信的領導，可以顯著提高自己手下人的工作積極性，讓生產效率提高20％。

　　賓州大學的華頓（Wharton）商學院的教授還做過一個有趣的研究，就是把大學裡的勸募工作人員分成兩組，一組人按照傳統的打電話給學校校友的方式來籌集資金；另外一組在打電話之前，接受了學校有關慈善募捐項目負責人的激勵感恩講話。結果發現，那些聽過感恩講話的員工在後來一個星期內比那些採用傳統方式籌集基金的人，多收了一半以上資金。

　　正是因為如此，東方文化和西方文化都特別強調感恩的作用，在哲學家休謨看來，人類最好的生活品質就是感恩之心。他認為，「不感恩是人可以做的最恐怖和最不應該的惡」。哲學家康德也認為，「不感恩是所有邪惡之源」。

## 培養感恩之心的方法

那麼，如何培養我們的感恩之心呢？

**第一，經常記錄下值得感恩的事情。**美國加州大學河濱分校積極心理學家索尼婭・柳博米爾斯基（Sonja Lyibomirsky）認為，人們可以經常記錄一下值得感恩的事情，即每週花點時間去想一想有哪些事情值得感謝。這樣的感恩記錄能夠增加人們的心理動機，能夠忘掉痛苦和疲倦。每天記一下生活中有哪些小小的快樂，包括和自己親人的擁抱，和孩子的一次微笑，甚至是一個舒服的淋浴，或者是幫助自己的小孩做作業，所有這些都會讓人們意識到：生活中的點點滴滴都是值得感激的。

**第二，使用正確的語言表達。**根據心理學家安德魯・紐伯格（Andrew Newberg）和馬克・沃爾德曼（Mark Waldman）的研究，他們發現，人們日常所使用的詞彙其實都可以改變人們神經系統的活動，在他們的《語言可以改變你的大腦》（*Words Can Change Your Brain*）一書中提到：有些正面的詞彙，比如說「愛、和平、感激」等，它可以激發人們大腦前額葉的神經衝動，讓人們更加智慧，更加聰明，更加願意從事有利於他人和自己的行動，而且人們的心理抗壓能力也更加強大。

**第三，回憶。**感恩是人類的道德回憶。因此，回味那些在我

們生活中幫助過我們的人，我們城市人的善良、道德、崇高、偉大的行為，不是大還是小，都對我們的感恩之心有很大的幫助。

　　**第四，寫一封感恩的信，或者是打一個感恩的電話。**美國加州大學戴維斯分校的心理學家羅伯特・艾蒙斯（Robert Emmons）和美國邁阿密大學的麥克・邁卡羅（Michael McCullough）就曾經做過一個實驗，發現構思和撰寫一封感恩信或者是感恩的訊息，都可以讓人們產生一種正面、積極的心理體驗，不在乎他們是不是把這封信寄出去了，僅僅是在寫作、創作這封信的時候，所體驗到的正面、積極的心情，就會讓他們充滿感恩的情緒。

　　但是，感恩之心和一個人原來的心理狀況或者心理成熟度有很大的關係。有研究發現，那些離過婚的中年婦女，不論寫不寫感恩信，她們之間的幸福狀況都沒有明顯的差異，說明感恩本身不能夠改變一個人生活中的磨難。因此，有痛苦與有磨難一定要去解決問題，感恩對於我們生活正常的人來講，可能效果更明顯。

　　還有研究發現，兒童或者青少年給幫助過自己的人寫感謝信，往往能夠讓對方變得更加開心和幸福，但不能改變這些年輕人自己的幸福指數，因為孩子和年輕人情緒成熟度達不到一定的地步，很難理解感恩的心理效應，說明感恩真的是需要後天修煉和修行的一種道德。這也就是為什麼有些小孩子不知道說「謝

謝」，我們以前沒有意識到感謝他人其實是與情緒的成熟緊密相連的，這也就意味著感恩之心可以培養。

**第五，和充滿積極心態的人在一起。**人類是一種社會性動物，因此，別人對我們的影響要比我們想像的大很多。和善良的人、有道德的人、有積極心態的人、充滿感恩之心的人在一起，我們無形之中就會受到他們的感染和影響。如果你的朋友是充滿感恩之心的人，那麼，你也一定會充滿著感恩之心。他人的正能量有神奇的傳染和感染作用，因此，經常和充滿正能量的人在一起，和學習積極心理學的人在一起，我們就可以變得更加積極和感恩。

大量的心理學研究已經發現，已婚夫婦如果經常和快樂的夫妻待在一起，那麼，他們之間保持積極、快樂、幸福、正面婚姻關係的可能性就大很多；如果和不快樂的夫妻待在一起，他們就一定會受到負能量的影響。因此，學習積極心理學，與積極心理學為伍，對人們的健康、幸福、感恩都有積極、正面的促進作用。

**第六，養成回饋社會的習慣。**這種回饋不是簡單地回報給我們施恩的人和事，而是效仿他或她的精神和行動回饋社會、回饋其他人。真正有道德、善良的施恩的人，都不是施恩望報之人，他不希望也不需要別人的回報，但肯定很樂意看到其言行對於別

人的影響，讓別人去回饋其他更多的人。這才是感恩的真實意義。感恩不是一種回報和義務，而是一種感染和昇華。培養我們感恩之心的目的，就是我們的回饋。

　　因此，在這個充滿感恩意義的日子裡，我要特別感謝多年來許多支持積極心理學發展的朋友、同仁和愛好者，當然也要感謝幫我整理這篇文章的吳衛國同學。謝謝你們！

第 34 講

# 信任之心──有益還是有害？

　　不知各位有沒有聽過一個稱作「馬克思自白」的遊戲。

　　據說是馬克思的女兒燕妮和表妹南尼達請馬克思填寫的一份心理問卷，總共20道題，詢問的是有關人生、理想、價值、性格等方面的問題，比如：「你對幸福的看法……」，「你最喜歡的英雄……」，「你最喜歡的菜……」等等。因為當時年紀小，馬克思的有些回答我當時不是特別能理解，但又不敢質疑。現在想起來，很幼稚可笑。其中讓我小時候最困惑的就是馬克思以下兩個答案：

　　你最能原諒的缺點──輕信。

　　你的座右銘──懷疑一切。

　　我當時一直想不清楚我究竟是要懷疑別人好呢？還是信任別人好？後來考上了北大，陰差陽錯學了心理學，從此走上科學研

究的道路，懷疑、證偽、證據、證明已經成為我從事科學研究的座右銘。然而，我卻越來越願意相信別人；在不違背基本常識和事實的情況下，我多半選擇相信別人的動機、意圖和願望。現實越來越讓我認識到，謊言、詭計和欺騙可能只是他人保護自身利益的本能和控制他人的策略，其實是遲早要被識破的。

為什麼我要選擇這樣的行為風格呢？這可以把話題引申到學術上的一個類似問題，為什麼積極心理學要提倡信任之心呢？其實這就是心理學中信任研究的基本問題。

## 什麼是信任

從心理學上講，信任是人們對自己和他人的行為、對所屬的組織和制度，以及對與我們有意義的自然規律、道德秩序的一種積極的期待狀態。具體來說，信任包括對他人行為的以下預期：（1）尊重事實；（2）行為前後一致；（3）行事可靠；（4）理性地作出選擇和決定；（5）沒有自相矛盾的行為。值得強調的是：信任不是意識形態，不是政治、宗教或道德的說教，它是我們的生活方式、人生的態度、決策的風格，它對每個人都有意義。

# 我們為什麼相信別人

研究發現，以下幾個方面會影響我們是否懷有信任之心。

（1）個性：有些人天生就相信別人，有些人天生就不相信別人。

（2）經驗：生活閱歷可以增強或降低我們對他人的信任程度。對有些交往深度不夠的人，形象、聲譽、謠言、八卦等第三者提供的訊息就容易產生作用。

（3）類別：我們分屬不同的社會類別，包括職業、區域、政治傾向，人們更傾向於相信自己的同類。

（4）角色：我們容易相信某種角色的人。比如說我們更傾向於相信老師而不是相信商人，這完全是文化的誤導，而不是理性的判斷。某種意義上說，與其說是對角色的信任不如說是對社會體制的信任，因為必須達到一定條件的人才能在這種體制中擔任某種角色。

（5）規則：這是最理性的信任，它不是根據社會類別和社會角色進行判斷。判斷的理性規則就是看相信別人對於我們的意義和利益是不是最大，不信任的利益是不是最小。而要讓大家相信積極心理學呼籲的信任，我們就需要講一講相信有什麼益處。

# 信任有什麼心理意義呢？

## ① 能降低交易成本

　　從理性的角度看，做信任選擇其實與做其他形式的風險選擇是一樣的，即每個人都有動機作出理性和有效的選擇（也就是在他們的交易中使期待收益最大化、期待損失最小化）。越來越多的研究和實踐發現，被信任其實是利益最大化的可靠保障，不被信任帶來的社會成本是巨大的。比如説，研究表明，一個國家的經濟數據越可靠，它的行政管理成本越低，財政交易費用越低，從而能把財富更多地投入到經濟建設中去。同樣，一個人越誠信，我們浪費在防備、監督、控制所需的時間和精力就越少。

　　當然，還有很多的心理學研究發現，人是很不理性的。當不誠信反而被認為是天經地義的時候，我們不得不把大量的精力花在重塑社會規則上。反腐敗行動應該是一種正面的努力，以利於增加政府的公信力和人與人之間的信任程度。

## ② 正面的社會資本

　　自發的善意信任作為人的一種社會資本，其最重要的作用就是激發一種主動積極的善良，增加人與人之間的理解、體諒、互助和合作，以及職責之外的利他行為。同時，人們的公民意識、

集體意識、責任意識和共享意識都會得到提升。

### ③ 領導的有效性

　　長期以來，心理學家就已經認識到了群眾的信任對領導的極端重要性：

　　首先，如果一個組織中的領導人總是不得不對自己的做法進行解釋和證明的話，他們有效管理的能力將被大大削弱。

　　其次，由於監督不總是那麼有效，而且成本太大，領導者不能發現並懲罰每個壞人，同樣也不能獎勵每個真正的好人。結果，有效的組織行為就依賴人對整個組織的責任感，依賴於他們遵守組織紀律和規章制度，以及自覺自願聽從組織指示的程度。另外，當矛盾、衝突、困難和問題出現時，信任就顯得尤為重要。有研究表明，當人們信任領導的動機和意圖時，他們就更容易接受其解決方案和最後的結果，否則人們會懷疑、怨恨甚至反抗領導。

　　因此，從理論上來說，積極心理學認為，**信任他人是一種理性的、善良的、有效的選擇**。關鍵是，我們生活的環境、組織和社會必須也是理性的、積極的、有效率的。而這恰恰是一個「見仁見智」的問題。

第 35 講

# 什麼才是東方男人的情懷？

　　記得法國作家雨果曾經說過：世界上最廣闊的是海洋，比海洋更廣闊的是天空，比天空更廣闊的是人的胸懷。在這裡我們也可以引伸一下，比天空更廣闊的是人的情懷。正如東方人有東方人的特色，東方男人一定有東方男人的情懷。鷹擊長空，魚翔淺底，東方男人的情懷融合中華五千年的文化，厚重而不顯呆板，悠久而不顯冗長，別有新意，令人深思。在一年一度的父親節裡，作為兩個兒子的爸爸，我不禁思考起男人的情懷來。

## 父愛如山，仁者愛人

　　我們經常說，父愛如山。但是這不是一座壓你的山，這是一座挺你的山。我們站在山頭，才能看得更遠，才能更有底氣去逆著風向勇敢飛翔。

在男人的一生中，最先可能會遇到什麼樣的「生活磨難」呢？這可能是男人之間可以交心的第一個話題。**當男孩第一次面對自己心儀的女孩時，心中會湧起由興奮、狂喜、壓抑、焦慮和嫉妒等交織在一起所產生的複雜情緒體驗。**這樣的情感發生在年輕的男孩身上會導致什麼樣的後果？往往是男孩的父親非常擔憂的一件事情。

在大洋的另一端，英國歌手菲爾・柯林斯（Phil Collins）唱出了父親能夠給自己的兒子最真誠的告誡：愛要去追求，但不要癡迷。傷心，永遠是愛不可避免的伴侶。真正的愛人往往是在傷心之後出現的另外一個她！父親就像是矗立在我們身後的一座山，無論你會遭遇到什麼樣的困境，父親會永遠在我們的身後關注、支持、陪伴我們。

1989年，我赴美國留學的第一年，歌手菲爾・柯林斯正好發行了他那首充滿溫馨的歌曲──〈父親說給兒子聽的話〉（Father to Son）。這首歌曲收錄在菲爾・柯林斯1989年的專輯《鄭重其事》（But Seriously）中，由於該專輯中有他的代表作之一〈天堂裡的又一天〉（Another Day In Paradise），因此，〈父親說給兒子聽的話〉這首歌很少被人提起，但卻是我最心愛的歌曲之一。

柯林斯用低吟和耳絮的風格來唱出「Father to Son」這首歌，聽起來就像是父親在跟兒子說悄悄話，寓意著男人和男人之間一

種含蓄又低沉的情感表達。

　　歌曲的中心意思，是要告訴自己的兒子，在人生的旅途上，無論遇到什麼樣的事情，都要用一種堅韌不拔的精神去面對，即使是那些未知的、可能會讓你受傷害的事情。因為這些事情不是不可超越的，它們的影響也不是永遠的。只要你能勇敢地走下去，磨難就成了修煉，閱歷升華成資本，男孩就成長為男人。重要的是，父親的心，永遠都會陪伴著你、關注著你、凝視著你──這就是父親對兒子的愛。

　　容我在此將歌詞抄錄並翻譯如下。

〈父親說給兒子聽的話〉（Father to Son）
──菲爾・柯林斯（Phil Collins）──

Some where down the road, you're gonna find a place
在人生的旅途中，你會找到一個地方
It seems so far, but it never is
看起來如此遙遠，其實並非如此
You won't need to stay, but you might lose your strength on the way
在旅途中，你無需停留，但是你會覺得失去了繼續下去

的力量

Sometimes you may feel you're the only one

有時你會覺得自己是孤獨的行客

Cos all the things you thought were safe, now they're gone

因為你所有認為安全的事都已離你而去

But you won't be alone, I'll be here to carry you along

但是你從來不是孤身一人，因為我會一直與你同行

Watching you'til all your work is done

我會看著你，直到你實現你的夢想

When you find your heart, you'd better run with it

當你遇到心儀的人，一定要努力追求

Cos when she comes along, she could be breaking it

因為機會有可能瞬息即逝

No there's nothing wrong, you're learning to be strong

並不是因為你做錯了什麼，但是你要學習去變得更加堅
強

Don't look back

不要回頭觀望

She may soon be gone, so don't look back

雖然她也許很快就離開，所以沒有必要太過掛念

She's not the only one, remember that

切記，她不會是唯一的愛人

If your heart is beating fast, then you know she's right

當你的心跳加速時，你會覺得真愛就在眼前

If you don't know what to say, well, that's allright

你會發覺自己啞口無言，沒有關係

You don't know what to do

你也許不知道該如何去做

Remember she is just as scared as you

只要記住，她其實也和你一樣地緊張

Don't be shy, even when it hurts to say

不要羞怯，雖然我知道告白很難

Remember, you're gonna get hurts oneday, anyway

記住，你遲早會受到傷害，這就是人的成長

Then you must lift your head, keep it there

即使受了傷害，你也應該昂首繼續走下去

Remember what I said I'll alwaysbe with you don't forget

記住我說的話，千萬別忘記我永遠在你身旁

Just look over your shoulder I'll be there

我會在背後默默關心著你

If you look behind you, I will be there

當你回頭看，我就在你身邊

　　當時，我還沒有孩子，太太也還在大陸。當時覺得柯林斯把這樣一首特別平凡、簡單的歌唱得那麼溫馨、感人，又由於其中的單詞我基本都認識，所以，我就把它作為我學習英文的一首心愛的歌曲來播放。後來，太太也赴美留學，我們有了自己的家，並且很快有了兩個非常可愛、善良的兒子，就越加感受到這首普通的歌曲中所展現出來的那種人性的光輝。歌曲沒有進行空洞的說教，也沒有精緻的技巧，更沒有勵志的口號，只是平凡又質樸地傾訴了一位父親對孩子那種深沉的、男人般的理解、關懷、信任和同情。

　　雖然菲爾・柯林斯並不是東方人，但是他卻用歌聲唱出了東方男人，甚至是世界上所有男人的情懷，它恰似一種父愛，厚重如土地，無影無形，永遠在你腳下，幫助你走得更遠；可靠如山，無聲無息，時刻在你身旁，伴隨你奔向遠方！

## 美人之美，達人大觀

　　東方男人的情懷除了愛，應該還有一種朋友之間的情誼，為

了朋友情誼而甘願承擔風險、犧牲自己的氣度。我不禁想起了費孝通教授對潘光旦先生的保護，詮釋了東方人古道熱腸的仁義之風。

費孝通先生是中國社會學和人類學的奠基人之一。他有著特別偉大的優點：厚道、仁義。他曾總結過一個做人「十六字訣」，即「各美其美、美人之美、美美與共、天下大同」。

意思是，**如果要在生活中得到幸福，受人喜歡，一定要有自己的優勢，並且要儘量地綻放出來。同時，也要能成人之美，還要能欣賞、學習、吸收別人的美。一旦這樣，達到了交融、並蓄、共存，天下就可以實現大同，和諧安定。**

在大陸「文革」期間，費孝通先生曾接到「革委會」的指示：「你一定要把你的老師潘光旦找來，他是我們鬥爭的對象。如果你把他揭發出來，我們就立刻把你解放出來，並出任『革委會』的副主任。」

費先生原先是北京清華大學的教務長，後被打成了「右派」，沒有任何職務在身。現在有這麼一個大好的機會，可以一掃多年的「右派」陰影，還可以出任地位「顯赫」的職位。他只要做一件事情，就是把老師潘光旦揭發出來即可——潘光旦是北京清華百年歷史上四大哲人之一（當時，潘光旦、費孝通和吳文

藻及另外二人並稱中國人類學界、民族學界著名的「五右派」）。

　　費先生的老師當時藏在哪兒呢？其實就在費先生的家裡。因為潘先生當時已經重病在身，無人照顧，費先生就悄悄地把他安置在自己家裡。

　　在那個年代，費先生如果為了自己，把老師揭發出去，就可以一下子翻身，甚至「功成名就」。

　　但費先生一言不發。默默地回到了家裡，靜靜地抱了抱他的老師。此時的潘先生已經重病纏身，但連一丸止痛藥都找不到。最後，潘先生在費先生的懷裡溘然長逝。

　　現在回想這個場景，特別讓人潸然。費孝通先生曾哀歎道：「日夕旁伺，無力拯援，淒風慘雨，徒呼奈何。」男人的英雄氣概，不一定非得表現在打打殺殺，這種心胸的開闊、道德的堅守，也一樣是。

　　費先生書曾經手書一幅墨寶：達人大觀。「達人大觀兮，無物不可。」語出漢代賈誼，即用豁達大度的心胸來對待事物，就沒有不可接受的。「達」是自我修養、自我超越的為人處世之法。

　　達人大觀，大體意同《論語》中的「仁者不憂」「勇者不懼」，具備了仁善之心、豁達胸懷，自然，面對血雨腥風、刀霜劍雨，都能淡然處之。於內而不愧，於外則坦然。

費先生做到了。大師湯一介曾經說過，1949 年以後，他欣賞的人文學者只有兩位，其中一位就是費孝通先生。

1968 年，美國哈佛大學著名社會學大師丹尼爾·貝爾（Daniel Bell）排列出他認為對人類文化有重大貢獻的前百名思想家，其中唯一上榜的亞洲人是中國的社會學大師費孝通教授。

但不知從什麼時候起，「狼群法則」、「叢林法則」在社會上大行其道，受到很多人追捧。還有些企業家居然想要自己的員工都成為狼。他們忘掉了在漫長的生物演化過程中，是人類戰勝了狼群和其他野獸成為這個地球的主人，人性超過狼性，是不爭的科學事實！

自然法則下，「**適者生存**」；異性選擇中，「**美者生存**」；但真正長遠的，應是中華文化的智慧，「**仁者生存**」。仁者無疆，愛和義一定會讓東方男人的情懷更廣闊！

第 36 講

# 「尊重和幫助他人」是心理強大的標誌

　　之前看過一則新聞，講的是 2015 年 12 月 28 日下午，大陸甘肅省永昌縣一位中學女生，在當地超市偷了一塊巧克力被發現，之後受到店主和工作人員的百般譏諷和辱罵。雖然其父母得知消息後隨即趕往了現場，可是父母雙方掏遍了錢包都「不夠超市的罰款」，於是，父母也對她進行了責罵，不料孩子在大約一個多小時後跳樓身亡。

## 可怕的「非人化」加工

　　超市工作人員的做法肯定有其原因，但我覺得，無論如何，一個小孩偷了一塊巧克力，真值得我們如此大張聲勢、極盡羞辱之能事嗎？我經常在想：為什麼我們當前社會上總有些人會漠視別人的面子、尊嚴和情感，而採取欺凌、霸佔、侮辱、辱罵、痛

打等「非人化」的行為？他們到底是有著什麼樣的心態，才會使得他們做出這樣令人難以理解的舉動？那些所謂的規矩、條律和準則等「理由」，真的就比一個人的生命和尊嚴來得重要嗎？

在正常情況下，當我們與他人交往時，我們一般會把對方看作與自己一樣擁有自由意志、會感到快樂也會有痛苦的人。然而，有的時候，我們會否定他人存在尊嚴、情感、需求，也就是否定他人之為人，並對他人進行「非人化（dehumanization）」加工。就像菲利普·津巴多（Philip Zimbardo）教授在「史丹佛監獄實驗」中看到的那樣，人在特定的環境下就會變得「去人性化」，跟隨「路西法效應」變成惡魔。縱觀歷史，那些駭人聽聞的種族滅絕主義、大屠殺以及其他暴力行為都與「非人化」的心理活動有著密不可分的關係。這類人往往忽視對方的情感，對他們進行「非人化」的評判，把自己或者自己的族群凌駕於其他人之上。

除了合理化的侵佔行為之外，**「非人化」心理也常常使得人們心安理得地做一些壞事**：當人們得知他們所在的群體要為過去對其他群體的某些暴行負責，他們往往會「非人化」那個群體，以減少那個群體所獲得的同情，從而減輕自身的負罪感。「非人化」是很多人做壞事必不可少的心理準備。

## 情緒耗竭與「非人化」行為

使人產生這種「非人化」心理活動的原因是什麼呢？除了人品、性格、道德等穩定的人格因素之外，是否還受情境性心理因素的影響？最近一項新的研究結果表明，**「非人化」的發生可能還有一種與以往觀點所不同的原因——「情緒耗竭」**（emotional exhaustion）。

情緒耗竭是指由於過度工作或者過度壓力而導致身體與情感被過度消耗的疲勞反應狀態。這是由於心理疲憊而表現出自控能力和心理健康水準的下降。很多人在發生情緒耗竭之後，往往會引發多種逃避的行為：如抑制自己的同情心與同理心，或者認為那些處於貧困之中的人的未來與自己毫無關係、不需要給予任何的幫助。對他人的悲慘遭遇冷眼旁觀，不願意伸出援手，有可能是覺得自己無法承受在瞭解他人的遭遇時所帶來的心理壓力，以「避免情緒耗竭」。

有研究已經發現，對於幫助那些有社會污點的不幸對象（比如毒癮者），人們往往會體驗到更高的情緒耗竭，從而更容易導致「非人化」的產生。為此，研究者通過兩個心理學實驗來證明情緒衰竭與「非人化」行為之間的關係。

【實驗1】研究者準備了四段影片，每段影片分別描述了一個流浪漢的境遇，這個流浪漢或因吸毒而沒有人願意雇用他（A），或因某種不可控的疾病而失去足夠的工作能力（B），從而失去生活來源、無家可歸。變量A、B又分為生活困難情況（1）輕微與（2）嚴重兩種。即：A-1、A-2、B-1、B-2四種情況。每個實驗志願者將被安排隨機觀看其中的一段影片；然後，研究者以問卷的形式調查志願者是否願意幫助這位無家可歸的人，以及能否承受在幫助他的過程中遭受到的心理壓力（預期是否將引起情緒耗竭，以及耗竭的程度）。

此外，志願者還被要求對幫助對象的主動性（agency attribution，能動歸因）和被動性（experience attribution 體驗歸因）作出評價——對他人的能動歸因評價在一定程度上能反映「非人化」程度。

實驗結果表明，人們在幫助那些有社會污點的對象時，會體驗到更加嚴重的「情緒耗竭」。同時，那些更容易同情他人的志願者所感受到的情緒耗竭程度更甚。如果人們認為自身無法承受在幫助他人的過程中所遭受到的心理壓力，會選擇防禦性的「非人化」方式對待幫助對象（實驗中表現為對幫助對象給出更低的主動性評價，即較低的能動歸因），來避免自己產生情緒耗竭。

【實驗2】研究者使用了與實驗一相同的影片。不同的是,在影片的開頭處加了一句話:「根據此前的實驗,許多志願者認為即將播放的影片令人感到悲觀而絕望(有意義並有啟發)」。研究者預期,當人們在預先得知或瞭解他人悲慘遭遇的情況下,人們預期的情緒耗竭會得到減輕,在此條件下再次重複實驗一的操作。志願者被安排隨機觀看其中的一段影片後,再以問卷的形式詢問志願者以下三個問題:「您認為主人公遭遇的悲慘程度是多少?」「您對主人公的悲慘遭遇產生的同情程度是多少?」「您認為在幫助主人公的過程中你會產生悲觀情緒的程度是多少?」志願者被要求用數字1到5表示程度來回答這些問題。這一項評分證明預先提示對於預期情緒耗竭的緩解是有效的。

實驗結果顯示,在預期情緒耗竭受到調節的情況下,社會污點這一變量對主動性的評分的影響會減少,**證明通過緩解情緒耗竭的程度可以緩解「非人化」的影響。**

兩個實驗的結果均表明,預期的情感耗竭會促成「非人化」的發生。幫助更加不幸的對象以及幫助那些有社會污點的對象帶來更高程度的「情緒耗竭」的預期。因此,面對那些有社會污點的不幸對象,人們更傾向於進行「非人化」,以減少自己內心的

情緒耗竭，從而做到對自己情緒狀態的保護。

由此，我們懂得了「非人化」的產生與情緒耗竭有很大的關係。這在某種程度上來説，很多對別人苛刻、冷漠、無情的人，其實內心也充滿了痛苦、陰暗和心靈的枯萎。很多人不願意幫助、照顧和愛護其他人，可能也是一種自我保護的本能，也許是受以往痛苦的負面經歷的影響。這些人都需要積極心理的滋潤。

同樣的道理，對於喜歡幫助別人的人，我們也要注意情緒耗竭的影響。尤其需要意識到幫助那些特別需要幫助的弱勢群體時可能會給我們帶來情緒耗竭，這和個人的道德、覺悟、人品無關，恰恰是一種正常的心理反應。知道這些心理影響才能保證我們內心的強大，不至於以後 現逃離和冷漠等負面反應。

每個時代固然都有它的一些病灶，這個時代也不例外——由物質高速發展和文化斷層所帶來的社會病症引發了社會關係、社會心理和個人生活方面的種種問題。正如狄更斯所説：「這是最好的時代，也是最壞的時代。」英國工業化過程中曾遭遇過的問題，在大陸也基本上一個不漏地都遭遇到了。常言道，「出來混總是要還」的——雖然以經濟發展為中心的結果促進了中國大陸工業化的發展，並為大眾帶來了諸多的進步、便利和富裕，但也不可避免地帶來了很多的問題、困境和災禍。像一部大陸電影《老炮兒》就揭露了一些特有的現實問題，如看病難、養老難、

生存難等，還有電影所展現出來的部分民眾對他人的不尊重、不愛護、不關懷、不欣賞、不支持等情況，讓人深為惋惜！

魯迅先生在〈拿來主義〉中指出，人並不是可以一味付出而不索取的，幫助他人會消耗我們積極的心理能量或情緒。因此，在幫助不幸者時，我們自己首先要心理健康與幸福；同時，我們也要關懷、愛護、欣賞那些經常幫助別人的好人，讓他們的積極情緒永不衰竭，也避免陷入「非人化」誤區，從而讓正面的能量永遠充滿我們的人生！

第 37 講

# 自信、自卑、自負的邊界在哪裡？ *

　　作為一個純粹的心理現象，「自信」已被演繹成一種社會現象。假如人真的是一種社會性動物，人的自尊和成就感至少有很大一部分來自於他人的積極評價和認可。馬斯洛（Maslow）在《動機與人格》中寫道：「**最穩定和最健康的自尊是建立在當之無愧的來自他人的尊敬之上，而不是建立在外在的名聲、聲望以及無根據的奉承之上。**」遺憾的是，很多人並不能明白這個道理，過多地追求「聞」而非「達」，甚至不惜用欺騙或統計上的技巧來矯飾或烘托出尊嚴的幻想，實際上，這都是不自信的表現。

　　想做一個自信的人，難乎哉？其實不難。

---

\* 　根據鄧中華的《自信的心理學探討》改寫，《自信的心理學探討》一文首發於《中歐商業評論》。

# 一個人自信是什麼狀態

心理學家認為，自信往往體現在三個方面。

**第一，認知方面**。判斷、分析、認識事物時有一種比較強烈的積極、樂觀甚至偏高的估計，對平常人認為不可能的事情覺得可能，別人做有難度的事情覺得不難。這種誇大好事發生在自己身上的機率，我們把它叫做「玫瑰色幻覺」（rosy illusion）——看任何事物都帶有一種玫瑰色彩，這是認知方面的自信。

**第二，情感方面**。自信的人永遠有一種向上的、快樂的、積極的心態。

**第三，行為方面**。自信的人在行動上一般是願意做事情、願意跟人來往、比較外向、比較喜歡嘗試、冒險的。

總之，自信是看得見、摸得著的，所以，它不是一個純粹的抽象概念，而是一個具體的行為概念。**自信的關鍵在於度**。

以前，我們總覺得自信是一個問題，是不準確，是認知偏差；現在，更多的心理學研究發現，自信特別重要。

心理學家莎莉·泰勒（Shelly Taylor）在20世紀80年代做的一系列研究發現，自信的癌症病人要比那些不自信的癌症病人多活很長時間；自信的年輕人，20年之內賺的錢要比那些不自信的

年輕人多一倍。所以，自信是一件非常好的事情。

　　當然，過度自信也不行，這會讓我們犯些判斷錯誤，讓我們輕易冒險，愛誇大自己的魅力，無法認識到社會的現實，不夠踏實。所以，自信也是一把雙刃劍，用得好，無論身心健康還是經濟回報都有意義，用得不好，也可能傷到我們。

## 領導對員工的優勢感，哪些源於自信？哪些源於自負？

　　究竟什麼是自信，什麼是自負？這要取決次對他人的態度。**自負的人，往往很難形成有效的社會關係**，而自信的人是可以形成有效的關係的，因為他以積極的態度對待事物及他人。在社群關係和組織中，進行一些簡單的文明教育、禮貌教育，尊重他人、理解他人，都對控制自負傾向有好處。簡言之，過分自負是對他人的不厚道。

　　「泰山崩於前而面不改色心不跳」的人，是自信的人嗎？這是堅強，是淡定，跟自信沒有關係。當然，這種人給別人的印象是特別自信。但淡定在很多時候不完全是自信。有時候，在責任面前，我們也能面不改色心不跳。比如，媽媽為了保護自己的孩子，能夠挺身而出，泰山壓頂，也不變色，但她在生活當中很可

能是一個非常不自信的人。在那種特殊的緊要關頭，自己的責任感就體現出來。總之，冷靜和自信是不同的。

## 自信有根柢嗎？

自信是一種比較穩定的個性特質。

自信的人是不太容易變化的。但是，現代心理學已經知道，所有的人類行為，都不完全是由自己的性格決定的，一個自信的人，在殘酷的現實面前，也可能不自信。性格對人類行為的影響，也就是30％至50％的水準，也即大部分的人類行為，都是由內在特質和外在環境共同決定的。

決定自信的因素有三個。

**第一，既往的成功經歷。**如果一個人一輩子都很順，做什麼事情都能做成，有這種天賦或能力，那麼自信就一定能夠體現出來，所以自信在很大程度上就是你走過的路積累出來的，而不是靠自己的膽識造就的，是後天形成的一種特質。

**第二，有一個比較寬容、支持、理解的環境。**因為自信必須來自對人的肯定，如果身處在一個老打擊你的環境裡，自信是很難產生的。

　　**第三，要在自己力所能及的範疇之內。**比如一個人生長在一個地震頻傳的地方，再自信，也不一定能存活下來。所以，人的自信是有領域特殊性（domain specific）的。

　　成功商業人士，為什麼會順從「心靈班」的洗腦？這是場景對人行為的影響，是精神控制、綁架和洗腦。

　　其實，人有的時候是很脆弱的。在特定的環境面前，在同伴面前，在一些情緒衝動面前，我們很容易被控制。所以，一定要警惕。現在社會上有太多功利主義的人，通過一些思想控制方法，做一些傷害人的事情。我的看法是，一定要培養科學精神。

　　華人社會中部份人有些過份的自信，老認為科學的東西太虛幻，有個重要的原因是文理分科，導致很多科學家把話說的不清楚，對社會有價值的事情也做不了，只會講專業術語；而普通老百姓，又對科學敬而遠之。在我看來，一定要有科學精神、相信自由意志的重要性。任何事情如果不讓你自己來做選擇和判斷，就要懷疑它。真正的科學都可以讓你來做選擇。比如，某種藥吃不吃，我可以決定；手機用不用，用哪個品牌，都是可以選擇的。所有不能選擇的學術、觀點、方法、理論都是一種思想的控制。因此，上「心靈班」沒問題，但得有批評的機會，得有討論的可能性，還得有退出來的機制，否則就不要信。科學就應該是

要有這種自信，迷信者才會不喜歡人們對其選擇做批評。

## 過於自信的人「長什麼樣」

　　諾貝爾經濟學獎得主、心理學家丹尼爾‧康納曼在一篇文章中指出，經常進行直覺式思考的人更自信。

　　因為直覺絕對是跟理性、科學相違背的。康納曼先生關注的是自信的認知方面，沒有討論自信的情感和行動。

　　另外，他關注的是過分自信，而過分自信的人容易相信直覺而不相信科學。證實性偏見在認知意義上講，只是相信一些證明自己對的材料或證據。但是，自信的人有的時候也會有這種偏見，不自信的人也有這種偏見，只不過方向不一樣而已。當然，因為人本身就有規避風險的天性，不自信的證實性偏見在程度上可能更強一些。進行直覺式思考是非常普遍的，最典型的就是陰謀論。商業界很多事件發生之後，一些人總會毫不猶豫地認定背後有許多玄機，儘管一點證據也沒有。這種心態的根源到底是什麼呢？

　　這種心態的根源，有正面的，也有負面的。正面的根源就是對國家、對民族命運的擔憂，有愛國的情操、憂國憂民的情懷在其中；負面的東西，就是對對方不瞭解，對未來不清晰，不夠自

信，所以總覺得別人一出手就會害我們。我經常講，假如你認為人家可以害你、欺負你，你也可以反制、反欺負，難道不是嗎？我們為什麼不能反制他人？老怕人家欺凌我們、毒害我們，為什麼我們不能欺凌他、毒害他呢？兩相比較，還是負面的作用多一些。

儘管我們所知道的所有事情都是不客觀的，都有主觀判斷的成分在其中。我們仍然可以通過一些方法來改善。

第一，要訂一個相對約定俗成的客觀指標，通過這個客觀指標，使證據都在可控的範圍之內；

第二，用邏輯、科學來反思那樣的想法對不對；

第三，要明確大家在討論的是相同的概念和實質。很多辯論最後變成人身攻擊，但其實多是自說自話。

我們現在的社會心理不是特別寬容，不太願意承認少數意見、不同意見，通常把那些批評當做人身攻擊，甚至上綱到政治層面上。但是，中華傳統文化其實是很寬容的，「己所不欲，勿施於人」，現在反而被當代華人忽視甚至拋棄了。

「五四運動」的兩大訴求——「德先生」（民主）和「賽先生」（科學）在當代中國都做得不夠，一百年了，仍沒有取得和時間相匹配的進步。本來，中國大陸在賽先生上是有進步的，因為我們搞唯物主義，應該提倡科學精神，但是後來，我們卻不太

關注唯物主義和馬列主義，所以賽先生這個理想現在下降了。而問題的關鍵是我們的教育，只教技巧、方法和知識內容，從來不教知識後面的科學思想、邏輯和原理，儘管賽先生的內容有，但精神沒有。所以，還要在「賽先生」的實踐方面一起努力。

## 如何提高人們的科學精神

首先，在小學、中學、大學教育體系裡，要多介紹一些科學精神，而不只是介紹一些科學的知識。其實，科學精神就是證明精神，一定要有求證的欲望；同時要有批判性思考，也就是如何證明一種看法、觀點對不對，很多老師甚至都不許孩子們去懷疑他說的內容；另外一點是數據精神，目前還是有很多不講數據，不講證據，只講故事，只講看法，甚至有的時候就喊很多口號的教育現場。口號只是一個語義，而語義可以隨意解釋。比如「自由」，有人可以說它是自由意志，我也可以認為它是放縱。因此，口號沒有科學的意義。科學的「三證」精神——證明、證據、證偽，這些我們都有不足，需要強化。

其次，要強化邏輯訓練，邏輯不僅僅是一種哲學，更是生活的問題，很多時候，我們在生活中都是不講邏輯的。我建議大家可以多學習一些心理學，因為心理學講統計，講大數據原則，所

以有很多理性。而且，人們的需求也達到這個層次了。比如，為什麼「羅輯思維」（大陸著名的網路知識課程媒體）那麼受歡迎？因為我們缺少它；為什麼心理學現在熱起來了？因為也缺少它。但我們的教育部門和老師的反應有些滯後，所以給了很多江湖人士或市場人士機會。商人還是很精明的，知道市場需求是什麼。

再次，科學家對社會事務的參與不足，科學家在重大的社會問題上不發言、不出聲，其實就是自私自利，只在象牙塔裡發文章、拿經費，一點社會責任心都沒有。在很多國家，科學家才是社會公共知識分子，因為他們是用科學的方法去分析社會問題。在中國大陸，所謂的「大V」（指那些社交或媒體平台上十分活躍、又有著大群粉絲的公眾人物）很多都不是科學家，這是不太正常的。本來，公共知識分子是一個正面的詞，是有知識的科學家積極地以科學的態度參與社會事務的行為。但在有些網路媒體上，所謂「公共知識分子」就是敢說的人，一個普通人罵罵政府也就成了大V？這是一種非理性的現象，是社會的非理性，而不是某個人的非理性。誰都可以說話，表達意見，但不是誰都可以成為真正的意見領袖。

自信的人，由於在某種程度上比較快樂、積極，因此在道德上更寬容，而不太拿道德大棒去批判他人，不自信的人卻往往更

為嚴苛。

　　道德分為兩種，一種是天然道德，也就是人類的本能，例如不殺人，不傷害別人；另一種是社會道德，也就是社會公德，那些不自信的人更喜歡用社會道德來維持自己脆弱的自尊心。這就是為什麼那些被丈夫拋棄的女人會更厭惡及辱罵第三者，為什麼那些沒有女朋友的「憤青」更偏好罵「貪官、包二奶」之類的行為。所以，也就有人說，道德是弱者的避難所。當然，以德為先是中華民族的優良傳統，但要警惕以道德的名義去傷害別人的傾向。

## 如何改變弱者心態？

　　首先，破除習得性無助，比如，儘量嘗試做一些有效果的事情，做一些小但馬上能見到結果的事情，不斷強化自己的自信心和能力，不斷地修煉、積累成功的經驗。

　　其次，選擇寬鬆、理解、同情的環境，這個地方不容我、不支持我、不欣賞我，那就換個地方，「樹挪死，人挪活」，這就是為什麼一個自由的社會是比較寬容和有道德的社會。混不下去了，換個地方，最終一定能找到真心支持自己的環境。

　　再次，換一個工作，換一個領域，換一個方向，可能時間很

長，平常可以有很多小的技巧，喝點酒、聽點音樂、鍛煉身體，等等，身體健康了，心態也會積極些，人也會更自信。

但是，有時候整體環境惡劣，「黑天鵝」、「蝴蝶效應」頻現，更需要學習一點積極心理學。知識真的可以讓我們產生力量。而且，心理學的知識和其他知識不一樣，跟我們的生活息息相關，馬上就可以用。用多了以後，自己還可以琢磨出許多技巧。多學點心理學，多找一些朋友，多有一些別人不可替代的技能，等等，都是有效的做法。

## 「危機意識」是正面還是負面的？

我不是特別懂「危機意識」，也不知道它有什麼正面的作用，所以並不特別喜好這個概念。另外，這裡善意提醒一些總是特別強調危機意識的人，自信不表示盲目。如果你不盲目，應該發現有些問題是能看得到的。被非理性設定的危機意識引導的人覺得總有人要害你、整你、顛覆你，總想到自己的不足、不滿、不如意，這怎麼能積極呢？怎麼能自信呢？

危機意識作為一種防備心態和防禦心態，可能有保護自己的作用。但做成事業的人，一定是把自己的優勢發揮到極致，在承認弱點的同時，弘揚自己的優點。**只有把優勢發揮好了，才能事**

半功倍；總在關注缺點和問題，就想不到自己的優勢，就會事倍功半，而且會有惡性循環。

## 自信和創新有關係嗎？

哈佛大學心理學系有位女教授特里莎・阿瑪碧爾（Teresa Amabile）研究特別有創造力的人三十多年。她的結論是，**人在積極、快樂、陽光的狀態下更容易出創新的結果，人在警惕、焦慮、著急、挑剔的情況下難以創新**。所以，人其實是在自信、快樂的時候容易有好成果的。一般人可能不知道，有些90歲高齡，在常人眼中應該頤養天年的科學家還在全球頂級科學期刊上發表文章。很多年輕人想不到、做不到的事情，一些90歲的人卻能做得到！我覺得是和自信密切相關的。

那麼，有人會反問，梵谷為什麼會創新？

兩個原因，第一，梵谷的問題不是不自信，而是因為他有精神疾患。精神疾患在沒有表現出來的時候，患者都不知道自己有病，梵谷是很快樂、很積極的，所以不能把不自信和精神疾患等同起來；第二，梵谷在他的領域，在某種意義上是一種特殊的創造者，自信不自信基本上都不重要，因為他是天才。但是，對普通人來講，自信比不自信要好。

第 38 講

# 到底是不自信還是過度自信？

## 中國人真的不自信嗎？

曾經有幾位學者來信和我討論一個引發大量點閱觀看的影片：「中國人為什麼不自信？」

我的觀點是：第一，我對這樣的標題不是特別同意，因為「中國人」這個概念不是可以隨便使用的。中國是一個多民族的、複雜的、多利益衝突並且沒有統一信仰、意志、行動的大國，很難一言以蔽之。因此，從科學心理學的角度來講，這樣的表述是不夠嚴謹的。第二，自不自信是心理學的問題，而該影片談的是政治態度問題，不應該與個人的心理自信問題混為一談。政治自有政治科學的規律可循，心理學當然也有自己的研究發現和理論總結。

## 關於自信的文化差異

　　的確，針對「中國人自不自信」的問題，心理學家已經做過很多研究。1983年，當我剛在北京大學心理系任教的時候，美國密西根大學心理學系教授法蘭克・耶茨（Frank Yates）應邀來北大訪問，講授「人類的決策心理」。他當時就給我們發了一套心理問卷，正好就是「自信心理的客觀測試」。這套問卷不像通常的心理學問卷，只詢問了一些特別簡單、稚氣的問題（比如說你幸福嗎？你自信嗎？等等，人們對這些問題的回答往往是模棱兩可的）。而我們心理學家其實很排斥用這種簡單的問卷法去調查人類複雜的、微妙的和動態變化的心理活動。耶茨採用的方法是通過詢問人們對一些客觀問題的回答，來間接推測其自信程度。

　　其中有一道問題是這樣的：

馬鈴薯在什麼樣的氣候環境下成熟得更快一些？
A・寒冷的氣候　　　B・溫暖的氣候
請你分別選擇A或者B，並判斷一下你回答及選擇這個
答案的自信程度。

　　後來，法蘭克・耶茨報告了他在北京大學心理系及其他院校

所做的此類調查的結果。意外地發現，中國大陸學生在回答這些問題時，表現出比美國大學生更加強烈的「過度自信」傾向。也就是說，對這些問題的回答，中國的同學反而是特別自信，遠遠超過美國大學生對自己答案的自信水準。這就是心理學研究中早就發現的──亞洲人，特別是中國人經常表露出來的「過度自信」傾向。

在此之前，英國心理學家菲利浦和勞倫斯就報導過類似的發現。其後也有很多類似的研究。基本的結論就是：起碼在對有關「知識」、「機率」、「趨勢」、「規律」等問題的回答上，大多數中國人的自信程度往往是比較高的。

為什麼會出現這樣明顯的文化差異呢？耶茨等人推斷認為，是由於中國教育制度強調唯一正確的答案，使得學生不習慣進行批判性思考。因此，一旦確認某一個答案是正確的時候，我們就更願意相信自己已經選擇的答案，比沒有選擇的答案要準確得多。這種不善於從反例／反證的角度去思考的傾向，很容易讓我們產生「過度自信」的偏差。

「中國科學院心理研究所」的李紓教授，曾對新加坡華人和大陸的中國人在「過度自信」的差異方面進行了一系列的研究分析，也證明了這種文化差異主要是由教育所引起的，而不是由文化所引起。因為他發現，同樣是信奉中華文化的新加坡華人，但

由於新加坡的教育體系基本上是西化的，強調批判精神、科學精神和反證精神；因此，新加坡的華人學生在這類問題上的回答並沒有表現出「過度自信」的傾向。並且，這種文化差異也不是由語言所引起的。因為同樣說「福建話」，新加坡的福建人相比中國大陸的福建人，「過度自信」傾向要低很多。

曾經有段時間，很多文化心理學家，包括我自己都認為，雖然多數中國人在知識問題上、訊息判斷上、趨勢預測上表現出較多的「過度自信」，但在對自己的判斷上，如對自己的能力、智力、自尊心和自大傾向上不會表現出「過度自信」的偏差。可是，越來越多的新研究還是發現，在與「自我」有關的問題上，很多被調查的中國人也表現出類似的自信偏差。

李老師就研究了「自我和他人的比較」。以下為所用的問題之一。

如果你是一個隨機挑選出來的一百名大學生中的一員，你的性別也和這一百個大學生一樣。假設我們把這所有的一百個學生，按照畢業後獲得工作的日期早晚來排名的話，你覺得大概會有多少人獲得工作的時間會比你早（從0到99估計）？

　　按照理性的原則來講，如果我們自認為是普通人的話，那麼，我們應該估計有50％的人可能獲得工作要比我們早一些──50％代表的是一個正常的機率估計。但是，李老師發現，中國大陸的學生通常會估計只有27個學生會比自己先找到工作，而新加坡的華人學生估計會有37個同學比自己早獲得工作。顯然，大家都有一種強烈的自尊心，認為我們是屬於前40％的人。不過，中國大陸的學生對自己和他人比較的「過度自信」表現要比新加坡華人學生高10個百分點。

　　其實，放眼觀察我們周圍的人和事，我們就會發現，這樣的「過度自信」，在中國社會是很常見的。

## 實驗後面透視出「過度自信」的現象

### 例1：股市投資

　　例如在股市投資上，為什麼很多人相信自己一定會趕在泡沫破滅之前離場？為什麼會相信我們的能力會比經濟的科學規律還要有效，還要強大？為什麼我們都覺得自己在股市應該賺錢，而別人在股市應該接受虧損？就是因為存在這種非理性的「過度自信」，使得我們成千上萬的散戶在機構面前、莊家面前輸得一乾二淨。

　　產生對掌握股市變化盲目自信的重要原因，就是因為我們從來不想接收不同的看法、不同的意見，甚至連自己偶爾產生的不同意見，我們都會刻意地否定。當股市瘋漲的時候，我們特別喜歡看股市的變化、聊股市的變化、說自己賺多少錢，以此來給自己的自尊心增添一些證據。但當股市一片淒慘的時候，我們都刻意地迴避股市，不說它、不看它、不想它，以保護自己脆弱的自尊心。其實，在股市漲的時候，我們倒沒有必要過度關注，因為它總是要漲的；但是在股市低落的時候，反而要注意觀察股市的變化，以免自己損失過度。出現這種不對稱的行為，恰恰就反映了：為了維護我們自己的「過度自信」，我們甚至都不願意去瞭解現實、尊重現實、關注現實。

## 例2：面對自然災害

　　還有一種「過度自信」，就是對待惡劣的天氣、複雜的路況、自然的災害面前，我們也總是表現出「過度自信」的傾向。當飛機、輪船、汽車等交通工具，在遭遇到自然災害的危險之前，最理性的方法應該是迴避——停船、停飛、躲避、等待。但是我們很多的乘客，堅定地相信，自己不會是自然災害的受害者，自己永遠是那幸運兒中的一員。

　　在交通領域——航空公司、輪船公司、汽車公司，由於自

然條件而推遲、改變或等待的時候，我們表現出強烈的、非理性的反對意向，堅持任性地要求按照自己的意願去行事（典型如因天氣原因頻繁導致航班延誤，而引發的機場鬧事事件）。這些都是過度相信「好事一定發生在自己身上，壞事一定發生在別人身上」的虛假的自信心的表現。

因此，從某種意義上來講，我不同意「中國人不自信」的說法。我要強調的是，由於我們的教育理念和教育方法，使得很多人沒有形成批判性的思考，只會單方向地去思考某個問題。而一旦這個單方向的印象、傾向和偏好形成之後，無論多少的反面證據都不能改變他已經形成的、自我任性的觀念——這偏偏是「過度自信」最大的悲劇。

所以，我經常說，從事社會科學、人文科學、管理工作的人，一定要有科學的態度、寬容的精神、民主的方法，去聽取、接受、思索、關注不同的意見，特別是反面的意見，從而不會讓我們盲目地走上「過度自信」的道路。這種尊重不同意見的科學態度，是人類幾千年積累下的集體智慧的結晶，我們真的不能盲目自信地把它拋棄掉。

中國大陸的崛起需要理性、智慧和「有容乃大」的氣概。過度的自戀、自大、自信，其實是自卑的外在反映。所以不要總說

「中國人不自信」，中國人其實是很自信的。經常說這話的人反而
骨子裡可能有些潛在的不自信。

# 第 39 講

# 不忍測試的人性：人類能否在權威面前堅守良知？

　　1960 年 5 月 11 日，以色列情報部門摩薩德歷經 15 年努力，終於將二戰期間直接負責屠殺猶太人的德國戰犯阿道夫・艾希曼（Adolf Eichmann）逮捕，秘密運送到以色列受審，並由此而引發了人類思想上的一場大辯論。

　　在法庭上，艾希曼反復辯解說，他只是執行了命令而已。在生活中，他是個不抽菸、不喝酒、不受賄、不玩女人的所謂「好男人」。但在受他管轄的匈牙利，幾十萬猶太人被送進了集中營的毒氣室，而且每一個死亡令都是他親自簽署的。

　　著名思想家漢娜・鄂蘭（Hannah Arendt）出席了艾希曼受審現場，並由此發表了其影響深遠的作品──《邪惡的平庸》（*The*

Banality of Evil）——是指參與者的順從，面對罪惡聽之任之，助紂為虐。漢娜認為，其實在很多時候，邪惡的事多是由普通的凡夫俗子幹的。很多納粹黨員入黨時根本不知道希特勒的計劃，大多數人只是納粹命令的消極執行者。艾希曼在很多時候也沒有意識到自己在犯罪，他是滔天大罪下的一介平庸小官。

## 米爾格拉姆服從實驗

公審艾希曼也讓耶魯大學心理學教授斯坦利·米爾格拉姆（Stanley Milgram）感慨不已。他想知道：人類的良知在權威面前到底能不能堅守？1961年夏天，他在耶魯大學心理學系做了個研究，那就是著名的「米爾格拉姆服從實驗」。它證明了：人性中的善惡往往是在一念之間，在強大的權威面前，我們有時很容易放棄良知，被動地去做那些邪惡的事情。

【米爾格拉姆服從實驗】要求兩個被試者一起來到實驗室，一個被要求擔任「老師」進行提問，另一個擔任「學生」回答問題。如果學生答錯問題，老師被要求對學生進行電擊（學生是坐在對面的房間裡，實際上他不會受電擊）。期間的一些喊叫聲是米爾格拉姆播放的，聽起來就像是那個學生處於痛苦之中喊出

的。假若那個「老師」在實驗的過程中表達出希望停止電擊的意願，實驗人員會促使他繼續下去。

結果發現，在第一次的實驗中，65%的被試者執行了最痛苦的、最後的450伏電擊（標記為「XXX」）──即使許多被試者明顯處於有巨大的心理壓力狀態下，對於繼續進行電擊感到不自在，焦慮甚至痛苦。

為什麼這些「施罰者」會如此「殘忍地」去傷害自己的同胞呢？理由很簡單：「我是被命令去做的啊！我有什麼錯？」「這就是科學實驗啊，這樣做可以保證科學實驗的正確性。」

然而，該實驗震驚了整個心理學界，心理學家尤其憤怒於其對參加實驗的被試者所造成的心理傷害。我在柏克萊加州大學的同事──戴安娜‧鮑姆林德（Diana Baumrind），當時就曾連續發文抨擊該心理學實驗的倫理道德問題。即使在米爾格拉姆公佈實驗的「受害者」（學生）其實是由研究者扮演，實際上並沒有遭受電擊，慘叫是假裝的，在後來還是飽受爭議。米爾格拉姆教授也因此被美國心理學會取消了一年的會員資格，理由是「實驗的不道德因素」。但如今，「米爾格拉姆服從實驗」已經是大學心理學教科書的經典內容，後來還登上了好萊塢大銀幕。儘管長期以來，米爾格拉姆的電擊實驗被普遍認為是警告人們不要盲目

服從權威。但我個人認為，該研究結果所反映的並不單是人們的盲目服從，更多揭示的還是人性中「善與惡」的道德衝突——實驗中很多施罰的「老師」其實也是痛苦地執行權威的命令而傷害他人。

積極心理學發現，人類的道德包括共情的傾向，仁慈、友善地對待我們的同胞、親屬和本群組成員，這是我們善的天性。但與此同時，我們人性中也有惡的成分——排外、殘暴、惡毒地對待與我們不一樣的人，或者嫉妒、攻擊、陷害妨礙我們利益的人，這都屬於惡的傾向。可以說，米爾格拉姆的研究更多反映了植根於人們心目中矛盾的道德傾向——也許，「善與惡」之間的距離比我們想像的還要近一些。

當年在以色列的法庭上，艾希曼曾痛哭流涕地說，為什麼當時沒有一個外在的聲音來喚醒他內心的良知？今天看來，在很多人都捲入到一場集體犯罪中的時候，也許確實需要有人來呼喚這些人內心的良知。然而，在類似的情形下，可怕的是普遍的沉默。

如今正在興起的積極心理學，能承擔起「良知的呼喚者」的重任嗎？

第 40 講

# 為什麼人們喜歡傳播陰謀論？

　　互聯網大大提高了傳播的便捷度，但需要警惕的是，「陰謀論」越來越多，越來越受歡迎，甚至堂而皇之地進入到主流文化。比如一本暢銷書中羅斯柴爾德家族（Rothschild Family）統治世界的陰謀，到美國人針對中國的各種陰謀，如基因改造食品爭論中的基因戰爭，到金融戰爭、禽流感的生物戰爭、再到失事的馬航 MH370 飛機失聯所引發的有關美國政府劫持飛機的陰謀論推測，莫不反映了一種非理性的社會心態。而且有趣的是，所有這些陰謀論，不光是在中國大陸盛行，甚至在全世界都通行。當然，針對中國攻訐的言論，也有類似的情況。

## 探索陰謀論的心理原因

　　學術上定義的「陰謀論」（conspiracy theory）指的是一種特

定相信某一個強大的團體或組織通過秘密計劃和有意的隱蔽行動，引起並掩蓋一個非法或有害行動產生的解釋理論。它的一個特點是**信念固執**（belief perseverance），無論如何去解釋、辯論，以及給出證據，它都毫不動搖，甚至反而把這些反對意見當作證明。有些人這樣做，也許會有其個人的目的，如受金錢、地位，或者是虛榮心的影響。但是，如果很多特別善良，並無其他自私利益的人也相信並傳播這些陰謀理論，這就值得心理學家分析和反思了。因為一旦相信陰謀，如果又一定要做一些事情，那事情往往是負面的。

　　1991年，我還在美國密西根大學攻讀博士學位的時候，我和我的師兄邁克爾·莫里斯（曾任美國史丹佛大學商學院教授，現任美國哥倫比亞大學商學院教授）就用電腦生成了各種幾何形狀，圓形、方形、三角形，並讓它們隨機進行互動，形成了各種毫無意義的情境，然後讓來自世界各地的被試來解釋這些隨機運動產生的原因。結果所有這些被試者，都給出肯定性的、有聲有色的、甚至極富想像力和創造性的故事來。比如說三角情仇、江湖恩怨、夫妻背叛、父女情深等。這充分表明，人類不能夠接受不確定性和模糊性，即使是一些幾何形狀之間的互動，我們都要給出明確而且肯定的回答。該研究最後發表在《人格與社會心理學雜誌》（JPSP，1994，其引用達到了1052次）。

## 陰謀論與海德式解釋

　　我們這一研究其實還不是心理學家最早發現人類喜愛陰謀論的心理原因。1944年，海德（Heider）和西梅爾（Simmel）曾經讓一組大學生觀看一組抽象幾何圖形移動的影片，然後讓他們報告剛才看到了什麼。在全部34名被試者中，只有一位被試者用幾何術語來描述看到的情形，其餘都把抽象幾何圖形的移動描繪成了有生命的人類活動。海德根據這一現象認為，人們對世界的認識受到兩種基本需求的驅動：第一，我們對世界的認識有一種一致性需求，就是希望世界的運動依照我們的信仰、理念、態度、經驗、預期來行動，即使現實與我們自身的預期不一致，我們也要改變外在的證據來使它符合我們內在的期望；第二，人類需要對外在環境產生一種控制感，我們不希望自己在現實面前無能為力、無所適從，我們需要找到某種自己能夠理解、控制、描述、解釋和預測的可能性。

　　2003年，我和我的學生艾立克・諾爾斯（Eric Knowles，現任美國紐約大學心理學教授）用類似的幾何圖形測試中國的學生和美國學生對幾何圖形的分析，發現這其中還有另外一個規律：就是當這些幾何圖形的運動比較明確地符合牛頓力學定律的時候，受過現代科學教育的中國學生和美國學生還是能夠從物理學

的原則來解釋這些事物的運動的；但是對不符合牛頓力學定律的物理運動，比如說一個圓形在毫無外力觸發的情況下滾動起來，或者是兩個物體在沒有接觸的情況下產生相繼移動的情形，絕大多數被試者還是都會給出海德式的解釋。該研究發表在《性格與社會心理學公報》（*PSPB*，2003）

這一現象完全可以用現代進化心理學的理論來加以解釋。對未知的情境所產生的不安全感，實際上有著保護我們生存的價值和意義，它告訴我們需要提升我們的警覺意識，根據過去的經驗和直覺對陌生情景解釋，從而將它納入到我們可以預測和控制的範圍之內。想一想原始人在面對未知的威脅——比如地震、山崩、洪水、日蝕時，當時的人們不可能理解這些現象是如何產生的，但人類的祖先一定會根據自己的理解來加以解釋，這種解釋就讓我們產生可以應對情況的行為——既然自然災害由神靈控制，那人們就可以通過向神靈祭祀、禱告來減少對自身的威脅。所以，這種漫長的演化歷史，就是我們人類的進化優勢和選擇出來的心理機制。

這些心理機制，其實就是陰謀論的心理原因。儘管現代科學技術有了飛速的發展，可以使我們現代人具有足夠的科學知識去解釋那些遠古的神話傳說和迷信，但是，六千萬年進化形成的心理特性顯然並不足以被數百年的現代科學所改變。現代人在面對

超越自己經驗之外的事物仍然保持著高度的關注，並隨時賦予其
主觀的解釋。這就是為什麼在聽說馬航飛機失聯而且一直找不到
其下落的情況下，或者是國際金融瞬息複雜、不可理喻的財富積
累──這都是我們過去經驗所未能接觸過的事物，我們便在主觀
上一定要把它搞清楚。

　　這時候，有些人就會從自己的經驗範圍來拼湊出線索，來
給MH370失聯或者是金融危機等以合理的解釋。這種主觀的解讀
通過現代媒體發布出來，很快便會得到迅速的傳播。因為看起來
振振有詞、確鑿無誤的解釋，消除了人們面對現實訊息缺失的不
安。對許多人來講，知道飛機被美國人劫持到了秘密的基地顯然
比一無所知要好得多，而且更能夠滿足我們對這個世界一致性的
認識和對環境的控制力。因為它符合中國大陸這些年形成的反美
意識和政治要求。

## 什麼是信念固執？

　　有趣的是，在真相揭曉之前，陰謀論會流傳氾濫，而且隨著
真相的逐漸明瞭，陰謀論也不斷地與時俱進，甚至到了真相大白
的時候，陰謀論依舊不會消失。因為像馬航這樣創下有史以來失
聯最長時間記錄的事件，其中錯綜複雜的因素交織，並不是每個

人都可以簡單明瞭地搞清楚的。**只要真相的複雜性超出了一些人的理解能力，陰謀論就永遠有市場存在**。因為這就牽涉到社會心理學的另外一個概念——信念固執。

　　信念固執主要指人們對某一類事物、人群和組織機構形成客觀印象之後，我們很願意將所有有關它們的訊息組織成有系統、有一致性和穩定性的體系，在這樣的體系之中，新的訊息一定會組織成與已經存在的信念相一致的方式——所以，相信基因改造食品是陰謀的人，很容易也會相信馬航飛機失聯也是陰謀，同時這些陰謀可能也是由共濟會或是羅斯柴爾德家族之類造成的。面對衝突、模糊和不確定性訊息的時候，其實我們都是在自己期望和理解的範圍之內選擇符合我們理念、態度和經驗的各種訊息。這種心理特點在大多數情況下也許並沒有太大的危害，它使我們人變得自信、自尊和有控制感，但問題是，當新的證據和我們的信念發生衝突的時候，這種偏見就會讓我們有意識地排除、忽視、篡改真實的訊息。而且如果我們的理念已經被實踐證明是錯誤的時候，堅守錯誤的、不真實的理念，就是一種非理性的行為，很有可能引發由於偏見而造成的不正當的行動。

## 如何提高辨別陰謀論的能力

　　陰謀論雖然是人類進化所發展出來的認知傾向，但為什麼並非每個人都會輕易相信和傳播各種陰謀論呢？英國倫敦大學的認知神經心理學家金井良太（Ryota Kanai）和他的研究團隊發現，**思想保守的人相對於思想自由的人大腦額葉的前扣帶回部位的灰質區域偏小，而這部分腦區的功能對人們理解模糊和衝突的訊息至關重要**。我和北京清華大學心理學系隋潔教授以及我們的博士研究生王輝同學最近就發現人類的前扣帶回是我們處理矛盾訊息的神經中樞（該文已經被投稿到《神經心理學》期刊上）。換句話說，**思想僵化、固執、保守的人喜歡簡單明瞭、是非分明的訊息**，因此他們更容易相信和傳播各種陰謀論；而思想開放、具有強烈的辯證思維能力的人相對而言比較容易理解模糊和矛盾的訊息。這些人顯然比較能夠適應當代社會訊息爆炸所產生的模糊性、矛盾性和不確定性。有些心理學家，如加拿大安大略省布洛克大學的戈登‧哈德森（Gorden Hodson）教授甚至認為思想保守的人在智力上更加低下，因為他發現智力較低的孩子成年後更容易持有各種偏見，而且在政治意識形態上比較僵化、保守，有特別強烈的排他攻擊性和是非絕對分明的判斷傾向。

　　如何提高我們辨別陰謀論的能力？最主要的方法還是接受完

整的科學教育，特別是培養科學思維的方法。這種科學思維包括邏輯分析、辯證思維、換位思考，最主要的就是要有證據、證明和證偽的科學態度，當一個看起來無論多麼合情合理的解釋擺在我們面前時，科學的態度首先就是要看是否有證據、是否符合邏輯、有沒有辦法能夠驗證對錯──而不是本能地接受、相信和傳播它。

所以，陰謀論主要的問題是不求甚解，臆想猜忌，無的放矢，於事無補。

我們可以從三個方面破除陰謀論的影響。破除陰謀論對認知的影響，一要多讀書，思考問題的廣度一定要和知識的深度相匹配；二要學習一些簡單的統計學理性思維和數據分析的思路；三要訊息開放，訊息不對稱很容易造成判斷失誤和陰謀論的思維習慣。

從積極心理學的角度來講，世界上的陰謀都一定會有前因後果，也許在某一個階段、某一件事和某些人身上有針對社會的陰謀，但要相信大多數人、大多數事情和時間的作用──「陰謀」是不會被變成「陽謀」的。因此，與其花時間去琢磨各種各樣的陰謀理論，還不如花時間去解決現實的問題。我們身邊值得我們關注和解決的問題實在是太多了。在一個科學思維發達的社會，多相信常識和科學證據對我們的心理健康和社會發展也許更有意

義。「君子坦蕩蕩，小人長戚戚」，講的就是這個道理。

## 誰更容易相信「陰謀論」

　　政治極端主義是指擁有極端的社會意識，傾向於通過激進的手段來達到改造社會的目的。發生在 20 世紀人類歷史上的很多重大政治事件或多或少都與政治極端主義有關，比如德國法西斯主義納粹發動的第二次世界大戰，美國麥卡錫主義主導下對共產主義國家的封鎖，以及冷戰期間的斯大林主義強權政治，紅色高棉的波爾布特所搞的「高壓政策」，其本質都隱含著一種極端的政治意識。

　　通過分析，我們可以看到，很多政治極端主義雖然走的是兩個極端，或左或右，但他們似乎都有一個共同點，那就是傾向於相信「陰謀論」，比如很多德國納粹相信德國一戰戰敗的原因是猶太人的陰謀；相對應的是，美國的麥卡錫主義認為紅色共產主義已經滲透進了美國政治、文化、生活的方方面面。然而，具有諷刺意義的是，政治立場絕對相反的人也經常會利用同一個「陰謀論」，只不過是把矛頭顛倒過來了。比如，網上盛傳的所謂《中情局十條誡令》，起先是被英美的右派說成是「共產主義革命的規則」（Communist Rulesfor Revolution）。第一個版本出現在

1919年，號稱在一戰結束後，由聯軍的兩個軍事情報官員在德國杜塞爾多夫（Dusseldorf）的一個秘密共產黨總部的保險櫃裡發現；第二個版本出現在1946年，由英國的《新世界新聞》發表；而後來在中國大陸，則將其說成是來自美國中央情報局1951年的「極機密行事手冊或行動手冊」中的內容，以激發中國人民的反美之心。如今，類似的如「基因改造食品陰謀論」、「金融陰謀論」、「氣候陰謀論」等，是中外共有、左右派共享的典型輿論。

## 極端主義和陰謀論是「孿生兄弟」的研究

為什麼政治極端主義者容易相信這些「陰謀論」呢？來自荷蘭的三位心理學家設計了四個心理學實驗來探討政治極端主義者對於「陰謀論」的相信程度。

【研究1】該研究共招募了207名美國被試者，後來回收有效數據187份。研究者測查了被試者對「金融危機陰謀論」和「氣候變化陰謀論」的相信程度（從1到7）；同時，為了進一步測試是否政治極端主義者只是對與政治有關的社會事件更加具有妄想症，實驗還在兩個「陰謀論」的分析中加入了一個「人際妄想症測試」。

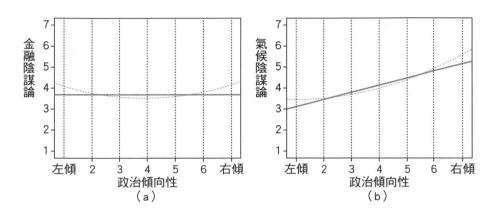

圖 17 相信金融陰謀論（a）和相信氣候陰謀論（b）都是政治傾向性的函數

　　結果發現，對「金融危機陰謀論」和「氣候危機陰謀論」的相信程度與政治極端主義傾向有著顯著的相關關係，但與妄想症無關。說明相信這些「陰謀論」的人心智是正常的，只不過思想偏激些。

　　為了進一步探討這種相關關係是否存在於其他「陰謀論」中以及可能的原因，研究者又進行了下面的研究。

　　【研究2＆研究3】這兩個研究主要是在荷蘭進行的，研究方法也基本一致，被試者是從荷蘭具有代表性的全國選民樣本中抽取的。研究者主要是通過測查被試對於6個不同「陰謀論」的相

信程度來評價他們對於「陰謀論」的態度，同時測量了被試者對複雜政治問題傾向於採取簡單解決方案的程度來判斷他們在政治上的偏激程度。

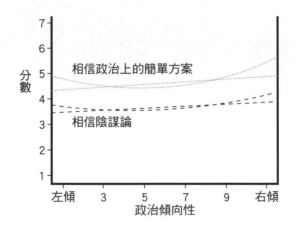

圖 18　相信政治上的簡單方案和相信陰謀論都是政治傾向性的函數

　　結果表明，擁有極端政治立場的被試者更容易相信「陰謀論」，並且對政治問題簡單化策略的追隨程度也更高。

　　【研究4】這是一個補充實驗，主要測量了被試者對於其他領域是否也具有同樣的極端主義傾向，目的是為了確定被試在非政治領域的極端主義傾向是否會對實驗產生影響。

　　結果發現，極端的政治意識和大多數極端的非政治意識態度間不存在相關，但相信「陰謀論」則與大部分關於「蘋果電腦」、「宜家家居」、「智慧型手機」、「公共交通」的極端態度呈正相關，而與關於星座用途的極端態度成負相關；即使研究者在統計上校正了互相關聯的閾值後，依然發現政治偏激與對智慧型手機和星座用途的態度呈現顯著相關。

　　通過以上4個研究，研究人員認為：極端的政治意識與相信「陰謀論」之間存在顯著相關，且兩者之間存在一個中介變量──對於社會政策簡單化的追隨程度。原因可能是因為這些人具有絕對分明的非黑即白的思維方式，對社會事件持有明確的態度和立場，同時習慣採用簡單直接的處理方式，而看不到社會事件背後複雜的邏輯關係。因此，一旦發生複雜事件，就傾向於認為事件背後肯定是有本群體之外的人在搞陰謀導致的。

## 中華文化對陰謀論的解決之道

　　陰謀論是一種非常強烈的弱者心態──別人做什麼事情，不管大小，都覺得是針對自己，都覺得是和自己有關係。強者，自信的人，是不太關注別人怎麼看的。當然，強者也關注事情對他人的影響，但不是特別在乎別人對自己的評價，而是在乎對事情

本身的評價，弱者則不在乎他人對事的評價，反倒十分在乎別人對自己的評價，是極其不自信的表現。

現在，我們有很多不自信的表現，比如不喜歡接受批評，不寬恕別人，總是以為別人在害我們，做的任何事情都在欺負我們等。其實，遇到這樣的情形，中華文化中崇尚「中庸之道」的傳統政治智慧就非常值得我們深思。朱熹說：「不偏之謂中，不易之謂庸。中者天下之正道，庸者天下之定理。」《尚書‧洪範》也提倡「無偏無頗」「無偏無黨，王道蕩蕩」。因此，不走極端，不簡單化政治意識問題，可能是我們避免陷入「陰謀論」陷阱的必備條件。

孔子也早就指出：「中庸之為德也，其至矣乎！民鮮久矣。」意思是，中庸乃至高的道德修養境界，長期以來少有人能夠做得到。而這也是心理學家時常感到無奈的現實情況，當事情的複雜性超過一般人能夠理解和解釋的時候，「陰謀論」就成了最簡單、也是最常用的解釋。

第 41 講

# 科學實驗證明正義終將戰勝邪惡

　　抗日戰爭是歷史上少有的持續長久、且以弱勝強的戰爭，也是使不可能成為必然的經典史實。1951 年 8 月 13 日，中國大陸政府發出由當時總理周恩來簽署的通告，確定抗日戰爭勝利日為 9 月 3 日。同時，韓國、朝鮮都將 8 月 15 日定為對日戰爭勝利紀念日，美國則將 9 月 2 日定為對日戰爭勝利紀念日。到了 2014 年，大陸並以國家立法的形式通過決議，確定每年 9 月 3 日為「中國人民抗日戰爭勝利紀念日」。

　　八年抗戰，之所以打得無比艱辛，是因為中日之間存在著巨大的經濟與軍力差距：戰爭爆發前，日本年工業產量已達 60 億美元，中國僅有 13.6 億美元；鋼產量方面，日本年產量達 580 萬噸，中國只有 4 萬噸；石油產量上，日本年產量是 169 萬噸，中國僅有 1.31 萬噸。另外，日本一年可生產飛機 1580 架、大口徑火

炮744門、坦克330輛、汽車9500輛，年造艦能力為52422噸，而
當時的中國還不具備生產飛機、大口徑火炮、坦克，甚至汽車的
能力。日本戰前的總兵力是448萬人，中國的總兵力是200餘萬
人；日本當時的作戰飛機有1600架，中國僅有223架；日本的艦
艇285艘，中國僅有60餘艘。而最終，中國勝利了，這是一場起
初看似不可能的、以弱勝強的戰爭。

## 天性選擇正義的實驗

　　為什麼中國的人民能夠在這樣的劣勢下，最終取得艱難的勝
利？我覺得最主要的原因，是因為中華民族站在了正義的一方，
得到了天時、地利、人和的相助。為什麼當時人們如此確信自己
選擇的是正義的呢？

　　因為中國當時沒有去侵佔別人的土地，沒有去殘害別人的人
民，沒有去侮辱別人的婦女，更沒有去掠奪別人的資源。人們是
在自衛的情況下進行艱難的反擊，是在被侮辱的情況下捍衛自己
的尊嚴，是在民族文化即將滅絕的時候堅守自己的傳統和信仰。
這與德國法西斯的種族屠殺、日本法西斯的殘忍無道的野蠻行為
有著天壤之別。

　　之所以能夠在這場艱苦卓絕的戰爭中取得最終勝利，是因為

中國和世界人民的正義之心在其中起了很大的作用：因為有了正義，人們堅信這樣的行動是天助的、得民心的；因為有了正義，中國會得到世界各國人民的同情、支持和幫助；因為有了正義，中國人才能真正從政黨、政派、政治的分歧中找到共同的目標和奮鬥的路徑。這就是積極心理學家相信正義作用很重要的原因。

耶魯大學的心理學家保羅・布魯姆（Paul Bloom），曾經做過一個有趣的實驗。他給全世界各個地方的 6 個月大的小孩看幾張簡單的圖形，其中有一個正在攀岩的人，另外有一隻手在幫他往上攀登（幫助的手），但下面還有另外一隻手拉著他（破壞的手），讓他不能往上爬。然後，請這些 6 個月大的孩子看「幫助的手」和「破壞的手」。結果發現，這些僅有 6 個月大的孩子，恰恰偏愛那只「幫助的手」，而不是「破壞的手」。這說明，人的天性，從本質上來講，是喜歡那些幫助別人的人，而不是破壞別人的人。特別有趣的是，這些孩子還會情不自禁地用自己稚嫩的手去推開那只「破壞的手」！說明人類從天性上願意選擇懲罰那些害人的人。而這些稚嫩的小手長大之後，聯合起來就是我們通常所說的「正義之手」！

在另外一個研究中，保羅讓一歲左右的孩子，去看三個玩偶

的卡通片。其中一個玩偶將球踢給右邊一個玩偶，而右邊這個玩偶也善意地把球踢回來，然後，中間這個玩偶應該接著將球踢向左邊這個玩偶，但這個玩偶拿到球後卻跑了。在看完卡通片之後，那個「善良的玩偶」和「惡搞的玩偶」，都會放在小孩的面前，並且在這兩個玩偶面前都會放有一顆糖。結果保羅發現，一歲的小孩就知道要吃掉「惡搞的玩偶」的糖，以示懲罰它的「調皮」。而且，有的孩子不光是吃了它的糖，還會去敲打這個調皮搗蛋玩偶的頭。因此，公平正義是人類與生具備的普世價值！

　　這就是保羅在他的著作《善惡之源》一書中提出的一個特別重要的觀點：人從本質上來講，是希望懲惡揚善的；人從天性上來講是希望幫助那些需要幫助的人的；人從根源上來講是追求公平正義的。所有我們過去所知道的社會達爾文主義、德國法西斯主義和日本法西斯主義所信奉的叢林原則、霸權主義，其實都是受一百年前過時的思想觀念的影響。因此，法西斯主義，或者狼性競爭法則，不僅在現實生活中是錯誤的，從科學研究或根本上來講，也是一種荒謬的理論和假設。

## 王陽明的「良知」

　　很多時候，我們忘掉了人類的天性是簡單、自然和樸素的，

我們有天生的善惡判斷。毆打無助的弱者、侮辱不幸的婦女、踢倒過路的老人、搶奪他人的物品、囚禁無辜的好人、貪污人民的財富、偷竊國器為己有、污染山河為謀己利等，這些都不需要多少分析就可想而知是不道德的行為，它沒有文化的差異，沒有階級的差異，甚至沒有時代的差異。往往是我們的意識形態、教育、陰暗的心理（如控制欲、支配欲、霸權、貪婪），讓我們看不到這些簡單的、樸素的人類本性！

王陽明的「良知」其實就是不需要考慮的「正義之心」，傳統的心學在這一點上和我們積極心理學是完全一致的。所以，我們相信「道法自然」，我們相信「天性的力量」，相信正義最終一定會戰勝邪惡。所有的邪惡，最後一定都將在「正義之手」面前土崩瓦解、煙消雲散。這些既是心理學的研究，也是歷史的經驗和教訓。

2015年，也正好是「二戰」結束70周年，在人類最殘酷的世界大戰中，我們非常自豪先輩站在了正義的一方。我們現在能夠大聲地宣告：那場戰爭中陣亡的烈士們安息吧！我們會越來越道德，會越來越正義，中華民族也一定會繼續做出正確的選擇，永遠和正義在一起！

第 42 講

# 什麼是實驗倫理學？

2015 年 9 月，中國大陸政府教育部公佈了「第七屆全國高等學校科學研究優秀成果獎（人文社會科學類）」名單，學生喻豐和我於 2011 年在《中國社會科學》雜誌上發表的《實驗倫理學：研究、貢獻與挑戰》一文獲得了優秀成果獎（人文社會科學）的二等獎。

## 「實驗倫理學」的首次提出

在那篇文章中，我們首次使用了「實驗倫理學」這一學科名稱的說法。在我們的研究發表之前，沒有研究者使用過「實驗倫理學」這一名稱（包括英文 Experimental Ethics）。最接近的說法是 2008 年阿皮亞（Appiah）的著作《道德的實驗》（*Experiments in Ethics*）。英文首次使用 Experimental Ethics 作為一個學科領

域，是在 2014 年盧特格（Luetge）等人的論文集中，比我們晚了三年。而在這三年間，「實驗倫理學」的說法在中國學術界已經被經常提及。

在某種意義上，這篇論文在當時可能還啟發了實驗哲學的工作。本論文寫作於 2010 年，發表於 2011 年，那是實驗哲學（Experimental Philosophy）剛剛興起。實驗哲學這一學科大約起源於 21 世紀初的一部分分析哲學家所進行的「實驗」工作。嚴格來說，當時他們的工作應該稱為「實證」（empirical）工作更為準確些，而非心理學嚴格意義上有操縱、控制、觀察的「實驗」。

在 2011 年左右，哲學工作者與心理學工作者在思想上和方法上都有著極大的鴻溝，本文的出現讓實驗哲學家意識到了心理學工作的重要性。雖然 2008 年，約瑟亞‧諾布（Joshua Knobe）等人出版了第一本實驗哲學的論文集（中文版 2013 年），但是，這一本論文集裡的還是簡單的實證性方法，而且大部分實驗哲學家對心理學工作的瞭解過於片面，很多實驗哲學家只在瞭解了一部分心理學工作之後便開始就這一具體實驗長篇大論，殊不知，心理學實驗需要大量驗證，也只可在平均數水準上做解釋。我們的論文在當時給剛剛開始意識到有實驗哲學的中國哲學家們以一個全新的領域，讓他們在通往心理學研究的道路上有門可進、有路可循。

　　同時，這幾年倫理和道德在心理學界研究中非常鼎盛。社會心理學在21世紀第一個10年裡最熱門的領域莫過於道德研究。這不僅是因為在人類物質生活發展到了一定水準之後轉向更加精神性的研究主題，而且還因為道德心理學的研究相對於其他任何主題來說都經歷了更大的典範轉移。20世紀的道德研究是理智研究，這歸結於發展心理學家對道德推理發展階段的闡釋。而21世紀的道德研究是直覺研究，這歸結於社會心理學對情緒與直覺的闡述。但是，在道德研究短期內研究成果爆炸式增長之後，心理學家還應該繼續沿著什麼路去探索道德？實際上，沿著什麼路走下去，這是個哲學問題，是哲學倫理學爭論的問題。

　　我們的文章實際上也啟發心理學家思索自己並沒有發現甚至絲毫沒有意識到的可供研究的哲學倫理學問題，讓這些問題以一種實證性的方式得到解答，這是我們所希望看到的。而英文世界中心理學雜誌首次發布類似本文的歸納與總結甚至比我們還晚一年（2012年諾布等人發表在《心理學回顧年鑑》〔Annual Review of Psychology 〕上的文章）。

　　實際上，在實驗哲學還停留在心靈哲學問題上時，我們已經開始探討道德問題。在諾布等人2008年所編寫的《實驗哲學第一卷》論文集中，涉及道德問題的論文只有一篇。而在同樣這批人2013年編撰的《實驗哲學第二卷》論文集中，五個部分中有兩部

在探討道德問題，且文章數量已經變為了5篇。《實驗哲學第二卷》比我們的文章整整晚出版兩年，我們之前就已經發現這一轉向。

　　而且，在社會心理學還停留在理智情緒問題時，我們已經開始探討更多哲學問題的實證解答。社會心理學家在2011年時，雖然關注道德問題，但是卻糾結於一些簡單的問題，即情緒還是理性產生道德行為與道德判斷的問題。道德心理學的領軍人物喬納森·約瑟亞·格林納（Joshua Greene）等人用FMRI、ERP、虛擬現實、大數據、催眠等方法來探索這一個問題，無所不用其極，但問題視野卻頗受局限。我們的論文在這個問題之上提出了並行的三個問題，我們也很欣喜地看到，時至今日，情緒問題已不再輝煌如昨，而我們在論文中所提到的文化、情境、人性等問題則已經引起了更多的重視。

## 什麼是實驗倫理學？

　　在這篇文章中，我們提出，實驗倫理學的學科研究範圍包括：「人性是善是惡」、「道德於情於理」、「情境亦幻亦真」、「文化有分有合」這四方面的問題。

　　在第一個問題上，我們闡釋了人性善惡問題的相關心理學研究，指出關心人性真的善惡，莫若關心人們相信人性是善還是惡。因為後者的認識論回答已經足以改變行為。

　　在第二個問題上，我們闡釋了道德判斷的情理之爭，分別從康德與休謨的歷史源頭開始，闡述了道德發展階段論、社會直覺論、雙加工論等理論與研究，指出情與理分別的重要性。

　　在第三個問題上，我們從社會心理學的角度闡釋了道德行為是內部還是外部影響大的問題，這一問題關乎美德是否存在這一根本問題，我們從社會心理學的角度闡釋了極大的社會情境改變以及微小的情境改變是如何影響我們的道德行為與道德判斷的。這一問題在當前看來是之後發展得最好的一個領域，大量具身認知研究在之後幾年來噴湧而出。

　　在第四個問題上，我們關注道德原則是普遍的還是具有文化差異的問題。這個問題涉及道德分類的各個理論、道德相對主義以及文化影響問題。我們甚至認為在中國哲學界爭論甚久的「親親相隱」（即親屬之間不准互相控訴或作證的倫理）問題應該由實證方式去解決。

　　當然，我們的核心觀點還是著重於「是」的心理學也許能夠為著重於「應該」的倫理學提供某些經驗性的佐證，固然，「是」

與「應該」是不同的，否則我們會犯道德主義與自然主義的錯誤；但是嘗試將二者間格格不入的鴻溝縮小可能是心理學家能夠做的事情，當然這也是我們從這篇文章發表到現在正在做的事情。

第 43 講

# 一個美國心理學家的中國心

　　2014年4月27日（星期天）晚上，北京清華大學心理學系教授賽斯・羅伯斯（Seth Roberts）博士在回美國探親期間，不幸在美國加州柏克萊市突然去世，享年60歲。

　　賽斯教授出生於1953年，於1974年獲得里德學院（Reed College）心理學學士學位，1979年獲得布朗大學（Brown University）實驗心理學博士，1978年開始在加州大學柏克萊分校（UCBerkeley）任教，2008年開始任教於北京清華大學。曾獲美國自然科學基金會（NSF）、美國心理健康研究所（NIH）等資助，曾任《動物學習與行為》（*Animal Learningand Behavior*）、《營養》（*Nutrition*）等雜誌的編委。

## 賽斯教授的有趣研究

噩耗傳到北京已經是週二的上午。早上9點多鐘，我正準備去上本學期我開設的研究生課，當我聽到該消息時，我驚訝和傷心到説不出話來。賽斯是與我一起恢復創建北京清華大學心理學系的功臣之一，他是北京清華大學心理學系的元老，更是北京清華大學心理學系學生們的好朋友、老師們的好同事。

2008年，我受北京清華大學的邀請和美國柏克萊加州大學的派遣，幫助北京清華大學恢復心理學系，其中一個重要的任務就是從海外招募有志於幫助北京清華大學建設心理學系的教授。在面試了很多華人及非華人心理學教授之後，第一個響應我的邀請來北京清華大學心理學系任教的卻是一個地地道道的美國人，他就是我的柏克萊同事、加州大學的終身教授——賽斯・羅伯斯。

賽斯的早期工作主要集中在動物的時間知覺方面的研究。他發現，與人類相同，小白鼠使用同樣的內部時鐘（internal clock）來度量聲音的持續時間與光的持續時間。

之後，賽斯將其工作重心轉移到了食品心理學與營養領域，他的主要研究方法是自我實驗（self-experimentation），他也是自我實驗這一心理學研究方法的先驅與代表人物。作為食品心理

學家，賽斯一直致力於飲食對人類行為和心理的影響，其暢銷書《香格里拉飲食減肥的秘訣》（*The Shangri-LaDiet*）幫助了許多美國人成功減肥。同時，賽斯也對改善睡眠與心情的食物心理機制進行了自我實驗，尤其是他對亞麻籽油中的Omega-3與身體平衡的研究、蜂蜜和水果中糖分與睡眠的研究頗為著名。其工作成果發表在《柳葉刀》（*The Lancet*）、《行為與腦科學》（*Behavioral and Brain Science*）、《心理學評論》（*Psychological Review*）、《實驗心理學雜誌：動物行為過程版》（*Journal of Experimental Psychology: Animal Behavior Processes*）等期刊上。

　　另外，賽斯也對中華文化中的一些傳統智慧的科學價值很感興趣，他通過研究發現，有時吃豆腐和核桃不光不能增強人的認知功能，反而還有一些負面作用。直到他去世前，還在研究「站立對人類認知功能的影響」和「行動對外語學習的幫助」。賽斯的研究思路新穎，常常出其不意。乍一聽，離經叛道，不以為然。仔細一想，又合情合理，若有所得，給人一種柳暗花明，豁然開朗的感覺。再來看他的研究報告，頭頭是道，科學嚴謹——這就是有創造性研究特點的人。

# 美國人才「流失」到中國，我們準備好了嗎？

　　一位有成就的美國一流心理學系的終身教授，為什麼願意到中國大陸幫助北京清華大學心理學系呢？賽斯在他的個人網誌中給出了一個很重要的原因，那就是他對中華文化和民族的熱愛，對東方另外一種生活方式的興趣。他是一個有著特別純潔的中國心的美國人，在柏克萊期間，他就覺得人類未來的希望也許在於中華文化的復興和崛起。他對資本主義的不滿，以及對人類善良、和平、公正的追求，使得他做出了一個令很多人意外的決定，到中國來實現自己的人生夢想，他甚至希望能在中國找到他的愛情和家。可惜這些美好的願望都不能夠實現了。作為他的好朋友，沒能及時給予他足夠的幫助，我為此感到特別的內疚。

　　我個人覺得，賽斯的學術成就來自他真誠的內心和單純的生活方式。他是真心熱愛他的心理學教學和研究工作，即使到了北京清華大學心理學系，他在承擔了很多教學任務的同時，仍然一直從事食品心理學的研究。他把自己的科學研究成果定期公佈在他的個人博客上，吸引了全球十幾萬人的關注。他永遠充滿了對人類心理和行為的興趣，大部分時候他與人交談的話題都是有關他自己和其他人的科學研究，他很不願意把時間浪費在閒聊和裝模作樣的事物上。他在 2014 年 4 月初回美國探親之前曾和我有過

一次長談，闡述了他對北京清華大學心理學系科研發展的設想，還特別提出飲食行為是人類生活中非常重要的一個方面，但又常常是我們心理學家容易忽視的一個重要研究領域；他覺得我們中國心理學家有可能在這個領域做出世界級的成果。

賽斯的單純也體現在他對複雜人際關係的茫然無知，有時候甚至表現出對複雜人際關係和社會影響孩子般的幼稚。已經不止一次有同學（包括女同學）反映晚上10點多鐘還接到賽斯教授的電話，讓他／她們出去討論文章修改的問題。任何在中華文化薰陶下長大的人都會覺得在那個時間發出邀請是很不合適的，容易引起各種各樣的誤會和流言，但賽斯教授真的不知道這樣做可能會產生的社會影響。不過應邀出去跟他討論論文的同學也從未反映過他曾做出任何不適當的行為。（我現在反倒為當時曾自以為好心地勸導過他而有些內疚。）

賽斯教授的純真還體現在他對金錢、地位、政治、榮譽等世俗誘惑的淡漠。他到北京清華來工作，既不是為了名，也不是為了利，更不是為了權；雖然他已經是柏克萊加州大學心理學系的終身教授，但他在北京清華心系領取的是一般北京清華教授的普通薪酬。他對各種職務、職稱、頭銜也毫無興趣，也不知道為什麼在中華文化環境下，這些虛偽的名銜會有如此大的誘惑力？他真心以為，一個大學教授的成就是由其科研成果來決定的，而

不是由他所擁有的頭銜來衡量的。他的博客上曾經留下這樣一段意味深長的話：**「大學應該是專門從事研究、探索、想像的地方，大學教授為了這種特權，就必須培養學生，並給社會貢獻思想。」**他就是這樣實踐著自己對大學精神的認識和對教授職業的堅守——這是非常值得我們中國的大學推崇和提倡的一種學者精神。

　　賽斯教授是北京清華大學心理學系的國際面孔，也在國際心理學界代表了北京清華大學心理學系。他的網誌也記述了他在北京清華大學的生活、工作和研究，並從正面呈現了中國大陸高等學校和社會的真實生活，其中有些文章在全世界得到了傳播和關注。他的貢獻是偉大的，他對北京清華心理系的支持是無人可以替代的。北京清華大學心理學系為失去了一位國際級的學者而惋惜，我個人更為失去了一位真摯的朋友而遺憾。

　　總歸世道無常。願活著的人更加珍惜我們當下的生活，願逝去的人有在天之靈保佑和祝福北京清華大學心理學系。

PART
**04**

# 跨界求真

自信天下一支筆，
文也縱橫，武也縱橫。

——張伯駒

第 44 講

# 積極心理學到底是不是僅僅研究幸福？*

　　2014 年 10 月 18 日，著名積極心理學家，也是當代傑出心理學家之一的迪納在賓夕法尼亞大學應用積極心理學碩士峰會上作了題為〈幸福科學的偉大突破〉（Amazing Progress of Science of Subjective Well-being）的主題報告。

　　一開始，迪納提出，現在有關幸福的研究越來越多了，但幸福研究要經得起時間和實踐的考驗，也同樣必須遵守科學的原則：擺事實、有證據和講證偽。而不要做出一個研究就自以為是，好像找到了幸福的靈丹妙藥似的。然後，他話鋒一轉，說「積極心理學」研究所有人類的正向心理，而不只是大家認為的「幸福、PERMA（積極情緒、投入、人際關係、意義和目的、成

*　根據趙昱鯤微信記錄的迪納演講內容整理和改寫。

就）、意志力、美德」等內容，或者幾個積極心理學圈子裡的著名學者研究的課題才是積極心理學。

　　這是特別難能可貴的，因為他本身就是這個圈子裡的核心人物之一，而且所研究的「主觀幸福感」正是「狹義的」積極心理學的核心內容之一。但他能夠站出來提醒大家（聽眾主要是應用積極心理學碩士），要把眼光放得更廣闊些，更顯其睿智、大度、高遠的大師風範。可見，迪納對積極心理學的期待，已經超越了自身的學術好惡。確實，一個優秀的學者，尤其是一個學科的領軍人物，絕對不應該有門戶之見，不能只以本人的所學所知來樹立評判標準，更不能以此打壓後起之秀，扼殺新思想、新觀念、新技術的出現。

　　歸根究柢，「積極心理學」並沒有開闢心理學的一個新的研究領域，它是在倡導大家對本來所忽視了的一個領域進行更多的研究；它並沒有革命性的新方法，採用的是傳統心理學的研究方法。與傳統心理學不同的地方在於：它確實是心理學的一種新觀念、新方向、新運動；它能夠激發人們的興趣，彰顯人們的態度，傳遞心理學家利國利民的意願。這也正是我們倡導積極心理學的原因。

　　很長一段時間以來，很多人都以為「積極心理學」研究的就是幸福的問題，甚至有人建議用「幸福學」來取代「積極心

理學」，以擴大積極心理學的影響。出發點是好的，用心是善良的，動機是高貴的，策略也很高明。但「積極心理學」的研究範疇本身就非常廣泛，它不光研究人類的幸福，還研究道德、智力、審美、創造、積極的社會關係、積極的社會組織、生活的意義等內容；**「幸福」只是「積極心理學」所研究的一個很重要的方面而已。而且幸福科學本身就是個跨學科的綜合性研究方向，**不是心理學一個學科所能解決的問題。實際上，經濟學、社會學、政治學等學科都在研究幸福問題。

　　因此，迪納提出，我們曾經對積極心理學研究課題有很多不正確的認識。很多大家沒有當作是積極心理學研究的問題，其實也是積極心理學所研究的問題。那麼，從積極心理學的角度來講，它到底在研究哪些問題呢？

## 傳統的積極心理學研究課題

　　（1）「感恩之心」。它肯定是積極心理學研究的問題，在「正心」篇我們曾提到，這種感恩不是通常意義上的報答，不是情感回報，更不是義務和責任。它指的是我們對自己擁有的事物和受惠經歷的一種欣賞、一種快樂、一種積極主動的體驗。

　　（2）實現蓬勃興盛的幸福人生的五個因素（PERMA）。它也

就是激發我們人類幸福感的五種最基本的心理基礎：積極快樂的情緒（positive emotion）、沉浸其中的投入（engagement）、美好的人際關係（relationships）、有意義和目的的事情（meaning and purpose）、有收穫和成就的感受（accomplishment）。PERMA不僅能幫助人們感到快樂、滿足，還能帶來更好的生產力、更多的健康，以及一個善良的人生。

（3）美德。根據賽里格曼和彼德森的研究，不管人類處於什麼文化裡面，其實都有一些共同認可的美德，這就是他們所發現的6個領域（正直、勇氣、智慧、仁愛、昇華、節制）和24項優勢和美德。但具體這些美德如何體現和弘揚，特別是文化差異都值得進一步研究。

（4）主觀幸福感。主觀幸福感主要是個體對自己生活狀態的滿意程度，以及積極情緒體驗的頻率。這是通常所說的幸福的心理學表述。

（5）恆毅力（grit）。這就是人們能夠驅使自己做自己認為應該做的事情的動力和堅忍精神，具有開拓和提升自己的學識、境界和能力的精神。

（6）福流（flow）。它指的是人們在從事自己喜愛的工作和做事情的過程中產生的一種物我兩忘、天人合一、酣暢淋漓的積極體驗。

（7）意義和目的。它指的是人在生活、工作中發現和追求的意義以及感覺某種神聖、積極的召喚體驗。

## 其他也屬積極心理學研究的課題

還有一些傳統上不認為是積極心理學研究的課題，但實際上卻是積極心理學研究的非常核心課題，包括以下一些方面。

（8）利他行為。這是指我們願意幫助他人、照顧他人所獲得的身心愉快的體驗及策略和方法。

（9）自我控制。它指的是人們能夠控制自己的欲望和衝動，並保持心理能量充沛的能力和過程。個體在自我調節能力上的差異，與他們的生活品質和人生發展的軌跡密切相關。

（10）積極教養。它指的是父母親對孩子一種積極心理的教育教養方式。它不是權威式的教養，不過於強調對孩子的管教；也不是無為、放任式的教養，而是一種最符合兒童身心鍵康發展的教育方式。

（11）盡責心。既是大五人格中的一種，也是對自己和他人的內在心理狀況的一種體驗和知覺能力。

（12）自我效能感。指的是史丹佛大學心理學教授班都拉提出的：人對自己能力及作用效果的一種認識和判斷。它是心理學

引用最廣泛的一個概念，也是積極心理學的一個重要課題。

（13）友情。指的是我們對別人的照顧和友誼，人類的親情和友誼是幸福最重要的基石之一，也是中華民族的傳統美德。

（14）精通。指的是我們在生活中必須應掌握的技能技巧。

（15）合作。指的是人與人之間、組織與組織之間、社區與社區之間一種追求共同目標的、待人處事的精神和風格。

迪納特別強調，以上課題只是舉例來說明「積極心理學」研究的領域遠比「主觀幸福感」要大很多，遠比通常所認為的「積極心理學」概念要廣很多。只要是涉及人類生活的積極方面和人類心理體驗的積極方面，都可以是積極心理學研究的課題。因為積極心理學從根本上來講是一種理念，而不是一個單獨的研究領域。就像社會心理學的社會認知一樣，它是用認知心理學的理念和方法來研究社會心理的問題，而不僅僅局限於社會心理學中一個特定的研究領域。

綜上所述，學術研究其實是沒有固定不變的研究方向和課題的。積極心理學作為一個新興學科，更不應該自己限制自己的研究深度和廣度。做研究如此，做人更是如此——虛懷若谷，有容乃大。對一個真正的研究者來說，身份不重要，成果和貢獻才是更重要的。

第 45 講

# 為何心理學家要研究經濟學？

　　2015年4月份的時候，大陸股市正經歷著一種非理性亢奮，「上證指數」從2千多點上揚到5千多點。在歷史性的轉折到來之前，4月是全民炒股、全民談股、全民說股的瘋狂時代。為什麼中國大陸股市會如此的非理性？惡意做空的「敵對勢力」到底是誰？如何防止中國股市重蹈覆轍？為什麼美國的前聯準會主席葛林斯潘說：「**所謂的新經濟就是心理學**」？

　　心理學對經濟學的主要貢獻曾經集中在認知心理學中有關人類決策誤差和非理性判斷的研究上，實際上，社會心理學與經濟學的關係更為密切。社會心理學中有關人類的動機、訊息加工、態度的形成和變化、印象、承諾、認知不協調、後悔、社會關係、價值觀和文化等，都與人的經濟行為密不可分；而經濟學中有關價值、效用、選擇、產權、沉沒成本、機會成本、貿易、生

活品質、博弈理論等概念，在本質上都是心理現象。過去很多有
關人類非理性判斷和決策的表現，或多或少都能尋找到社會和文
化因素的影響。因此，經濟學理論可以受益於社會心理學與經濟
學的交流，經濟學的理論也不應該脫離社會心理學有關人性、人
心、人情和人欲的限定。

## 心理學對經濟學理論假設的挑戰

在過去很長一段時間裡，心理學家和經濟學家互不往來、互
不關心。經濟學理論和模型經常忽視經濟和商務活動中社會因素
和人的心理因素的影響，而心理學家似乎也對經濟學敬而遠之。
但是，自20世紀70年代以來，經濟學和心理學中的一些優秀學
者開始對人類的心理因素在經濟和商務活動中的影響越來越感興
趣。美國聯邦儲備局前任主席葛林斯潘曾不止一次地說過，「所
謂新經濟就是心理學」；而心理學家丹尼爾‧康納曼獲得2002年
諾貝爾經濟學獎，更是表明心理學研究的成果越來越被經濟學家
所認同。

這一變化主要源於心理學對經濟學的兩個理論假設的挑戰。
一個假設是：人是經濟人。帕累托首先將經濟人概念引入經濟
學，其假定是個體（包括個人、家庭或組織）的行為都是有目的

的，即最大限度地追求經濟利益的滿足。日常生活中經濟利益用金錢來表達，即通過獲得金錢來滿足個體的需求。這是一個經濟學的概念，但是心理學的實證研究表明，人是經濟人，人的經濟利益實質上是心理利益。馬斯洛認為，人的需求可以分為兩大類五個層次。一類是人類的稀缺需求，包括：（1）生理需求，如食物、水分、空氣、睡眠、性等；（2）安全需求，如安全、穩定的環境、受到保護、免除恐懼和焦慮等；（3）社交需求，如與人溝通、親近、建立感情和聯繫、受到接納、有所皈依等。另一類是人類的成長需求，包括：（1）自尊需求，如受人羨慕、尊重、穩固的高評價、自尊心等；（2）自我實現的需求，如能做自己想做的事情、實現人生的目標、充分發揮自己的潛能並完善自己等。經濟活動不僅要滿足人的基本需求，更要滿足人的高層次需求，如自我實現。現代人更為強烈的需求越來越是人的高層次需求。

　　經濟學的另一個假設是：人是理性人，即人們選擇判斷的邏輯性很強也很理性，不受其他因素的影響，比較遵循經濟理性。其基本前提是「人追求個人效用最大化」，即每一個從事經濟活動的人都是利己的。也可以說，每一個從事經濟活動的人所採取的經濟行為都是力圖以最小的經濟代價去獲得最大的經濟利益。但實際上，有很多心理因素限制了人的理性思維。多年來，心理學家一直致力於「人是如何作出理性判斷」的研究。心理學家認

為，人是理性的，但人的理性有限，因為它受到心理、社會和文化因素的影響。

　　例如，經濟學理論在涉及人類的經濟選擇方面起碼作了三個假設。

　　1. 完全性功利：

　　假定有兩種結果（或產品／方案）A與B。在各種條件下，消費者或選A或選B，或者都不選。這就是邏輯學上的完全律，經濟學假定人的選擇是完全的。但心理學發現：選擇是不確定的。因為消費者可能喜歡A，可能喜歡B，也可能兩個都喜歡，具體選擇哪一個，在很大程度上依據個人特性及社會情境而定。

　　2. 貪婪的功利經濟學假定：

　　如果A優於B，則人們會選擇A而非B。但實際上人們可能會選擇B，為什麼？一種可能是人們不知道哪一個更優；一種可能是如果告訴他選A，他的逆反心理反而會使之選B；還有一種可能是因為辯證思維，即任何事物都是相對的，都有好的方面和壞的方面。例如，選擇戀愛對象，不一定是選最好的，而會是自認為不會遭拒絕的。

　　3. 選擇的可轉換性

　　如果A＞B，B＞C，則A＞C。這是經濟學強調的選擇判斷

功利——邏輯上的轉換關係。但是在經濟生活中，特別是在消費者行為中，這種轉換性被忽略了，人們往往對三個事件獨立地進行判斷。

　　實驗社會心理學是在第二次世界大戰後興起的一門新興科學，其工作重點是以科學實證的方法來研究人對社會、對他人、對自己的認識，以及人在社會環境下如何行動。人的經濟行為，經濟對人的心理的影響，人心、人性、人情、人欲對經濟的影響等都是社會心理學家感興趣的範疇。

　　社會心理學不僅關注經濟學，而且堅信沒有人的心理，就沒有經濟學。理論上說，經濟學研究的是資源的最佳配置問題，其目的是讓人們瞭解如何最佳地配置資源以滿足人的需求。如果人的需求是有限的，只需要空氣、水、陽光等基本生存物質就可以滿足了；或者如果沒有其他人，我們就不需要進行有限資源的調配。他人（社會）和需求（心理）的結合（社會心理學）使得經濟學的存在成為必然，換句話說，心理學是前提，經濟學是結果。因此，經濟學本質上是關於人的科學，是為人類服務的科學，是由人的行為決定的科學。而人的行為正是心理學應該關注的問題。

## 心理學是行為科學，而經濟行為是人類最重要的行為之一

　　經濟行為主要是指在經濟決策或（和）經濟活動中的人的行為，它存在於經濟活動中的每一個階段：經濟活動的起源、過程和結果。許多經濟學家認為經濟學是關於市場理論的科學。但我認為，經濟學實際上是關係到人的行為的科學，尤其是微觀經濟學，更是與人類行為息息相關。宏觀經濟學，諸如經濟體系、知識產權、市場結構之類，可能離心理學較遠。但微觀的經濟行為，如消費、選擇、談判、合同等，都和心理學有著很強的相通性。經濟行為在日常生活中的表現很多，其中很多行為都與經濟學和心理學有關，只是我們沒有意識到。

　　看看人類花了多少時間做與經濟學有關的事情。早上起床後，刷牙、洗臉、梳妝打扮、衣食住行都離不開消費品，自然也離不開經濟學；一天24小時，有8小時是法定工作時間，而工作是為了賺錢，賺了錢就要消費，這些都與經濟有關。人們還會有意識地思考並體會經濟行為的後果，有時甚至直接進行經濟行為，如挑商品、找工作、做決策，這些都與經濟學和心理學密切相關。而所有這一切又都是為了滿足人類的心理與生理需求。由

此可見，人的一生中，有三分之二的時間與心理學、經濟學和生
理學打交道，剩下三分之一的睡眠時間則與心理學和生理學有
關。我認為，在人類的科學中，心理學、經濟學和生理學對普通
人而言是最重要的科學。

## 心理學變量中很多應是經濟學變量

　　心理學是關於行為的科學，它研究的行為不僅包括經濟行
為，也包括其他為。從這個角度講，心理學對人類行為的瞭解更
多、更深。許多心理學概念與經濟行為活動是直接相關的，經濟
學家可能不得不運用一些心理學概念來論述自己的理論。

　　（1）動機：動機是一個心理學概念，它是指發動、指引和
維持軀體和心理活動的內部心理需求。同時它又是一個經濟學概
念，因為人對客體（客觀事物）的需求往往體現在經濟活動中。
那麼，到底是什麼力量驅動著人們參加經濟活動？動機又怎樣發
揮作用呢？對此，許多心理學家從各種角度作過解答。馬斯洛的
「需要層次理論」是心理學中較為經典的動機理論。從經濟學的
角度來看，這也是一個非常實用的經濟理論。該理論認為，人有
一些最基本的需要，低級的需求得到滿足或部分滿足後，就會有
更高級的需求。

　　動機又分為內在動機和外在動機。內在動機是指人滿足其內在需求，如對某事感興趣、好奇是因為自己內心喜歡。外在動機是指外部環境對人的行為的影響，如競爭、社會評價、金錢的獎勵、社會的認可等。由於人的一些經濟行為是由興趣和愛好決定的，它們不一定非得符合經濟的理性原則。編寫開放源碼、寫網誌、編修維基詞條、寫書、作民間科學家等，都不是為了個人經濟利益的最大化，但對我們的心理和人類的創新有積極的意義，而且對經濟會有實際的影響。

　　（2）訊息加工：人們生活在這個世界上，無時無刻不在處理訊息，經濟決策實質上就是對訊息的加工。例如，你要買一台電腦，並不是說你看到它就決定買，也不是看到價格就決定買，而是對很多訊息進行加工，然後作出判斷和決策。訊息加工是一個心理學概念，即人們怎樣處理訊息，在這裡它也是一個經濟學概念。以前經濟學家忽略了人作為訊息加工的主體，好像一切都是由市場來控制的，而實際上，市場的控制歸根到底是人在起作用。例如，近來大陸很多商品的價格大戰，並沒有引起市場大的反應，其實質是經濟學與心理學的博弈。根據經濟學理論，價格便宜，人們就會去買，但奇怪的是價格一降再降，從購者卻甚微。為什麼呢？原因在於，價格不是吸引人們消費的唯一因素。面對千變萬化的市場。人們還會分析，商品為什麼降價，商品的

性能和價格比以及將來的趨勢如何。顯然，人的心理在經濟活動中起到了很重要的作用，而經濟學家常常忽略了這個作用。

又如，政府為了刺激消費，在經濟疲軟時，連續降息很多次，但銀行儲蓄不但沒有減少，反而呈上升趨勢，這完全不符合經濟學的理論和經濟規律。為什麼？因為人在做判斷時不完全受市場控制，有時候人也控制市場。在這個例子中，人們會想，「我的錢是留著幹大事的，即使你降了很多，我也不能輕易動用」。中國人把錢留著可能是為了孩子的教育、健康和買房子。更主要的是，降息後，他的錢即使不存在銀行也沒處消費，而投資風險又太大。

（3）**態度的形成和變化**：態度是一個心理學變量，研究個體對客體的判斷。經濟學也關注態度。因為消費和市場研究的實質就是研究消費者對事物的態度取捨，研究人們對產品的認識，而不是研究產品本身的特性。同樣一種東西，人們對其評價不同，產生的經濟行為的效果也不同。不同的人對同一產品的態度不同，經濟行為也不一樣。由此可見，作為一個心理學變量，態度對於經濟學而言也是一個很重要的變量。

態度有三個成分：情感（喜歡什麼，不喜歡什麼）；行為（不僅喜歡，還付諸行動）；認知（對事物的評價或觀點），英文分別是 affect，behavior，cognition，心理學家稱之為「態度

ABC」。我們發現，態度不是固定不變的，而是一個短暫的現象。對事物的分析越多，態度變化就越大。比如，人們對自己喜歡的東西，隨著分析增多，喜好度逐漸降低。

這是因為，在分析之前，對一些小的訊息沒有注意到；在分析過程中，反而注意到與自己的態度相衝突的細節，從而導致喜好度降低。

（4）**印象**：印象是指人們對他人和事物的訊息加工過程，是態度的前加工過程。包括個體對物體的提取、接受、組織、解釋和加工。影響印象的因素有三個：主體，誰形成這一印象；目標，形成印象的目標有何特點；環境，包括物理、社會、現實環境，即在什麼條件下形成。印象容易形成對客體的錯誤判斷，如成見、刻板印象。經濟學家容易忽略成見和刻板印象這一因素，以為價格等經濟要素可以決定一切。刻板印象既有正面的影響，也有負面的影響，在商業上，刻板印象對消費者的決策有很大影響。比如同一種產品，由於人們認為外國的產品一定比國內的好，因而願意花高出幾倍的價格去購買同質同量的洋貨，這種經濟行為是經濟規律所不能解釋的。

（5）**承諾**：為了與以前的思想和行為保持一致，我們經常做一些違反經濟規律的事情，從而付出承諾的代價。最著名的例子當屬莫泊桑的短篇小說《項鍊》中那個可憐的中產階級小婦人。

在日常生活中，我們控制著自己的意願以期達到將來的目的，從而不能放棄過去的承諾。銷售人員常利用我們的承諾心理來誘使我們做出違反自己利益的事情。比如，用低報價吸引人答應購買某一種產品，然後提出一個明顯好很多但也貴很多的產品，使你在一個較高的價位上買了一個你可能並不想買的東西。從經濟學的角度來看，如果考慮利益最大化，就應該能夠拋開過去的承諾而不去執行。但是中國人更為強調一諾千金，為了這一諾言，寧願犧牲自己的經濟利益。這就是社會心理學與經濟學的矛盾。

（6）認知不協調：在某種情況下，當兩種認知之間有衝突的時候，就必須改變其中一種認知，或者借助更高一級的認知來解決這種不協調。兩種認知——對兩種商品、兩個學校、兩個球隊、兩個人等有矛盾或不一致的看法就會產生不協調。例如，孫先生非常關心自己的健康，同時他也有抽煙的嗜好，這樣就產生認知不協調。解決認知不協調的方式有三種：改變對抽煙的認知；改變對健康的認知；引進一種更高的認知，如「整體上看，我的健康還是很不錯的」。

經濟學認為，如果有兩種矛盾的認知，你應該選擇最有利和最有效的，而不應該改變對現實的計量或自己的看法。但心理學發現，受認知不協調的影響，人們對現實（如成本、經歷、體驗等）的計算和自己的認識是經常變化的。

　　例如，劉小姐很少欣賞高雅音樂，也從未花高價聽過音樂會。但她最近花了兩千元去聽世界三大著名男高音歌唱家的演唱會。你認為她會喜歡這個音樂會嗎？心理學家預測，她肯定會喜歡。因為她花了兩千元，這是一個不可改變的認知事實。不管音樂會的效果和聽音樂會的經歷好不好，她可以改變的是對西洋唱法的認知。人們在作出重大犧牲後，很少會說自己做的這一切是不值得的，即人們很少後悔他做過的事，因為人可以改變對這件事的認識。

　　另一個可以參考的例子就是中國大陸的「知青」心理。那一代人在人生最美好的青少年時代上山下鄉很多年，吃過很多苦，耽誤了學業和個人的發展。但多年後，他們會發自內心地說「青春無悔」，而且執著地相信自己現在的成功應該歸因於那個時期的磨練。這正是認知不協調的結果，因為有很多人沒有經歷過上山下鄉的群眾運動，同樣取得成功，因此，這一磨練並不是取得個人成就的必要條件。

　　（7）**後悔：**後悔也是心理學中一個很重要的概念，是人們對可以實現某種目的但是沒有達到所產生的情緒反應。經濟學假定，人們後悔的應該是實際的損失，但心理學家發現，後悔也受到相對比較的影響。人們後悔的往往不是他們直接經受過的損失、挫折和失敗，而是他們可能做到但實際上又沒有做到的事

情。為什麼奧運銀牌選手比銅牌選手更加感到後悔？是因為他原本有可能拿到金牌。而銅牌選手雖然名次低於銀牌選手，但是卻比銀牌選手更為高興，那是因為他有可能拿不到任何獎牌。因此，相對的比較使得他感到欣慰。

（8）社會關係：社會關係理論是社會心理學的支柱課題。經濟學家認為，人是自私自利的，人們都是為了自己的利益行為處世。然而，心理學理論認為，人們的行為經常表現出合作的傾向，並具有自我犧牲的精神。

例如，假定你為 A 公司做一個項目，另一個同學也參與了，但幹的工作非常少。現在公司老闆給你五百元作為報酬，同時要你分給那位同學一點錢。你是願意獨自拿著這五百元，還是多少分給那位同學一點錢呢？從經濟學的利益出發，人們應該選擇第一種結果。但心理學的研究發現，人們一般會選第二種即分給那位同學少部分錢。這是由其他因素決定的，如為了息事寧人、為了平衡人際關係、為了公正，等等。老闆願將一個項目的所有獎金分給公司的某個優秀員工，但該員工卻願分一部分給其他人。這在經濟學上不合乎規律，但心理學卻能夠很好地解釋這種現象。**讓別人得到好處而犧牲自己的部分利益，雖然這對個人有不利的影響，並且違反經濟規律，但是卻能夠滿足人的心理需要。**

（9）**價值觀**：價值觀是一種長期的、穩定的信仰，它影響人們對世界的判斷。心理學家認為，人的行為受價值觀的影響，經濟行為也受價值觀的影響。例如，躺在地上的乞丐向你討錢，你是否給他呢？這與性格、教育和經濟能力沒有太多關係，而與價值觀有關。如果你認為每個人都應該勤奮，努力工作，只是環境原因使之淪為乞丐，則傾向於願意給錢。如果你認為每個人機會均等，他們淪為乞丐，是因為他們懶惰，不工作，則傾向於不願意給錢。

我們的研究發現，人們經常不知道自己的價值觀。價值觀是在與他人的比較中得出的，所以是相對的。這樣在跨文化比較中就存在問題，因為你比較兩個相對的變量，是不能得出真實的結果的。例如，比較中國人和美國人的家庭觀念。中國的學生會將同學每週能與家裡通電話一次與自己每月與家裡通電話一次做比較，得出前者家庭觀念強的結論。美國學生將自己每兩個月與家裡通電話一次與同學每年與家裡通電話一次做比較，得出前者家庭觀念強的結論。因此，如果結果是在比較中得出的，我們就不能簡單地說誰的家庭觀念強，誰的家庭觀念弱。**價值觀的相對性使得人的行為有很多不確定性。**

（10）**文化**：長期以來，經濟學家假定社會和文化對經濟學的影響更多是表面的，而不是實質性的。但是，過去20多年文

化心理學的研究發現，人類的價值觀念、自我概念和思維風格都存在很大差異，因而造成了經濟決策和判斷上的文化差異。比如說，在選擇風格上，中國大陸人就相對傾向於選擇中庸的選項，就像產品A在某種功能上強於產品B，而B又強於產品C，但是在另外一種功能上，產品C強於產品A和B。心理學家發現，美國的被試者在實驗中傾向於選擇A或者C，而中國的被試者傾向於選擇B。另外，還有很多研究發現，在風險判斷上，中國人的經濟決策相對而言有更強的冒險傾向性，也就是說，中國人受肯定效應的影響要低於美國被試的反應。過去10年中我們的研究發現，東方的被試者具有比較強烈的辯證思維傾向性。因此，對經濟決策的負面影響，中國被試者表現出更多的寬容。

第 46 講

# 為何經濟學家要研究心理學？

　　從經濟學原理來講，能夠造成股災的原因可能會有訊息不對
稱、桿杆極高、市場監管不佳、散戶的非理性等各方面的因素。
其實仔細分析就會發現這些因素的背後都蘊含著心理學的知識。
所以**經濟學家之所以要學點社會心理學，最根本的原因在於很多
經濟現象的實質是心理現象**。經濟學家在解釋自己的理論時提
出了很多基本概念，這些概念在經濟學的理論建構中已經成為
經濟學的重要組成部分。而心理學家則認為，這些概念如價值、
選擇、產權、機會成本和貿易等，都包含了人類的行為及心理
成分。很多經濟學的課題應該成為心理學的課題，實際上有的已
經成為心理學的課題。例如，談判是一個經濟行為，但它也是一
個心理學的變量。在市場經濟之前沒有談判這個概念，但是，現
在的日常生活中人需要談判的事情會經常遇到，它的形式、方式
和效果實際上已經變成人類心理活動的一個方面。所以，購物中

的討價還價，學習中的付出（時間、精力）與回報（知識），這些都是一種利弊的權衡。有研究發現，經濟學對人的心理影響很大，掌握了經濟理論的人，其價值觀、態度、行為方式都有其獨特的心理特點。其他幾個概念也即如此。

## 心理帳戶問題

經濟學在預測效用時強調曲線關係，它的價值方程式是一個拋物線，橫坐標是「資源」，縱坐標是「效用」。資源與效用是正比例關係，增加一定的資源，效用也會相應發生變化。但如果同一資源超過一定的數量，那麼，隨後產生的效用會逐漸降低，這就是邊際效用遞減。其實這一現象最早是由心理學家費希納（Fechner）等人發現的。它也可以用英國著名經濟學家薩頓（Sutton）提出的邊界分析法來體現。邊界分析法表達了價值效用與資源的正比例關係，但預測增減時是等同的，只是方向不同。然而，心理學家認為價值方程非常複雜，不僅僅是一個簡單的對應關係。如果你得到某物，它的價值與效用的關係就與經濟學家的預測相同，呈正比例關係；倘若失去某物，則與經濟學家的預測相反，而是與心理學的預測相同，呈反比例關係，心理感受更強更深，價值更大。例如，一個人遺失10元與得到10元，其心

理量是不相等的。

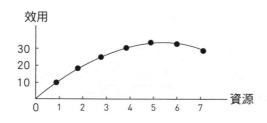

圖 19　邊際效用遞減

　　有代表性的一個心理學現象是「**心理帳戶**」（mental accounting）問題。經濟學家預測，人在計算經濟利益最大化時，價值的增長變化完全是數學性的。例如，某商場80元一條褲子，外加坐車到商場花上10元的車費；另一家商場90元一條褲子。從理論上來看，成本費用是一樣的。但人們通常願意花10元車費去買80元的褲子，而不願意買90元的褲子，這是因為人的帳戶是分類計算的。一個帳戶是專門用於交通的，而買服裝的開銷則算在另一個帳戶上。所以，我們往往不覺得自己花了不該花的錢，這就是心理記帳問題。

　　又如，李先生看中一款新潮的手機，但因為價格是4千多元，就猶豫著沒買。到了月底，他太太買了一份生日禮物送給

他，而這份禮物正是他喜歡的那款手機。他會很高興地接受這一禮物，儘管他們用的是同一個帳戶。這是因為，他把這一帳戶分類使用，有的是社會交往用的，有的是日常消費用的，有的是禮儀禮品用的等；而這份禮物是太太買的，就不僅僅是手機消費，用的是兩個人感情交往的帳戶。

再例如，香格里拉飯店的自助餐很貴，由於現在贈送20元的禮品，這一促銷策略吸引了很多顧客。但是，如果在普通餐館用餐，也許可以用省下的錢買好幾份同樣價錢的禮品。

還有，當人們打牌贏了錢之後，往往都覺得那是一筆意外之財，從而會毫不猶豫地、爽快地消費掉。他們沒有意識到，這次贏錢是建立在以前投資（如輸掉的錢）的基礎上的。有人平時省吃儉用，卻不時地把大筆錢消費在請客吃飯、大吃大喝上。從某種角度看，這是人際關係的壓力使然，同時也反映了人們在計算經濟利益時，是按社會和心理的因素去做，而不是按純粹的經濟理性。

## 為什麼人們選擇並非最優的效益？

經濟學假設「人是經濟人，追求經濟利益最優化」，因此，

人們的選擇會遵循效益最優化原則；心理學家卻不以為然。因為事實上，我們經常會選擇一定能帶來效益的方式，即使它並不是最優的。

【例1】劉先生要購買彩券，他會選擇哪一種？
A. 有20%的機會賺7千元
B. 有80%的機會賺3千元

從經濟學角度來看，大多數人會選A，因為A帶來的效益高。但心理學家發現，人們經常對肯定能帶來效果的事物給予較高評價。因此，心理學家認為劉先生會選B，因為這是一個肯定的機率，可能性更高。

【例2】下面兩種情況，你會選擇哪一種？
A.5%的機會贏7天的江南三地遊（上海、杭州、南京）
B.10%的機會贏兩天的上海遊

從經濟學效益最大化的觀點來看，應同時考慮時間、地點及機率，選7天的江南三地遊。但實際研究發現，很多人選B，因為10%的機率大於5%的機率，即使只去一個地方。

　　這就是説，人們的行為並不是完全理性的。在日常生活中，人們的思考邏輯存在分類傾向，對於必須要做的事，不管花多少錢都願意，因為它對生活很有意義；而對於那些不必要做的事情，會花很多時間考慮，因為這意味著必須要面對選擇的難題。這裡，傳統的經濟學理論難以解釋。我們從經濟學角度看還會發現，有的人做一件事並不一定能獲得經濟利益的最大滿足，但是卻能引起人們極大的興趣。如，保全人員的工資低，也沒有太大的意義，但是人們可能願意做，因為有很多時間可以做自己的事。又如，大陸許多人應該更願意選擇高薪的外商或高科技企業，而不願在學校當一名教師或者在機關單位當一名政府幹部。但是，現實生活中相反的例子並不少見，儘管後者的工作煩瑣，報酬又低，但人們依然趨之若鶩，因為它所附加的社會榮譽、社會地位和權力帶來的是精神的回報，而精神的回報正是心理的回報。

　　**為什麼不追求最優化的效益，而去追求最肯定的效果呢？**這是因為，人對自己體驗到的事情印象深刻，對不能體驗到的（如機率）事件認識膚淺。一個事件的發生與否對個人來說是全有或全無的，從這個意義上說，機率對個人而言沒有意義。因此，人在選擇時會對機率作出不同的加權，機率大的就被認為更有意義。實際上，人們應該將效益和機率相乘得出最優的價值。

　　經濟學家認為，人在選擇時一定是以邏輯的方式來進行判斷的，但心理學家發現，實際情況並非如此。在現實生活中，人們會選擇能帶來肯定效應的方案，即使該方案帶來的效果不是最理想的；人們逃避看似危險的方案，即使該方案可能相對較好；人們肯定會選擇正面表述的方案。這就是關於選擇問題，心理學家可以提供經濟學家的參考。

## 產權起源於心理學研究

　　人們通常認為產權包括財產、物資和經濟所有權等，表面看來這些都與心理學無關。但是，為什麼現代經濟學特別強調產權制度呢？它起源於一個歷史事件——「羊吃人」的圈地運動。公元16至18世紀，英國已經走向了早期的資本主義社會，大地主以武力趕走農民，將公有地變成私有地，這在經濟學上第一次為土地產權奠定了法律地位。而這個歷史事件的發生正是由於心理學的原因——公有地的悲劇，即公共所有的草地由於誰都想利用它為自己的利益服務，結果造成了公有地的消失，反而最終誰也不能獲得利益。私有化就是規定草地歸私人所有，這樣反而保證了草地的存在。因此，一個由個體的心理引發的社會問題導致了經濟學裡產權概念的誕生。無論這個過程是多麼的殘酷，我們都

不能否認一個事實，圈地運動在經濟學上的里程碑意義。

## 沉沒成本與「損失憎惡」心理

　　人們在決定是否去做一件事情的時候，不僅要看這件事對自己有沒有好處，還要看過去是不是已經在這件事情上有過投入。我們把那些已經發生的、不可收回的支出，如時間、金錢、精力等稱為「沉沒成本」。在經濟學中，沉沒成本是指已經付出且不可收回的成本。在微觀經濟學理論中，做決策時僅僅需要考慮可變成本。如果同時考慮到沉沒成本（這被微觀經濟學理論認為是錯誤的），那麼，得出的結論就不是純粹的基於事物的價值。因此，我們可以這樣理解「沉沒成本」：人們在作價值判斷時，應該考慮現時的成本和效益，而不應考慮過去的成本和效益，因為過去的成本與現實的判斷是沒有關係的。

　　例如，有一位女士花一百元看一場演唱會，因為其中有她最喜歡的一位歌星。但是，最終這位歌星因故不能來，而且當天晚上下了暴雨，很難開車前往觀看。她會選擇不去看音樂會而待在家裡嗎？從經濟學角度講，如果你是理性的，那就不該在做決策時考慮沉沒成本──即人們應拋開浪費1百元的念頭，而應考慮

交通成本及其他可能的損失。

　　然而，心理學的研究表明：人們一般都會選擇去。因為已經買了票，如果不去就浪費了。一般來説，這時人們很少考慮交通成本和不舒適感。這可能源於對「浪費」資源的擔憂和焦慮，我們稱之為「損失憎惡」，而這種情緒的影響正是心理學家所關注的內容。

## 機會成本影響決策心理

　　經濟學另一個重要的概念──機會成本，即人們在做某件事的時候，犧牲了許多獲得其他利益的可能性。例如，機關單位的機會成本就可能比外企的機會成本大。人們做一件事不僅要思考實際的成本，而且要考慮做了這件事，即將要放棄的利益或失去的代價。如上大學要交學費，不上大學而工作賺錢，這兩種選擇哪一個成本高呢？顯然，前者付出的是實際成本，後者捨棄的是機會成本。在做選擇時，成本的兩個因素應該同時考慮。

　　但選擇不是簡單的數學運算，也不是僅僅計算得與失就可以完成的。它是一場心理的較量，因為選擇還會受各種因素的影響，如親朋好友的反應、個人的欲望、價值觀等。只要提到機會

成本，就必然離不開決策與選擇，而人類的決策與選擇正是認知心理學的基本概念。

我們都注意到一個現象，受過教育的女性比沒受過教育的女性生的孩子要少。為什麼？表面看來，生一個孩子的成本差不多，但受教育的女性生孩子所支付的成本遠不止撫養一個孩子的費用。她們失去的可能是高薪、晉升的機會以及即將獲得的成功等。對她們來說，機會成本帶來的損失難以彌補。相反，沒受過教育的女性的機會成本就會少得多。

因此，兩者之間的差別不是實際成本的差別，而是機會成本的差別。

## 貿易本質是以心換心

所謂貿易就是交換，是經濟學中最基本的概念之一。沒有貿易就沒有經濟學。而交換也是一個心理學概念。首先，交換是在雙方之間進行的，這是基於心理上的、相對的事件。例如，一個廚師工作一小時準備一頓晚餐，可賺 30 美元，但他經常花 5 美元雇保姆為他做晚飯，這是因為實際成本（5 美元）相對於機會成本（30 美元）要低，而這種相對優勢正是貿易的基礎。發達國家願意與中國進行貿易往來，因為中國大陸有大量的廉價勞動力，

這些廉價勞動力的機會成本比國外勞動力的機會成本低得多。貿易是比較相對的優勢，這正是心理學中的比較概念。你只有把握對方的心理，才能勝券在握。

其次，交換過程中的信任也是一個很重要的心理因素，沒有信任就沒有交換，但是，這在不同文化背景的國家中差異很大。東南亞、中國、日本等國家在貿易往來中往往容易相信一諾千金。但要知道，心理的約束是缺少法律效力的。

## 生活品質受對比效應影響

人們通常認為生活品質是一個經濟學變量，因為它涉及收入、環境、工作壓力等。實際上，生活品質也是一個重要的心理學變量。因為對生活品質的判斷是主觀性判斷，僅僅以收入、環境不能說明問題。心理學家發現，生活品質經常受對比效應的影響。社會比較有往上比和往下比。往上比的自然心理反應就是比較悲觀；往下比，人們會傾向於滿意自己的生活。同樣的道理，人們的幸福指數與金錢也不是線性的對應關係，百萬富翁不一定比低收入的人感覺更幸福，意外的致富（如贏得彩票）雖然在金錢上提升了富裕程度，但是，在生活指數和幸福感上並沒有得到相應的提升。在很多情況下，生活品質與經濟條件的關係不大，

而是受人們心理的主觀判斷所左右。

文化思維方式影響著人們對生活品質的判斷。強調個體主義文化的國家（美、加、歐），人們對生活品質的評價受個人因素影響很大；強調集體主義文化的國家（中、日、韓），人們對生活品質的評價受家人、同事、朋友、環境及生活狀況的影響多，較少受個人的支配。有研究表明，西方人對生活品質的判斷容易受情緒的影響。對他們而言，個人孤獨感和失落感是一個重要的評價指標。當高興時，人們更傾向於評價生活品質為高。相對而言，東方人把個人經歷、事物本身作為關鍵指標。

## 博弈理論身不由己的心理因素

博弈論起初是一個純數學理論，在經濟學中博弈理論得到大力發展。例如，假定理想化的理性行為者如何參與博弈，無感情的天才如何在博弈中行動等。然而，行為的博弈並不一定嚴格遵循經濟學中的理性博弈理論。

【囚徒的困境】同一個案件的兩個犯人關在不同房間裡，同樣給他們一個機會，即揭發對方即可得到減刑，而對方會判較重刑罰，否則兩人都會被判刑。但如果兩人都不揭發對方，法官會

因證據不足而對他們判刑較輕。從自己的利益出發，他們到底揭不揭發彼此呢？

心理學研究發現，博弈的結果是會揭發，這是由人性的弱點所決定的。研究發現，大多數人會選擇揭發對方來減輕自己的罪行。「囚徒困境」的例子說明，**你的未來或者選擇的結果不完全由你自己決定，常常依賴於你對他人行為的判斷。這正是社會心理學的問題。**

現代經濟學的創始人亞當‧史密斯（Adam Smith）以他的經濟學名著《國富論》而享譽於世，他的另一部著作《道德情操論》實際上是有關人的心理的研究。從他的身上，我們可以看到一個經濟人的心理博弈。

經濟學與心理學應該是互相依賴、互相促進的科學，因為它們都是人創造出來的，有關人的，並為人服務的科學。除了上面提到的幾個方面之外，還有許多經濟現象的實質其實也都是心理現象的體現。所以，我認為經濟學家還是需要學點社會心理學的。您認為呢？

第 47 講

# 經濟學家的錯誤假設──選擇的陷阱

　　當代的中國正處於一個非常奇妙的發展階段：一方面，我們欣喜地迎接「大數據時代」到來，選擇非常之豐富和繁多；另一方面，我們常常陷入「別無選擇」的狀態，可以選擇的選項非常之貧乏和稀少。有趣的是，心理學家已經就這樣的選擇悖論做了一些有意思的研究，可能對我們解決中國社會的選擇悖論問題和選擇多元性問題會有所啟迪。並且對於我們個人的生活，也許會有一些借鑒作用。

## 諾貝爾經濟學家的尷尬

　　現代社會一個很大的特點就是，物質越來越豐富、訊息越來越豐富、思想越來越豐富，我們生活在一個「過度沉浸」的環境之中，需要面對成千上萬的訊息，因而也出現了一個概念叫「大

數據時代」，反映出各種訊息的豐富。這種豐富從線性邏輯，或者從簡單的西方經濟學的邏輯來講是好現象，因為選擇越多，人們就越有自主性、越有自由、越有快樂的感受，這是西方經濟學的一個基本原則，也是消費社會的基本原則。

　　但是，心理學家發現不完全是這樣。美國著名學府史丹佛大學曾經設計過一個鼓勵他們的教授參與《史丹佛大學教授退休金投資方案》的戰略，但參與的人很少。因此，校方邀請一些經濟學家，其中不乏諾貝爾經濟學獎得主，來重新設計一套方案。經濟學家們研究了原投資方案後發現，可供選擇的退休金投資項目太少，所以教授們才不願參與。因此，這些優秀的經濟學家建議將投資選項從幾十個增加到上百個，沒想到這樣一來，選擇參加《史丹佛大學教授退休金投資方案》的人反而更少了。因為即使最聰明的人，也無法面對上百個選擇，經濟學家的預測完全落空。主持這項工作的史丹佛大學教授福利委員會主席——史丹佛大學心理系主任馬克・萊博（Mark Lepper）認為，經濟學家可能誤導了大家，實際上在很多情況下，並不是選擇越多，人們越願意參與。而這正好是一個選擇悖論的典型案例。

　　他決定和他當時的研究生——現任美國哥倫比亞大學商學院心理學教授的希娜・亞格爾（Sheena Lyengar）在學校附近的超

市里進行一個選擇悖論的研究。他們在超市中設立了一個可品嚐不同品種果醬的攤位。當這個攤位擺放24種之多的果醬時，約有60％的過路人會在攤前駐足；而陳列6種果醬時，僅有40％的顧客會停留。顯然，品種的增多讓看熱鬧的人增多了。但是，在最終選擇是否購買果醬時，比例發生了戲劇性的逆轉：在光顧24種果醬攤的顧客中，最終只有3％的人掏錢，而30％的顧客在選擇陳列6種果醬的攤位前購買了果醬。看來，選項的增多反而有可能降低行動的傾向性。後來，希娜還進行了一系列生活中的選擇悖論研究，如：挑工作、挑對象、挑投資，等等，發現也有類似的行為出現。

## 選擇悖論對於中國人的價值

其實，西方的很多科學發現，都可以在東方智慧中尋根溯源。例如，多並不一定是好，少卻有可能是優秀。淡泊明志、寧靜而致遠、寡欲、多沉，都是這個基本思想的反映，同時也是對世界、人生、訊息、知識、追求作出選擇的重要標準。選擇的悖論雖然是西方現代心理學的科學發現，但是，對中國人來講同樣有不得不知的必然性。

著名心理學家巴裡·施瓦茨（Barry Schwartz）的著作《選

擇的悖論》（*The Paradox of Choice*），其最大的貢獻就是用心理學的數據和例證揭示了這種中華傳統智慧的優秀。但光有傳統智慧，沒有現代科學，也不可能得出準確反映人類行為的結論。傳統智慧的問題在於什麼結論、什麼道理、什麼觀點都有，就像一個百寶箱，藏著各種各樣的、甚至可能是錯誤的思想。有些是寶藏，有些是糟粕。這就要看我們怎麼選擇，選擇的標準之一就是行為科學、心理科學的這些基本論證。

　　選擇的悖論也提示我們辯證思維的重要性。在任何情況下，我們都應該辯證地看待事物。選擇有沒有價值？絕對有價值。施瓦茨也談到了選擇的一些有利的地方，比如它讓我們增加自主性、增加自由感、增加選擇的快樂，這些都是實實在在的心理效應。但是選擇的負面影響也是有目共睹的。所以，任何事情都應該辯證地應對、辯證地思考、辯證地行動。另外，選擇的悖論也應該引發我們對現代化的反思。我們到底應該追求什麼樣的發展模式，應該如何實現現代化呢？很長一段時間以來，我們的現代化思路基本上是一種線性發展的思路，追求的是物質越來越豐富、訊息越來越多、人的欲望不斷提升和強化，這是現代化帶來的問題。現在，已經有很多人開始意識到這些問題；而美國進入現代化的時間比我們早大概三十多年，所以，施瓦茨所講的美國智慧，其實正好對華人是一種借鑒、一種啟示：能不能不走美國

人走過的彎路？發展是不是可以有新的模式、新的理念和新的思想？這本書可以幫助解決中國的現代化可能面對的一些問題。

## 幸福的選擇悖論

從某種意義上講，選擇的悖論也適用於我們對幸福的追求。幸福也不是選擇越多幸福感越高，因此，我們要理性、辯證地對待選擇對幸福的影響。有的時候我們需要選擇，但我們又不能有太多的選擇，這不是一個線性的關係。面對不同的人、不同的社會、不同的國家，選擇的意義也是不太一樣的。近幾十年中國正處於一個非常奇特和奇妙的發展階段，一方面人們可做的選擇非常豐富和多樣，另一方面人們的選擇又非常貧瘠和匱乏。因此，怎麼解決中國社會的選擇多元性問題？人們到底能不能找到一些相對有效的標準來幫助自己進行選擇而不產生選擇的悖論？

**我覺得有兩個簡單的標準可以幫助大家在複雜的選項面前做出直觀又有效的決定──一種是科學的標準，一種是文化的標準**。選擇幸福的方法可以遵從積極心理學的科學理論和研究結論。比如說，幸福的方法就可以根據積極心理學有關幸福的定義來設計。積極心理學之父馬丁・賽里格曼認為，幸福可以通過

PERMA的方式來實現，就是積極情緒（P）、投入（E）、良好的人際關係（R）、有意義的生活（M）和成就（A）。

文化也可以幫助我們選擇幸福的方法。華人有自己的幸福之道，比如善良、孝道。雖然大陸老人的社會保障絕對比不上西方發達國家，可是中國大陸老人的壽命和幸福感都不比別人低。這說明了，華人可能有自己的幸福之道。有的時候，簡單的生活也許會給我們帶來更多的幸福感。這種對傳統智慧的回歸，也許是在現代化浪潮中迷失的中國精神的一個選項。

此外，中華文化強調知識、崇學，這也可能是華人追求幸福感很重要的方法。大陸著名的「萬科」企業老總王石在六十歲時還去哈佛求學，很多人認為他不理性、沒意義，但這也許正是一種傳統核心價值觀的體現。知識和訊息，我稱之為文化體驗，可能是我們幸福的一種很重要的來源。其實，以上三點都是最早在《論語》中便開章明義提出來的人生幸福的三大源泉，這也是中國跟西方不太一樣的地方。

兩百年前，法國人托克維爾（Alexis De Tocquevill）在觀察美國社會時，深刻地覺察到在充滿自由和選擇的美國社會，很多人表現出的迷惘、困惑和膽怯，他把它稱為「選擇的暴政」。也許，東方文化中的中庸之道是破解「選擇暴政」的一種良方妙

策，但現在需要的是中國心理學家的科學的研究和證據，這是我
在閱讀此書時產生的一種遐想和憧憬。

第 48 講

# 法之所為在為人心

## 法是人心的產物

　　美國著名法學家科本（Corbin）曾提出，「法是人的工具」（Law is human machinery），它與人的思想、情感和行為是密不可分的。心理學是研究人的心理現象及其規律的學科，顯然也需要參與到法與人的問題的討論中。但傳統的法律心理學關注太多的是犯罪心理學，以及對陪審人員心理活動的研究，比較多地應用了弗洛伊德的精神分析理論和行為經濟學的非理性人的假設，而採用其他心理學，特別是積極心理學的典範太少。

　　法學與心理學的結合現在也逐漸成為法學研究的一個新方向。哈佛、耶魯、柏克萊等很多著名大學都開始開設法學心理學的研究。我也是柏克萊加州大學「柏克萊法律，商務和經濟研究中心」（Berkeley Center for Law Business and the Economy，

BCLBE）最早的兼職研究員之一。2002年，和美國王氏家族基金會（Wang Family Foundation）合作，在柏克萊國際學生中心（Berkeley International House）舉辦了世界上第一個跨文化的實證法學研究學術研討會。

　　實證法學是法理學的流派之一，受自然科學的影響，該學派追求的目標是法律的科學化，並以價值中立為原則，採用科學方法對法進行研究。著名心理學家特沃斯基和康納曼就發現了人類在進行訊息加工過程中依賴太多的直覺和認知偏差，薩克斯和基德（Saks & Kidd，1980）將認知心理學的這些原理應用到法律理論研究中，也發現直覺和認知偏差經常導致證據分析和法律程序出現問題。

　　在跨文化的實證法學研究方面，有些學者已經開始探究在法律環境下的文化心理差異，如跨文化心理學家研究了公平與正義概念的文化差異。泰勒（Tyler，1996）的研究表明，亞洲人看待公平更注重其關係性，美國人更注重其程序性。特里安迪斯（Triandis，1995），昂昂和邦德（Leung&Bond，1989）發現集體主義社會更強調分配的均等，個人主義社會更強調分配的公正。萊特、哥希密特和施瓦茲（Licht，Goldschmidt&Schwartz，2007）應用文化模式考察了社區治理和價值類別之間的相互作用。

　　我和我的學生，夏威夷大學法學教授李文森（Levinsion，

2004），曾系統地探討過人類行為的文化心理差異可能對刑法中的法律假設的挑戰和貢獻。通過對法律原則的分析，我們認為這些文化心理偏差是可以預測的。在不同的文化群體中有些案件會受到不同的對待，有時可能還會造成一些傷害。這種偏差不僅存在於法律原則和心理原則之間，而且還存在於法理的心理假設上。因為這些文化心理偏差可能會導致同罪不同罰，所以應該引起法學家的關注*。

我個人覺得，跨文化的實證法學研究可以幫助我們避免以西方人的法理認識來代替中國人的法理認識，提升中國法學研究的科學性和實證性，為中國法學研究的國際對話和溝通提供一個具體可行的途徑。

科本有一句名言：「法是為普通人群的，但法學是為非凡人群的」（law is for ordinary，but the students of law are extraordinary），所以，我希望我普通的心理學觀點，能引起研究法學的學者的關注和興趣。

## 法學和心理學的關係

---

\* 　有關這方面的工作，有興趣的讀者可以看看我和《中國政法大學》的劉邦慧教授2012 年在《心理學報》上發表的綜述。

　　過去普遍認為，法學與心理學的關係主要體現在犯罪心理學上。即用心理學的原理去解釋犯罪、犯罪人的個人因素。傳統犯罪心理學從犯罪人的人格、病理等方面去尋求其犯罪原因；這樣一來，犯罪人的個人因素，如其早期經歷、所受教育、家庭背景等都可能成為誘發其犯罪的深層次原因。但我們應當注意，傳統的犯罪心理學的基礎是弗洛伊德的精神分析理論，而弗洛伊德的精神分析理論不能解釋人的行為，有一定的局限性。當然，現代犯罪心理學已經作了修正。現代犯罪心理學不僅從個人性格，還從認知因素、社會環境等來研究犯罪人的犯罪動機和犯罪原因。但是，犯罪心理學只是法學和心理學關係的一個方面。如目前在國外興起的證人心理學，就是研究證人心理的。其實，人在對事情的回憶上往往會加上很多自己的主觀因素。所以，證人在提供的證詞中，可能有些言過其實。當然，這與做偽證的性質完全不同。從心理學的角度來看，這是無法避免的。

　　此外，**證人的證詞還容易受到引導語境的影響。**即同樣一個問題，用不同的指導語提問，證人的答案會因此呈現不同。有這樣一個案例，一起車禍發生後，警察在詢問目擊者時，用了兩種引導話語。當警察問這兩輛車是怎麼「相撞」時，目擊者的回答中作了大量的描述，如砰的一聲、玻璃震碎、鮮血淋漓等，當時的情景記憶得較多；而當警察問這兩輛車是怎麼「出事」時，目

擊者的回答中鮮有描述性的東西，感觸性的東西相對較多，當時的情景記憶較少。這裡所說的同樣是證人心理學關注的一個方面。

除此以外，研究表明，人的社會特徵（如其種族特徵、民族特徵等）也會影響人對事件的回憶。舉個例子，如一個黑人犯罪往往比一個白人犯罪更容易讓人記得住。

除了上面提的兩點。心理學對於法學最重要的意義在於我這裡將要說到的第三點，即心理學最終要為法學提供的是研究方法和思考方式。

之前提到**人類思維的有限理性，這必然會影響到人們對法律的判斷和決策**。人們在想問題時，更多的靠的是直覺原則，而不是根據科學標準。這無疑與法律的理性相違背。心理學為法學設計的科學和理性原則，將會有助於法學的研究。

## 如何設定機制控制法官的自然心理反應

人的某些自然反應，並不因為存在就合理，是需要設計出一定的機制控制的。就像人都有控制他人的權力欲望，所以，我們設計出民主制來遏制權力的濫用。法官帶入審判過程中的個人因素，我認為，應當控制而且可以控制。這就需要一套保證法官判

決科學化的制度。通常，決策科學化通過兩點來實現：即訊息的全面性和決策程序的制度化。這同樣可以借鑒到法官的審判中來。具體地説，法官在審判過程中可能出現的不利於司法公正的個人性可以通過以下幾個方面來糾正：

第一，遵循原則，努力自控。現在，我們既然都知道了法官的個性會體現在審判過程中，那對於法官來説，他應該去瞭解自己在審判中出現的不良個性，只要他能認識到，這就大大提高了避免這些個性出現在審判過程中的可能性。另外，法官理所當然地要嚴格遵守職業道德，在加強自身修養的同時，也就可以較少地把自己的東西帶入審判中了。

第二，經驗。經驗可以習得，越是有經驗的法官，相信越有能力避免。

第三，反饋。一個法官可以通過民眾的評價、輿論的報導甚至同事的認可度來反思自己在某起案件中的表現，從而在日後的審判中做得更好。當然，反饋機制要想運行得好，歸根結底還是需要社會的民主化，其中最重要的是訊息的公開化。

值得注意的是，民主並非抽象的政治概念或理念，在今天，民主已經成為生活方式，它是生活的訴求，而非政治的訴求。如

果還把民主作為抽象的政治概念和理念，將會導致在形式上的民主制度下非民主的運行方式。

## 文化心理學對法學理論的影響

文化心理學能幫助我們更好地理解法律的產生、法律的概念。人的心理和行為是文化的產物，而法學歸根結底是關於人的學問，這一點將法學和文化心理學緊密聯繫起來，同時也讓我們認識到，不同的文化背景產生出不同的法文化。各國可互相比較，認識自身法治局限性。文化心理學可以幫助我們反思我們的法律思想、法律觀念、法律行為是否有我們的局限。

在法學研究的國際化上，我更注重「國際」，而非「一統」。因為，不同的文化背景產生不同的法律，因而也就會有不同的法學。就像我並不相信最後能夠制定出一部適用全球的法律，法學研究只是相互借鑑，最終並不需要完全相同。同時提供一種理念：**相信或是不相信我們的法。而這自然會影響到法律的實施。**

心理學的介入還會在以下幾方面影響法學。

第一，有助於改進法律的教學方法。

　　第二，幫助我們把法律進一步規範化、科學化。

　　第三，提高中國的法學研究的地位和影響。目前，我們的法律概念、法學研究的方法及思考方式與國際上不一樣，造成了一定的交流困難。通過引入新的概念體系，將有利於我們進行交流和對話。

　　第四，對國際法學界作出中國的貢獻。科學具有普遍適用性，用科學的原則來研究法律將對世界各國均有借鑒作用。

　　關於法學教育，我有以下建議。

　　第一，**法律教育應更多地注入人文精神。應當明確，法律並非是用來管人的，而是服務於人的。**目前的法律教育缺乏人本精神，學生很容易被技術性的東西耽誤。我們可以通過案例和實踐來讓學生增強他們的社會責任感。

　　第二，**注重實證的教學方法。**在法律教育中加強理性思維，講邏輯，講證據。

　　第三，**培養學生的批判精神和懷疑態度。**因為，懷疑恰恰是接受的第一步。第四，**法律教育應該國際化。**應該取各個文化的長處，用一種開放性的態度去學習和借鑒他國的法律教育制度。

第 49 講

# 跨界思維的魅力──什麼是真正的歷史觀？

　　賈德・戴蒙（Jared Diamond）1997年獲得「普立茲獎」。很難用一句話來介紹戴蒙德的職業，他是一位生物學家，同時也是地理學家、歷史學家、人類學家、遺傳學家、社會學家──這就是跨界思維的魅力。

## 大歷史的縱橫之道

　　我是從1998年開始關注戴蒙的，因為我從那時開始在柏克萊加州大學教大學部的一門大課──「文化心理學」。在討論各文化之間的心理差異時，就不可避免地涉及一系列的問題：這些文化心理的差異從何而來？為什麼世界文明發源於學術界所說的「新月沃地」（包括我們常說的兩河流域）和中國？為什麼歐洲和亞洲大陸在公元1500年時比其他地方的人要文明和智慧很多？雖

然我們都是人類，又經歷了差不多時間的進化，但文明差異又有如此的天壤之別？為什麼偏偏又是歐洲文明在近代脫穎而出，入侵、殖民和摧毀世界上的其他民族和文化？這些都是我一直百思不得其解的問題。而戴蒙的《槍炮、病菌和鋼鐵》一書的出版，很好地幫我解答了這些問題。

答案就是一個：農業革命。由於一萬一千年前世界氣候的變化，歐亞大陸有了地緣上的優勢，可以培育植物為人所食，馴化動物為人所用，定居和人口增長就變得可能。

隨著人口的增加，複雜的社會關係和組織創新就會產生。加上馴化動物，特別是馬，使得軍力大增，也使病菌從動物感染到人；但與此同時，也使得對病菌有免疫力的人因此被篩選出來。這就是歐亞東、西軸心文明優於其他文明的最根本的原因。

戴蒙是以生物學家的身份來研究人類歷史的發展問題的。特別是人類敏感的文化、民族、種族、文明等問題，以及那些既讓人激動、憤怒、敏感，也讓人困惑的人類和社會發展問題。他的著作為什麼能夠在全世界產生巨大的影響（已經被翻譯成三十多種語言），就是因為他的觀點粉碎了美國社會的白人種族主義思想。一直以來，即使是受過教育的、文明的美國人，潛意識中還是會認為其他非白人的民族是落伍的民族，主要是因為他們能夠想到的很多現代文明的發現和突破，確實是由西方人，特別是歐

美人在過去的兩三百年裡所取得的。因此，如何用科學的事實，反駁這種歐美中心主義？戴蒙德通過他的跨學科研究證明，那些被認為野蠻的民族，比如說太平洋島國的巴布亞新幾內亞人，其實在本質上也是非常聰明的，和歐美人在遺傳能力上沒有什麼太大的區別。他們只是大約在一萬三千年前，錯過了歐洲和亞洲地區產生的農業革命，這就是導致我們現代各個文化之間不平等的原因。而這基本上是通過「槍炮、病菌和鋼鐵」的優勢，實現了歐美文化對世界上其他文化的殖民和統治。

　　那麼，其他文明有沒有辦法實現逆轉呢？戴蒙從沒有直接討論這個問題。但他在另外一部著作《崩潰》中特別指出，人類文化的消失和技術的發展有很大的關係。首先，該社會必須有新的發明來提升我們的生存的能力，這就需要寬鬆、自由、民主，以及允許內部競爭的環境來促進技術革命。其次，所有的發明都需要外部的影響，而不太可能從內部自發產生。**因此，那些對外開放、強調文化交流和接觸多的社會和民族最容易有創新優勢。**

　　歐亞文明如何產生，如何獨步世界？有很多學者認為，中國人的信仰是歷史。因此，我們特別願意寫歷史、說歷史、修習歷史、以史為鑒，也以續史為目的。「為往聖繼絕學，為萬世開太平」，一種以史官為精神楷模的志向鮮明而高尚。

　　但歷史該怎麼修？著名歷史學家黃仁宇先生特別提出，要

「將宏觀及放寬視野這一觀念引入到中國歷史研究裡去」。這件事的具體做法是什麼呢？我認為主要是把握好「縱橫之道」。一種是在歷史的縱向上分析歷史，上下五千年，看歷史事件的現實意義；一種是橫向上看歷史，從不同角度分析歷史事件。但將大歷史的縱橫之道演繹得淋漓盡致、讓人讚歎的當屬——賈德‧戴蒙。

本來有關人類社會和文明演化的歷史問題，是歷史學家所關注的問題。但是，戴蒙從生物學、人類學、地理學、遺傳學等跨學科的角度來解讀大歷史的問題。而且是從千萬年前開始一直到當下，縱得很長，橫得極寬。他不只是簡單地停留在對歷史人物、歷史故事的描述，而是儘量找到考古的、技術的、生物的、進化的等方方面面的證據，來回答歷史科學的一些核心的問題，做了一篇極好的錦繡文章。

在其代表作《槍炮、病菌和鋼鐵》一書中，戴蒙關注到一個歷史現象：為什麼到了地理大發現的時候，世界各地的人們在組織文化、生產力、科學技術和生活方式等各方面存在那麼大的差異？我們都是從猩猩進化而來的人，都在地球上混了差不多同樣的年頭，但是，差距怎麼就那麼巨大？

在人類科學不發達的時代，我們很容易把這樣的差距，當作是先天的智力造成的。因此，劣等民族、落後民族與野蠻民族等

概念就大行其道，最後導致了納粹德國的種族大屠殺，以及戰後各個地區、民族之間的歧視、偏見和仇恨。二戰之後大量的科學研究，特別是心理學的研究，發現人類在遺傳上的差異，實際上是非常小的。因此，各個民族和文化之間在心理、行為、政治、社會、經濟等各個方面的差距，是不能夠用遺傳素質的不同來解釋的。

## 為什麼文明程度如此不同

那麼，這種差異到底是怎麼來的呢？歷史學通常的解釋，是說那些文化落後的地方與世隔絕，交通不便，因而無法從跨文化的溝通和交流中獲益（比如，北美大陸的印第安人、撒哈拉沙漠以南的非洲人群和澳大利亞南部的土著等）。但這還是不能解釋文化優勢為何最初是誕生在不同的地方。也就是說，為什麼那些先進的文化，只是誕生在歐亞大陸的幾個地區，而不是在非洲和澳大利亞的南部？換個角度看，為什麼我們中國是世界文明的發源地之一？確實在這些地方出現了人類歷史上最早的統一的國家政權、最早的軍隊、最早發明了用鋼鐵來製造工具等等，但這都不應該是歷史的偶然。

根據戴蒙的理論，一個很重要的原因，就是這些地方首先進

入到農業社會。而這些地方能夠成為農業社會的一個特別重要的條件，就是在他們活動的區域內，應該有適合培育而可以食用的植物。正是因為有了這些適合培育而可以食用的植物，吸引了很多的人來這裡定居和生活，從而使得人類從原來的居無定所變成了定居的民族，人口也得以迅速增加。而人口的增加又導致需要有更多的食物，這就刺激了農業的進一步發展。這二者相輔相成，共同成長。

人口眾多之後，人類中出現了很多的發明家、思想家，技術突破也變得有了可能。眾多的人口也導致新興的管理機制的出現。在只有幾十個人、互相都很熟悉的小部落裡，遇到紛爭只要由族長出面就可以搞定；但是到了一個成千上萬的人群裡，就需要組織的規則和規律。因此，官僚體制、組織結構和國家政權就由此而產生。

農業革命帶來的還有一個就是動物的馴化。因為戴蒙通過大量的數據研究發現，新生代冰河時期之後的生物大滅絕，也給這些人類文明的發源地帶來了契機：有很多大型的哺乳動物都滅絕了；但在有些地方卻留下了很多可供馴化的大型哺乳動物，比較典型的就是馬、牛、駱駝等。

而相對而言，非洲和美洲就沒有這麼幸運，因為這些地方可供馴化的大型哺乳類動物只有美洲駱駝。而馬在人類歷史上扮演

了不可估量的作用，古代軍隊很重要的組成部分就是戰車騎兵，以及用馬進行農業耕作和交通。這種生態的優勢持續了幾千年，因此，馬在數千年的人類戰爭和發展中都起到了重要的作用。所以，這也就是歐洲人，特別是西班牙人征服美洲時最大的技術優勢。

## 為什麼文明擴張是單向的

那麼，在公元1500年之後，人類出現了大規模的遷移，主要是歐亞大陸的人群去非洲擴展。為什麼是這些民族和文化去殖民其他那些地方，而不是反向的殖民活動？在這一點上，戴蒙提出來除了交通不便以外，還有一個很大的要素──經緯度，也就是他所提出來的「歐亞大陸軸心」的問題。

看世界地圖，我們可以看出歐亞大陸是一個緯度相同的地區，而同一個緯度上的環境和氣候是比較接近的，遷徙就顯得相對容易。但非洲、美洲是一個南、北縱向的大陸，而且南、北縱向的大陸的各種自然條件和氣候條件是不太一樣的。因此，原始人類的遷徙方向，更加傾向於在同一緯度上進行跨經度的橫向遷移。因為他們的這種遷移所遭遇的氣候變化可能相對較小，而歐亞大陸正好給他們提供了長途旅行相對便利的機會。因此，中

國典型的「絲綢之路」，其實就是一種東、西走向的遷徙活動。而處於相對落後的原始民族，因為要面臨巨大的環境和氣候的挑戰，他們的南、北遷移就非常不容易，也很難進行交流。

　　農業革命帶來的另外一個現象就是各種病菌的出現。大部分人類的傳染病是來自動物的，因為人類在馴化動物活動的過程中，不可避免地要染上一些原本只有動物才有的病菌和病毒。這些病菌、病毒在文明發源地的歐亞大陸殺死不計其數的人類成員，留下的都是對病菌、病毒有極強免疫力的倖存者。這就是為什麼當歐洲人到達美洲之後，他們不光帶來了槍炮，而且也帶來了短期內能大量消滅當地土著人的傳染病。這種傷害也有心理的打擊，因為土著人發現這些外來的歐洲人不會感染自己帶來的疾病。

## 近代中國為什麼落伍了

　　當然，作為一名中國學者，我非常關心戴蒙的研究對於我們瞭解中國歷史和中華文化有什麼樣的幫助。因為歐亞東、西走向存在一個很重要的問題：既然歐洲人可以到亞洲來，那麼亞洲人也可以到歐洲去，而問題是為什麼在歷史上是歐洲人到亞洲來殖民，而不是我們到歐洲去殖民？

　　中國和歐洲之間間隔了長長的草原和沙漠地帶，在人類歷史上只有蒙古帝國在短期內使得中國與歐洲的陸路通道保持暢通，其他很多時候中國是東亞一個巨大的孤島，這就使得中國與歐洲之間的交流有了相當大的障礙。但是為什麼缺乏和中國的交流，歐洲還是能夠趕超中國，成為當代文明的發源地並具備了超越中國的近現代文明的優勢？

　　我個人覺得一個很重要的原因，就是一個統一的中華帝國政權給中國帶來了利弊參半的效果。中國是世界上最早的產生統一政權的國家和民族，這種統一有利於保持民族的團結，而不被外來勢力征服；另外一種結果就是難以形成思想和文化的競爭。而且，集權政治的一個問題在於，如果統治者稍微做了一個舉措不當的決定，就會在相當程度上和相當時間內抑制一個民族在自然科學和社會科學方面的創新。

　　戴蒙特別提出，中國的統治者做出的一些決定對中國的傷害，比如說禁海、限制機械，甚至連鐘錶方面的製造都幾乎停頓了下來。這是強勢的統治者對中國的社會文化發展造成的巨大傷害。

　　在歐洲，就是因為沒有這樣統一的集權統治，所以，思想家和科學家，以及探險者，可以在不同的君主那裡得到各種不同的支持。哥倫布向西探索東方的計劃，在意大利得不到支持，在葡

萄牙被拒絕，在法國被嘲笑，但最終在西班牙找到了對此感興趣的人。而如果是在中國，一旦皇帝沒有興趣的話，無論找誰都不太可能會支持「鄭和下西洋」這樣的壯舉。**這就是為什麼一個自由的社會實際上具有文化競爭的優勢**，而一個封閉統一的集權社會反而會對文化的適應變化產生負面消極的影響。

　　中國在近現代文化競爭中落後的另外一個原因，是人們虛假的心理優越感。因為中國曾經有過最輝煌的歷史，所以，相對而言，我們就不太願意去創造新的思維方式、新的技術和新的路徑。「以歷史為榮、以歷史為規律、以歷史為規則」，這也是為什麼錢穆先生以及很多的文化學者認為，中國人的歷史教（崇拜歷史的信仰）可能是讓我們不太願意去想像未來、創造未來的一個很重要的心理的原因。

　　中華文明源遠流長、起步很早，而且人口眾多，國勢強勁，周邊也沒有多少能夠跟中國抗爭的競爭對手。這就造成了兩千年來中國在東亞地區的絕對輝煌地位。再加上中亞地區的沙漠和草原屏障，使中國很少有過競爭的壓力。但同時，也留下了傲慢對待外來文化的態度，終於在 19 世紀被歐洲人趕超過去。只是到了近現代以後，痛定思痛，下定決心洗心革面，花了很大的代價才低下了高貴的頭，開始猶猶豫豫、覷覷腆腆、反反覆覆地與西方交流。終於在 21 世紀趕上並超越歐洲，目前在力爭超越美國。

　　學術的境界很重要，一個學者能夠從不同的角度，回答人類社會的重大歷史問題。**不管這些問題是不是還有爭議，起碼它讓我們深思，更讓我們感到快樂。這種思想的快樂**，也許正是我們人類思想家層出不窮的原因之所在。

第 50 講

# 探索和培養「第七感」

　　在美國加州大學洛杉磯分校醫學院見到了著名心理學家丹尼爾・席格（Daniel J.Siegel），並和他進行了兩個小時的對話，還意猶未盡地共進了晚餐。

　　丹尼爾畢業於哈佛大學醫學院，曾在加州大學洛杉磯分校接受兒科和青少年精神治療專科訓練。在過去的二十年裡一直致力於人際神經生物學（Interpersonal Neurobiology）研究，憑藉應用積極心理學技術——專念（Mindfulness）來解決人際關係和兒童教育問題享譽世界。目前任加州大學洛杉磯分校臨床精神醫學教授。他是一位高產的作家，在大陸就版了他三本著作，即著名的西格爾教養三部曲：《第七感》、《全腦教養法》、《由內而外的教養》。同時，他也是一個學以致用的學者，他創立了世界上第一個第七感研究院（Mindsight Institute）。他應該算是積極心理學專念研究領域享有世界聲望的學者。

短暫的對話，就把他創造的滿意人際關係的實踐效果輕鬆地展現在我們面前。由於我最感興趣的是他所提出的「第七感」，因此，我們的對話主要探討了「什麼是第七感？它的科學基礎是什麼？以及如何應用？」等方面。

## 什麼是「第七感」

丹尼爾首先介紹了他的第七感理論。他認為第七感是發展情商和社會智力最基本的技巧；它能讓我們看到和分享自己內在的心理能量和資訊的流動，也有助於我們感知自己的思想、情緒和記憶，並能幫助我們產生具體的心理力量改變這種流動，從而擺脫根深蒂固的行為以及習慣性的反應，遠離可能會陷入其中的被動的情緒循環。

於是，我就問他如何去達到他所說的這種「第七感」。他提出，可以通過整合過程來實現，包括區分各種能量和訊息的差異，以及發現它們之間的一種聯繫。

對此，我特別提出文化影響這個概念的可能性。如佛祖釋迦牟尼就曾經反復強調：歷盡劫數終成佛，源自觀心；而 mindsight 直譯其實就是觀心。因此，二者是非常貼近和相似的。但是，丹尼爾不以為然，這可能是他對文化差異不夠敏感，也可能是有所

防備的原因。**因為美國文化向來排斥宗教對科學的影響**，所以，這使得他不太想承認中國傳統佛學的觀心思想和他的概念是相通的。

　　而在 mindsight 概念裡，還有一些有待考證和加以區分的地方。所以，我又問了他有關「語義」在第七感修煉過程中的作用。畢竟在很多情況下，詞彙對我們有很強的暗示作用。因此，很多他所提到的整合技術的效果，有可能是語言詞彙的作用，也可能是情緒影響的結果。丹尼爾回答說：「不是所有的整合過程都用到了語言，也不是所有的整合情緒都是積極的，有很多的整合是在中性或者無情緒的情況下實現的。」

　　我還追問他：「『第七感』與『專念』有什麼不同？」他回答說：「第七感是我創造的一個概念，希望以此為基礎，將人類的自然科學（如數學和神經科學的理論）引入到心理學中來。專念是第七感的一部分，它是培養第七感的一種方法；專念讓我們有可能看到我們的內在有什麼，然後接納它，並在接納中放下，最後轉化它。」

## 「第七感」的核心機理

　　丹尼爾使用了大量的神經科學和數學概念來描述他的第七感

理論。

　　我個人認為，很多神經科學的研究只是取得了初步的成果，只不過強調了大腦的前額葉、邊緣系統在整合過程的變化情況，還遠沒有涉及到具體的神經生化過程和大腦區域的影響作用。

　　關於最核心的第七感的測量問題，丹尼爾提出，只能從第七感的三大基礎，也就是頓悟（insight）、同理（empathy）、整合（integration）來闡述。而這些維度的測量，現在看來唯一可靠和準確的，可能還是對整合（integration）的測量。很多年前，我的柏克萊加州大學的同事菲利普‧泰特洛克（Philip Tetlock）創立了整合複雜性個體差異的量表，我們曾經根據這種量表分析了有無海外經歷的企業管理人員在整合複雜性方面的差異。結果發現，有過海外經歷的人，整合能力很強；而沒有海外經歷的人，整合能力顯得比較弱。因此，這是比較可靠的測量方法。丹尼爾對我們的研究也非常感興趣，很認可我們在這方面的工作。

## 如何培養「第七感」

　　我特別詢問了丹尼爾關於「第七感」的培養問題，他給出了四個建議。

　　第一個是**專注於注意力**（Focus Yourself Attention），也就是

專念的基本訓練方法。

第二個是**平衡情緒**（Balanceof Emotion），強調的是我們情緒的平衡。在這個問題上，他非常欣賞並應用了我曾經從事的辯證情緒的工作，因為**辯證情緒高的個體，很容易接受人類各種複雜的情緒體驗**，不是一味地追求快樂、積極，同時也需要體驗人類的負面情緒活動。這種平衡能力是我們人類瞭解自己內心活動非常重要的方面，一味地關注情緒的一端，而忽視它的平衡，很容易讓我們喪失瞭解自身心理活動的能力。

第三個**是調控行為**（Regulate Behavior）。這方面最重要的工作其實還是米歇爾（Michelle）當年所做的「延遲滿足實驗」，通過一定的方法讓我們人能夠培養、控制、調節自己，控制自己的傾向性行為。這些能力和我們大腦前額葉的發達程度有很大的關係，也跟我們的家庭關係、家庭背景、家庭教養和生存環境有非常大的關係，特別是和我們的心理力量的訓練有很大的關係。

第四個是他提出的**身體、大腦和行為的全身心整合訓練**。這個訓練正是他在研究院所從事的工作。總體來説，丹尼爾是一位優秀的作家，特別善於把各個學科的知識和理論整合在自己的理論框架之下，他所用的技術還是積極心理學非常核心的專念技術，這個技術和丹尼爾的理論結合起來，產生了獨特的影響力和魅力。他巧妙地借用第七感這個概念，使得我們人類在欣賞自己

的視覺、聽覺、嗅覺、觸覺、味覺和第六感之外，還可以有更高
的追求和意識。

　　但我個人覺得這方面還有待深入地開展研究，特別是第七感
這個概念還缺乏實證科學的證明。它儘管能夠幫助我們密切地、
深入地、細緻地檢視我們自己的思考、感受和行為的過程，並且
能夠重新塑造、重新定義內在的經驗，從而讓我們能夠更好地把
握自己，擁有更多的選擇和創造自己的日常行為和未來的可能。
只是目前，它還不能成為心理學學科一個已經可以接受的概念。

第 51 講

# 不勞動能幸福嗎？*

## 勞動的基因更容易被傳承

　　為什麼認為「勞動可以帶給自身幸福」呢？這是因為**勞動是人類六千五百萬年的演化選擇出來的一種競爭優勢**。道法自然，順應天性，理應是快樂、積極、幸福的。

　　勞動為什麼是人的積極天性？這是從生物進化的角度引申的，在漫長的人類演化史上，那些愛勞動、會勞動、常勞動的先祖，更有可能存活下來。他們愛做事、會做事、會使用工具、經常在行動中，這就使得他們比其他不愛勞動、不會做事、不會使用工具的先祖更有可能被進化所選擇，即會勞動的基因更容易被繁殖下來。因此，從某種意義上來講，人類的天性應該是愛勞動

---

＊ 2015 年勞動節，《中央電視臺播》放了採訪彭凱平教授的節目，主要闡釋勞動能帶來的幸福。

的、是希望勞動的。雖然勞動的方式可能不一樣，但是，其本質是需要通過我們的體力、心力，努力來完成我們必須完成的任務。而且，已經有大量的心理學的證據表明：愛做家務的婦女壽命比那些不愛做家務的婦女壽命要長。另外，相對於無所事事的老人，那些經常做一些小事的退休老人要幸福和長壽得多。

在封建文化的影響下，我們總覺得富人就是純粹享樂、花天酒地、無所事事。這樣其實根本無法帶來任何長久的健康、幸福和意義；也根本不是享福，而是找死的行為。在人類歷史上，無論是財富多少，那些願意去為家人、別人和社會服務的人，往往更有成就，更加幸福，而且更加富裕。

在現代社會中，我們成人花費在勞動上的時間，超過我們人類在任何其他活動上的時間，從而獲得相應的經濟回報、社會回報和心理回報。但是，根據蓋洛普在世界38個工業化國家（包括中國）的統計調查發現，**人類居然有高達70％的人不是特別喜歡自己的工作**。也就是說，有很多的人在勞動中做的是自己不愛做的事情。也曾經有人向我反映，親友聚會或者交流時，一些人對自己既有地位又很悠閒的工作非常得意，並且常常可憐那些辛苦工作的人。還有，一些職場小說也有意無意地表露出對高收

入、高職位、又很少勞動的工作的羨慕，並且誘導讀者這才是成功的標誌。誠然，做事少、收益高是件好事。但是，這種讓人感覺少勞動，巴不得不勞動才幸福的觀念真的科學嗎？符合事實嗎？答案是否定的。我覺得他們之所以會出現這樣的想法，主要是因為他們並沒有從勞動中獲得幸福和快樂。而且更糟糕的是，他們可能也並不知道如何從勞動中獲得幸福和快樂。

## 如何在勞動中得到幸福和快樂

如何幫助我們人類解決這種生活中的勞動異化現象，並讓我們在勞動中得到幸福和快樂？最重要的當然是尊重勞動者的尊嚴和權利，確保勞動是我們選擇的結果。在此基礎上，積極心理學還有些積極心理的技巧，幫助我們還原勞動的積極本質（只是每個人的解決方案不盡相同，可根據個人情況相應選取）。

**第一種方法是專念之心**。將我們的心思聚焦於當下。如果我們能夠把我們的心力集中在現在需要做的事情上的話，我們可能會暫時忘掉焦慮、抑鬱、恐懼與分心。具體做法是：在做任何工作之前，都可以嘗試靜下心來，聽一聽周圍的聲音，體驗一下自己此時此刻的反應，這樣就可以將我們的心思注意在我們自己的

存在上，而不是我們在工作中必須扮演的角色上。

　　**第二種方法是關注之心。**當我們要完成我們自己工作的時候，我們其實是花費了很多的精力，去應對各種各樣的干擾，以便讓我們能夠專心致志地從事我們所要完成的工作。具體做法可以是像我們在喝茶或咖啡的時候，感覺一下我們的手指與茶杯或咖啡杯的接觸，注意我們手指的力量，看這種練習能不能讓我們專注於我們需要做的事情。這樣的專注力訓練，可以幫助我們更有效地把更多的時間花費在我們需要完成的任務上，而不是浪費在一些干擾我們的事情中。因此，專心致志也是一個特別重要的積極心理的技巧。

　　**第三種方法是共情之心。**競爭在我們的工作環境中經常是不可避免的，與同事的競爭有可能是一種自然的衝動。這個時候，我們得學會去共情別人、接受別人、理解別人。比如在開會之前或打電話之前，首先想一想：如何讓對方舒服、開心？這樣的姿態，不光可以讓我們自己快活輕鬆，也能夠慢慢降低工作中經常感到的一種競爭意識。

　　**第四種方法是堅韌不屈的精神。**這樣的精神可以讓我們能夠不被生活中、工作中所遇到的壓力壓垮。如美國陸軍花費幾億美元，邀請積極心理學大師賽里格曼培養部隊戰士的堅韌精神。而已有的研究發現，這樣的精神可以幫助我們應對挫折，逐漸在我

們工作中感受到幸福、積極和快樂。

第五種方法是學會溝通的技巧。工作中其實可以讓我們找到快樂，那就是我們和同事之間積極、友好的關係。很多退休的老人，願意繼續回到工作崗位，主要是留戀與過去同事之間的友誼和感情，這樣的友誼和感情需要我們的溝通來實現。因此，學會如何與人溝通、與人來往，可以幫助我們發現工作中的幸福。具體做法是，不妨從給自己的同事打電話、發郵件、問候、握手、擁抱、擊掌、做好事等小事開始，來傳遞我們的善意，而善意往往能夠產生良好的社會關係和工作關係。

第六種方法是保持正直之心。既不要委曲求全，也不要由於他人的壓力而去隨波逐流。而在工作中保持幸福的一個重要秘訣是，不去傷害別人，不去散佈謠言，不去挑撥同事之間的關係；同時，保持自己的正直、真誠和對工作的專注。具體做法可以是，每天早上開始時，不妨告訴自己：今天我一定要善待每一個人；每天晚上也不妨做曾子的「吾日三省吾身」，想一想，「為人謀而不忠乎？與朋友交而不信乎？傳不習乎？」。

第七種方法是發現工作中的意義。當我們發現自己不是為了生存而勞動，而是為了某種召喚而勞動時，我們就能夠忍受在工作中暫時出現的厭倦、單調或煩悶等情緒，而產生一種高尚、積極而幸福的體驗。

　　總而言之，勞動是幸福的，勞動更不應該成為我們幸福的障礙，而應該是使我們幸福的引擎，幫助我們發現幸福的場景。

第 52 講

# 為什麼那麼多學術大師愛講終結論？

　　1999 年秋天，我受加州大學柏克萊分校國際政治系主任凱文・歐博文（Kevin O'Brien）的邀請，參加了一個小型的學術研討會，會議的主講嘉賓是著名的美國政治學家法蘭西斯・福山（Francis Fukuyama），演講的主題是介紹他的著作《歷史的終結和最後之人》（*The End of History and the Last Man*），演講當然非常精彩，討論也非常熱烈。

## 高處不勝寒

　　這裡不討論他的觀點是不是正確，作為心理學家的我，好奇的是他為什麼要講歷史終結了？因為其著作的主題其實是說傳統意義上的歷史雖然結束了，但以民主自由體制為標記的新時代即將開始。為什麼他不採用我這樣的積極心理學家所認為更合適的

「歷史的新開端」等題目，而是用了一種終結論的標題呢？

　　仔細想想，這樣的做法好像在學術大師身上經常出現。尼采常說「上帝已死」，海德格爾、維根斯坦等哲學大師們都從各自不同的角度提出過「哲學的死亡」。美國哈佛大學政治學教授丹尼爾·貝爾著書《意識形態的終結》，美國學者比爾·麥克基本著書《自然的終結》，英國物理學家巴布雅著書《時間的終結》，卡斯比特著書《藝術的終結》，英國作家格雷厄姆·格林著書《戀情的終結》，法國社會學家孟德拉斯著書《農民的終結》，勞倫斯·弗斯著書《現代醫學的終結》，約翰·霍根在其著作《科學的終結》一書中提出「科學已經終結，偉大而又激動人心的科學發明時代已一去不復返了」的觀點。為什麼這些學術大師愛說「終結論」呢？一種直觀的解釋是，這些大師可能是有嚴重的悲觀主義傾向，學問做得越高深，越容易感覺到它的艱辛、困難和複雜。所以，對自己的事業和熱愛的專業容易產生消極、負面、批評的傾向。俗話說「高處不勝寒」，講的可能就是這種道理。不過，我查了一下這些大師們的壽命，發現除了尼采（56歲自殺）和維根斯坦（62歲），其他人的壽命都不短，不像是痛苦、抑鬱、悲觀的人那樣早早離世。丹尼爾·貝爾活了92歲，約翰·霍根82歲仍健在，海德格爾87歲，格雷厄姆·格林87歲。

## 終結幻覺

　　根據我的師兄，美國維吉尼亞大學心理學系主任提莫西·威爾遜（Timothy Wilson）、哈佛大學心理學系主任丹尼爾·吉爾波特（Daniel T. Gilbert）和他們的學生喬迪（Jordi）的最新研究發現，這些學術大師們的「終結感慨」可能是一種連普通人都可能經常產生的心理判斷誤差，叫做「歷史終結幻覺」（The End of History Illusion）。他們認為，**人們容易高估過去經歷過的變化而低估未來會經歷的變化**。就像我們通常會認為過去十年經歷過很多的風風雨雨，而不太相信未來十年還會經歷同樣多的風風雨雨。歷史的變化到了自己的那一刻就終結了。

　　他們設計了一系列的實驗來測試這一「歷史終結幻覺」是否存在。在2011年到2012年之間，他們通過法國的一個真人秀網站「幸福的秘密」（Leurs Secrets du Bonheur），四個月的時間裡招募了一萬9千多人。在第一個實驗中，他們調查了7159個人，從18歲的年輕人到68歲的老人，平均年齡40歲，分別讓他們或者報告過去10年自己性格的變化，或者預測未來10年自己性格的變化。結果發現，人們報告過去已發生變化的程度遠遠大於預測未來會發生變化的程度。

　　他們還實際跟蹤記錄了3808個人的「大五人格測量」的分

數。被試分兩階段完成了人格調查（是一個叫做「美國人中年發展MIDUS」研究中的一部分，分別在1995至1996年間和2004至2006年間測試），測量了這些人的大五人格特質：責任心、宜人性（對他人的接納態度）、情緒穩定性（有時叫做神經質）、經驗開放性和外傾性。MIDUS調查因它的可靠性而被心理學家廣泛接受，因此，這幾位研究者假定在20世紀90年代中期和21世紀10年代中期之間任何分數的變化都準確地揭示了人們在「大五人格」的五個維度上與10年前相比變化了多少。這三位研究者要求被試估計他們10年間MIDUS測驗會變化多少以及他們10年後會改變多少。大多數人準確地估計了過去10年他們MIDUS平均分的變化，但是，大多數人明顯低估了他們在將來MIDUS分數的改變程度。簡而言之，相比屈服於記憶錯誤，人們更願意承擔預測的錯誤。

那麼，這種低估未來變化的傾向會不會反映到其他重要的人類生活維度上呢？這些學者又比較了人們對自己價值觀念變化的回憶和對價值觀念變化的預測，他們總共挑選了2717個從18歲到68歲的人，請他們或者報告過去10年自己價值觀念的變化，或者預測未來10年自己價值觀念的變化。結果發現人們還是容易低估自己未來價值觀念會發生的變化。

在第三個實驗中，他們調查了7130個人，同樣是從18歲到

68歲，請他們或者報告過去十年自己愛好事物的變化，或者預測未來十年自己愛好事物的變化，包括喜歡的音樂、食品、度假方式、興趣愛好等。結果同樣發現了對未來變化預測的低估趨勢。

## 終結論有啟發作用

更加令人震撼的是，這樣的歷史終結幻覺還會產生巨大的經濟後果，也就是說，**當我們在低估自己未來的生活方式和興趣愛好發生變化的程度的情況下，我們可能就會為未來的消費付出過多的代價。**比如說，請人報告他們現在喜歡的樂隊和歌手，以及為未來10年之後去看這些樂隊和歌手表演而在今天所交的訂金，再比較一下他們10年前喜歡的樂隊和歌手以及今天想聽這些樂隊和歌手的音樂會所願意出的價錢，發現前者付出的代價遠遠高於後者付出的代價，這個差別高達61％。**換句話說，我們為未來想像的消費多付了將近61％的錢。**

那麼，為什麼人們會有這樣的歷史終結的幻覺呢？第一個原因，關鍵還在於人的自尊心和自信心。人們希望覺得自己是智慧的、聰明的，不希望自己在未來會有很多的變化。這就是為什麼越是成功的人士、越是地位高的人士、越是學術大師們，越喜歡談自己現在的事業成就是最偉大的巔峰，在未來的變化不會太

大。正如文章所説，「人們似乎把現在視為一個轉折點──他們已經成為他們今後想要成為的那個人」。

第二個原因，可能在於我們能夠比較好的回憶自己經歷過的變化，但我們去想像未來的變化確實是一件不太容易的事情，即使天才如尼采、維根斯坦也都不可能預測人類社會將會發生什麼樣的巨大變化。30 年前，沒有人能夠預測到中國大陸現在的狀況，同樣我們也不能預測中國未來的狀況。

由此可見，偉大的思想家們也是人，也會犯心理學家所發現的人類普遍的心理誤差。社會是否進步，人類能否變化，科學如何革新，世界如何發展，這都是人類思想家們時時刻刻關心的問題。心理學家的研究發現，人們對答案的理解正在逐步增加，我們起碼對自己已經發生的改變有較好的認識；但是，我們還不能接受社會和自己仍在變化的這個觀點，因而會產生歷史終結這樣的認識誤差。

問題是：我們需要去改正這些錯誤麼？這好像就不是心理學家能回答的問題了。即使我們低估了未來的變化，即使我們為未來的消費多付了錢，也很難説它是一個完全非理性的決定，為未來多買單是不是本身就是一種積極主動的心態？是不是心想也會事成呢？還有，這種終結論也許能啟發我們從全新的視角去展望未來呢？

　　心理學家也不能預測未來，因此，我們同樣對未來充滿了敬畏！

第 53 講

# 研究心理學，也要關注傳統文化

　　每年 4 月的最後一個星期天，是北京清華傳統的一年一度的校慶日。

　　2015 年 4 月 26 日，是北京清華大學建校 104 周年的校慶日。在校慶前夕，北京清華大學心理系特地在水利館舉辦了「中國傳統文化與心理科學系列論壇之何為正心」的研討活動，並特意邀請了國內的幾位文化學者共同探討「中國傳統文化之正心理念與現代心理科學的關係問題」。我主持了這次論壇並作了主題發言，演講的主題是「中國傳統文化與心理科學結合的可能性探索」，主要是基於「文化心理學和本土心理學」的理論闡述了中國傳統文化與心理學的關係。

## 心理學「方便樣本」存在的問題

　　在我看來，首先我們必須承認，絕大多數的心理學研究是

基於西方工業化國家受過教育的富裕人群和傳統民主社會的大學生樣本。而這些特點正好是 5 個英文字母的縮寫：怪怪的（WEIRD——Western，Educated，Industrialized，Rich，Democratic）。因此，也有很多學者把這些樣本稱之為奇怪的樣本。而且大部分的心理學研究結果，往往是研究者根據其取樣方便原則來挑選研究對象而選取了美國大學生的樣本，但他們在美國人群中可能也就只占 5％，所以，並不是所謂的普通人。因此，有部分心理學家甚至嚴厲地指出：心理學權威研究雜誌，可能都應該改名為《美國大學心理系學生心理研究》。起碼我們目前已經發現，大學生在價值觀念、道德意識、自我概念、分類和邏輯推理、視知覺、公平感、合作精神、空間推理方面和其他人有很大的差異，甚至他們智力的遺傳性都要比普通人高很多。

　　從國際範圍來講，美國心理學的研究對象只占世界人口很少的部分，所以並不能代表人類的心理。曾經有人說，此時此刻，如果我們把地球上所有的人口轉換成一個只有一百人的地球村的話，根據我們現有的統計數據，那麼我們現在這個一百人的地球村，可能只有 14 個人是來自西半球，而有 86 個是東方人，有 8 個來自非洲，70 個是非白種人，70 個是非基督教徒，但是世界上 50％的財富，是由 6 個人來掌握，而這 6 個人都是美國人。另外，在這地球村的一百個人中，有 70 個人是文盲，有 50 個人將

面臨營養不良的生存問題，80 個人所居住的條件非常惡劣，而只
有一個人有大學學歷。由此可見，根據這種非常偏頗的樣本所做
出的人類心理的研究，有很多值得我們警惕的地方。中國學者梁
啟超、魯迅、梁漱溟、潘光旦、費孝通、許烺光、陳大齊等等，
都對以西方材料為主的心理學提出過批評。這也是中國大陸的
「民族心理學」、臺灣的「本土心理學」，以及我所參與的「文化
心理學」需要改變的現狀和現實。

## 心理學與傳統文化相結合的探索路徑

　　心理學作為一門基礎科學，它所做的很多關於人類心理機
制、過程的研究，應該是比較具有普世性的，但是，有關人類社
會和文化心理的研究，有關幸福、快樂、積極的研究，都應包含
文化因素的考量。因此，如何將「傳統文化與現代科學心理學」
結合起來，我個人覺得應該要有一種寬容、大度、嚴謹和務實的
態度。中國的心理學不應該排除世界心理學家所用的方法、策略
和重大發現，特別是有關人類心理過程和心理機制的研究結果，
但我們也不能完全套用其他國家的理論和方法。

　　這次論壇的一個難得的共識是，強調中國的心理學需要與中
國的文化相結合，不是要把學術問題政治化、民粹化、庸俗化。

雖然當今中國大陸社會民粹思想氾濫，排他心理嚴重，非黑即白
的思想也尤為盛行，但我們仍然要強調，中華傳統文化與心理學
的結合是中國心理學家應該關注的、非政治性的學術問題。那
麼，中國的傳統文化到底應該如何與心理學相結合呢？我在論壇
上提出六個探索的路徑。

　　**第一，最主要的是要有一種做學術研究的寂寞之心。**也就是
說，一定要有一種接受不確定的、混沌不明狀態的心理準備。為
了讓傳統文化與心理學結合，需要大量的工作準備，也需要有一
定時間的等待，甚至可能會有一段混沌不明的空檔和時間，但我
們仍然不能只是輕易地利用西方現存的概念、理論和方法作為答
案，過早填補了思考的缺口，這樣才有較大可能確保本土化的想
法和靈感出現。

　　**第二，要有敬仰之心。**充分尊重中華傳統文化的智慧，要充
分反映華人的思想，強調華人社會文化的脈絡，只有在大陸具體
而複雜的社會歷史背景下，才能更好地瞭解華人的心理和行為的
變化。

　　**第三，要有現實思考。**要將華人的心理和行為與現實的政治
經濟、社會生活情景相聯繫，只有瞭解現實的文化狀況，才可能
瞭解大眾心理產生的原因。也就是說，要兼顧傳統與現代，在研
究古代傳統文化心理現象的時候，也需要瞭解它對當前的意義、

體現和效用。

　　**第四，要有敏銳之心。**也就是要發現中華文化下特有的心理和行為，這種特有的現象不只是可以幫助瞭解中國人的心理及特點，也能為世界文化心理學做出中國人獨有的貢獻。畢竟中華文化是少數源遠流長綿延幾千年的文化，經這種獨特文化薰陶的人們的心理和行為，在很大程度上具有不可替代的獨特性。

　　**第五，要有探究之心。**也就是不要簡單地滿足於描述文化與社會心理現象之間的關係，而要重視其內容與產生的機制，更要對問題有比較深刻的分析和判斷。

　　**第六，要有寬容之心。**儘量把文化心理學的研究與中國其他傳統學術研究進行聯繫和結合，最重要的是要與中國古代學者及當代學者進行溝通、交流、融合，創造和昇華他們有關歷代中國人心理和行為的觀念、思想及理論。在某種程度上，借助於研究古代中國人的心理、思想和概念的結果，引申並用於解讀當代中國人的心理和行為現象，可能更加容易理解中國人心理特性，也更容易被中國社會所接受。

## 五大研究領域

　　根據臺灣已故的「本土心理學」創始人楊國樞老師的統計，

中國傳統文化和心理學結合的研究，已經成果頗豐，主要集中在
五大研究領域，最突出的有：

第一，人格與社會心理學研究領域。經過楊國樞、黃光國、
楊中芳、梁覺、趙志裕、康穎、王登峰和我本人等多位學者的努
力，**中國人的社會與人格心理學已經成為文化心理學研究中特別
重要的內容**，中國人獨特的人格與社會心理學內容，如關於「面
子、緣、忍、報、義、孝、人情、中庸及辯證思維」等方面的研
究結果，為世界心理學研究提供了新的角度、方法及獨特的理論
概念和體系。

第二，組織與管理心理學領域。有關家族主義、華人領導模
式、組織默契及家族傳承等方面，都有中華文化心理學的貢獻和
影響。

第三，發展與教育心理學研究領域。有關道德與道德發展、
恥感發展、孝道心理發展、親子關係等方面，都有文化心理學家
做出的研究和貢獻。

第四，臨床與諮詢心理領域。有關本土化的治療理論與方
法，正向、積極心理學的治療理論與方法，中國傳統的禪、專
念、冥想、氣功、太極等技術對諮詢的意義和價值，也都有了一
些有意義的探索。

第五，變態心理學與犯罪心理學領域。中國的心理學家也做

出了部分有獨特意義的文化心理學方面的貢獻。

在這個論壇討論時間，其他學者的發言也非常有意義。李虹教授闡述了道德心理學的意義及發展方向；蔡曙山教授談了語言及語言教育對華人誠意正心的幫助；航空航天科學家高歌教授從宇宙能量學的角度談心理學正心的具體數量測量和能量測量等。

最後，我以「偷得浮生半日閑，修得一世積極心」作為總結，獻給所有參加論壇的嘉賓和來賓。

終日匆匆忙碌間，
儒釋道心忽結緣。
高朋滿座侃文化，
方覺偷來半日閑。

PART
05

# 迷人的未來

現實和理想之間，不變的是跋涉，
暗淡與輝煌之間，不變的是開拓。

——汪國真 《生活》

第 54 講

# 未來心理學的騰飛之舟 ── 傳統文化＋現代科技

　　2015 年 3 月 12 日，我在一場「未來創客‧春季思想峰會」上從認知科學的角度做了文化差異的主題發言。

　　我是那天上半場的最後一位發言者，有趣的是安排在我前面演講的那一位，是研究黑洞穿越的天文學家。我開玩笑地説，主辦方為什麼把我安排在天文學家的後面講呢？可能是因為「未來創客」認為，天文學和心理學在中國的傳統心學中是相通的 ──「我心即宇宙，宇宙即我心」── 我們人類最偉大的優勢不只是我們的記憶能力、動手能力、學習能力，還有我們的想像之心、憧憬之心、計劃之心。黑洞也讓我們覺得神奇，讓我們充滿了想

像、充滿了憧憬、充滿了希冀。這應該就是把我和天文學家放在一起的原因吧。

作為一個研究人類心理的科學家，我也一直在思索一個與未來有關的問題，**人類未來的科學到底將會探究什麼？**什麼樣的問題值得我們去探索、追尋與憧憬？在20世紀末的時候，一些諾貝爾科學獎獲得者和美國科學院的院士，共同聚集在美國首都華盛頓討論一個問題：21世紀人類的科學到底應該研究什麼問題？什麼是未來最前瞻性的科學？人類未來的科技突破到底會出現在什麼地方？結果他們發現，關鍵在於「五個方面」。

## 人類未來科技飛躍的五個方面

具體是哪「五個方面」呢？

第一個是在21世紀，大約在五代人的時間之內，一些人類偉大的智慧突破會出現在奈米科學領域，因為它消除了人造分子和上帝製造的物質分子之間的差異——也就是說，我們人類可以造出上帝製造出來的東西。

第二個是生命技術，通過蛋白質和基因的改造，讓人類活得更加健康和長壽。

第三個是資訊科學，也就是大家經常談到的人工智慧、機器

人、網路科技革命，讓人類變得更加聰明、更加有效率。

　　還有兩個中國大陸科學界一直忽視的領域：一個叫做認知科學，也就是心理學，它研究的是人類如何思考問題，如何去解決問題，尤其重要的是如何計劃未來。很長時間以來，人類都把自己定義成一個物種──「智人」（Homosapiens）。其實，**人最偉大的特點和優勢不只是會學習，關鍵在於我們富有想像力，具有穿越未來的能力**，這是其他物種不可替代的地方。所以，心理學與認知科學其實解決的就是人類的想像力、創造力，穿越未來以及昇華的能力。

　　還有一個特別重要的學科，在中國大陸長期以來是受到輕視、受到排斥、受到操縱的──那就是社會科學。社會科學研究最核心的問題是「人類的文化和集體智商」。為什麼現在的人類還在相信二千五百年前一些偉大思想家的口號？為什麼有些人能夠因為宗教領袖的一句話就彼此殘殺？中華文化上下五千年到底遺傳了什麼文化基因？我們的集體智慧如何提升？儘管我們都是有智慧的智人，那為什麼聰明的人還要互相歧視、互相迫害、互相殘殺？人如何讓自己活得更加高尚、更加幸福、更負責任、更有大愛之心和豐富的創造力？這正是社會科學研究的內容。

　　時代的發展，要求這些科學之間互相融合、互相整合。但如何整合這些科學？不同領域的人肯定有很多不同的方法。我今天

就談兩個最前瞻科學領域的整合：即社會科學（文化）和認知科學的整合。這其中包含著兩個問題，第一個問題是，為什麼認知科學一定要關注文化？第二個問題是，如何把這兩個科學整合起來？

## 觸發中西方文化碰撞的節點

為什麼認知科學要關注文化？這是因為人類對社會的認知，即對世界的概念、想法、判斷都是通過語義系統存在於我們的大腦之中的，這種語義系統的節點互相觸發、互相引用。如果我們觸發其中一個概念，其他概念也一定會被觸發出來，心理學家把它叫做啟動效應。有人做過一種研究，給被試三類不同的啟動，一個是中華文化的啟動；一個是西方文化的啟動；一個是中性的啟動，沒有任何文化特性，就是自然風景。然後，就去看這些人被啟動以後，如何去解釋一些經典的心理學研究。其中一個寫進了教科書的研究是我和我的師兄——哥倫比亞大學邁克爾·莫里斯教授一起做的。研究發現，結果非常明顯，也非常穩定——不同文化的人在受到了某一種文化符號的影響之後，一定會產生文化差異特有的一種反應，產生不同的解讀。所以，文化其實隨時隨地都影響著我們對周圍事物的認識。

　　文化還通過語言影響我們的認知。毋庸置疑，我們所有的思想其實都是借助語言來表達的，而語言對我們的影響非常巨大。可以舉個例子：現在請您想一個特別簡單的問題，如果先給您看見一個叫「張勇」或「李剛」或「劉翔」或「王偉」等名字，然後跟你說「她將是您下一次約會的美女的名字」，您有什麼感覺？如果告訴有個美女叫做「賴大雄」，您願意和她約會嗎？估計大部分男生都不會。所以，通常我們往往忽略了語言對我們的影響。

　　另一個著名的研究，是史丹佛大學的一位心理學家做的經典實驗。假設有三個怪物排成一列往前走，你覺得是「哪個怪物」走在最前面。一般來講，中國人容易把下面這個怪物看成最前面的怪物，而說英語的西方人，會把最上面的怪物看成走在最前面的怪物。為什麼會是這樣的呢？我們一直都不知道答案。直到2001年，史丹佛大學的心理學家發現，這可能與中、西方人對時間的表達有關係。比如說，要開一個會，原定於「下星期三」的會將「提前兩天」開，按華人的思考習慣就會以為時間改到了「下星期一」；但是如果把這個問題講給說英文的人聽，很多說英文的美國人，就會認為這個會是改在了「下星期五」。這是因為他們的方向是往外面走，而不是像中國人那樣往裡面走。

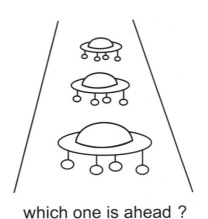

which one is ahead？

圖 20　誰走在最前面

　　這就是語言對我們的影響，中國人用「上和下」來代表時間的方向，所以關於未來，我們用的詞是「下個星期」、「下個月」、「下半年」；而西方人，他們用「前」和「後」表述時間概念。**語言對我們的影響，甚至影響到了我們對時間的理解。**大家都知道，人類社會的「時間和空間」，是兩個所謂永恆不變的概念，但就是對這兩個永恆不變的概念，我們都有這麼大的語言文化的差異。

## 文化影響我們的舉手投足

我們要關注文化的另一個原因是：我們的行動對我們有巨大的影響。我們中文講「知行合一」，「知」就是「行」，「行」就是「知」，其實有它的道理。認知心理學中有一個特別重大的概念，說的是我們所有的知識、理念、概念都不僅僅作為一種抽象的符號存在於我們大腦的海馬體和大腦的前額葉，更是作為一種身心的體驗，存在於我們軀體的各個方面——這個重要的概念是加州大學洛杉磯分校（University of California, LosAngeles）的著名心理學家巴薩盧（Barsalou）提出的，並且已經得到很多實證研究證明；甚至像文化這樣抽象的概念，也是通過我們的行動表現出來的。

華人作家龍應台曾經說過：什麼是文化？它不是學歷，不是教材，不是書本，它是隨便一個人迎面走來，他的舉手投足，他的一顰一笑，他的整體氣質。他走過一棵樹，他是隨手把樹枝折斷丟棄，還是彎身過去，所有這一切就是人類的行動，所有這些行動所展現出來的就是人類的文化。所以，我們經常形容，這個人有文化。從哪裡體現出來他有文化，從他的行動中看出來的。人們說這個人是「土豪」，即使他有很高的學歷也是土豪，為什麼？因為他的文化不能夠在他的行動中體現出來。

　　由此可見，文化對我們的影響其實是巨大的，因為我們每個人都有自己行動的環境，環境對我們有很大的影響。而傳統觀念對我們的影響也是巨大的，因為國人相信「道」，相信「無我」，所有這些「道」，這些「無我」都不是哲學的思辨，它是通過我們的感覺、行動和認識充分體現出來的。其實傳統文化的思想是深入到我們的軀體當中，深入到我們的骨髓當中，甚至深入到我們大腦當中的。

　　我們最近做了一個研究，發現中國人在進行「無我」思辨的時候，大腦的一個神經區域，叫做「內側前扣帶回」，它的活躍程度非常不一樣，甚至灰質容量都不一樣。所以，傳統文化要用科學的方法去研究，這也說明人類的認知科學如果跟傳統文化結合起來，真的有可能解釋我們自己為什麼繼續追隨自己的文化。因為它們已經刻骨銘心，深入到我們的神經大腦聯絡之中，這就是文化為什麼有影響，是因為文化也影響我們的記憶。

　　我的老師尼斯貝特曾做過一個很有意思的研究。他讓世界各地不同的人看同一個畫面，在看了一分鐘之後，讓他們回顧一下剛才這個畫面出現什麼樣的形象。你會意外地發現，我們中國人看到的比美國人要多，但是中國人看得不如美國人仔細。中國人能夠看到很多的東西，包括水草、蝸牛、氣泡（北京清華大學的學生更加神奇，還能數出來有六個半的氣泡）。這說明我們看事

物的時候是用整體的方式，這可能跟中文的閱讀方式有很大關係，中文只能整體知覺，不能分解知覺。但這也是中國人的一個毛病，因為我們關注整體的時候，對細節的分析就有點忽略了。而當讓美國人分析時，問他們三條魚的顏色有什麼不一樣，美國人說得清清楚楚的，但是中國人就不知道，因為眼睛到處亂跑。還有一個文化視盲實驗，讓不同國家的人看兩張圖，回顧一下這兩張圖有什麼不一樣的地方，意外地發現，中國人對這些變化識別得比較敏感，而西方人對這些變化識別得不夠敏感。

## 用技術和藝術承載文化心理學的認知突破

那如何把認知科學和文化心理學結合起來，實現文化心理學的突破？**我特別關注兩個方面，一個是技術，一個是藝術。**我覺得未來的綜合，特別是認知科學和文化科學的結合，就是依靠技術的突破，技術的突破讓我們對人類行為的分析有了更好的載體。以前的心理學家靠問卷、行為指標、心理指標瞭解人的活動，但是，我們逐漸發現問卷是靠不住的。就像電視臺的記者拿著麥克風問：「你幸福嗎？」，得到的一定是神一樣的回答，因為回答的人自己也不知道到底該怎麼說，到底為什麼這麼想。所以，需要產生一個全新的技術，獲得一個巨大的突破，這個技術

就是大數據時代的技術，能夠幫助我們的認知科學家通過雲平臺存儲數據、統計數據，這就是北京清華大學大數據心理學研究為什麼越來越受到關注的原因，我們在用技術解決認知科學研究的一些基本問題。

在文化心理學方面也可以用大數據的方法產生一個文化基因組學。生物基因組學讓我們在21世紀初產生了巨大的變化，文化基因組學也一定會產生更多的結果。

而藝術也是認知科學和文化心理學結合的一個很重要的方式。因為人和動物不一樣的地方在於人有想像力。所以，現在有一個特別中肯的說法，**不是適者生存，不是強者生存，更不是狼性生存，而是美者生存**。所以，文化心理學、認知科學一定要通過美的方式來實現。

未來的世界需要什麼樣的人才，我認為一定是那些文理交融、中西合璧，而且最好古今貫通的綜合性人才。如果我們能將認知科學和文化科學結合起來，借助技術和藝術，真的有可能實現讓中國心理學領導世界心理學新潮流！

第 55 講

# 認清中西思維局限，找出創新新路徑

關於文化差異這個問題，我曾經給出的建議是：換一個角度去看世界、看生活、看周圍的人和事（包括看我們自己），可能會讓我們有意外的收穫和驚喜。

從古至今，為什麼許多文化此起彼伏，興起而消亡？從歷史的角度來講，很多的創新都是需要不同文化之間的接觸、融合和昇華來實現的。一個很重要的特點就是：那些孤立的、邊緣化的文化往往很難生存下來，而那些多元文化、交流碰撞的文化，容易形成創新的機制和成果。因此，跨文化的國際視野和經歷，很容易成為創新的源泉和動力——中國盛唐時期的長安，古代埃及的亞歷山大城，文藝復興時期的佛羅倫斯，無不是不同文化交融的國際大都市，也是文化和科學創新之地。

## 何謂創新？

　　創新，顧名思義是要突破局限。很多人討論局限的時候，討論的是社會、討論的是體制、討論的是別人的局限，但很少討論我們自己的局限。要具備國際化的視野，主要是幫助我們超脫自己的局限，跳出我們文化的圈子，看一看我們到底有什麼特點。

　　心理學家經常喜歡做的一個簡單的心理學實驗是，請大家聯想兩個概念：我們和他們。在想「我們」時，我們想到的是什麼？想到的是同學、自己、美好、幸福、快樂，想到的都是特別積極的事；而想「他們」的時候，想到的是什麼？我們特別容易想到的是「他們」跟我們不一樣方面，他們有問題，他們有毛病……這個本身就是一個局限，這個局限讓我們不能夠批評我們自己，並且特別容易批評他人，所以有很多的問題，其實需要我們自己認認真真地進行比較和探索。

## 「你小子還想當美國總統」

　　談中國人的思想特性、中國人的創新障礙和成功經驗，是不能憑著我們自己的經驗直覺來進行講解和分析的，一定要進行科學的分析。而在科學的分析中，心理學可以扮演一個很重要的角

色。心理學為什麼能夠跟文化有關係？其實我們在談文化的時候，談得比較多的是客觀的文化，比如說經典、比如說藝術，這都是看得見摸得著的文化，是文化的載體。真正的文化我們認為是主觀的文化，是一種心理的文化、一種精神的氣質、一種思考的方式和思想的理念，它比客觀文化重要得多。

　　主觀文化必然會帶有很多文化的差異、語言的差異，從而影響到我們的文化思維。有美國心理學家做了一些經典的研究，發現中國人在反事實思維方面做得不是足夠好。比如：假設彭老師是美國總統，那麼中美關係會怎麼樣？中國人的習慣想法是，「那小子還想當美國總統？門都沒有！」首先就拒絕了這種假設。但創新就是要做假設、要反現實的、要突破現狀的。

　　當然，語言對於我們的誤導也是非常大的，有的時候就是因為我們太瞭解自己的文化，以至於在某種程度上無中生有地做出一些判斷。


　　有一個很有趣的研究，就是讓美國人讀這個英文句子：FINISHED FILES ARE THE RESULT OF YEARS OF SCIENTIFIC STUDY COMBINED WITH THE EXPERIENCE OF YEARS，然後問他們，這句話中有多少個字母「F」？美國人說：「三個。」因為他們進行意義加工，OF 這種介詞，是不數的。問我們中國人，就會說：「六

個。」這時我們中國人反而答得對，英語越不好答得越對，因為
文化和語言，有的時候會有先入為主的誘導作用，使我們容易上
當。

## 文化差異帶來受限的日常行為

　　文化也會影響到我們對現實世界的認識和判斷。1994 年我
和我的師兄邁克爾・莫里斯教授做過一系列的研究，用電腦模擬
魚的各種互動關係，結果發現不同文化的人對這個魚的互動關係
有不同的解讀。如果有一條藍色的魚在前面遊，後面一群魚慢慢
地遊過來，你覺得這條魚高興還是不高興？在回答這個問題時，
我們就會把自己的經驗、自己的價值觀念、自己的意識投射到魚
的身上去。而這種投射，我們發現有很大的文化差異，中國人傾
向於認為這條魚是高興的，因為中國是強調團結、強調集體、強
調互相聯絡的一種文化；而美國人則傾向於認為這條魚是不高興
的，因為美國文化相對而言是強調獨立、強調分離、強調與大家
不一樣。

　　不只是在文化的直覺方面，文化也影響對自我的認識。史丹
佛大學的心理學家哈澤・馬庫斯（Hazel Markus）和密歇根大學
的一位日本心理學家北山忍（Kitayama）在 1991 年發表了一篇很

有名的心理學文章，說的是在很多情況下，東方人的自我概念相
對而言是互相依賴的，在我們的自我認識中間有母親、有同事、
有很多其他的人；而在西方人的自我概念裡頭，更多的是互相分
離的，互不關心的一種社會自我認識。中國人講自我的時候，講
的更多的是集體的、社會的自我。我們隨機找一個學生讓他回答
「我是誰？」大部分學生首先作出的反應是「我是中國人」，「我
是北京清華大學的學生」，「我是北京人」，等等。在西方做這種
研究，得到的結果更多是強調與自己的特性有關的自我概念。

　　出現這種自我概念的差別，關鍵是中國人在認識思考方面有
很大的差別，這也就會影響一些思考工具的選擇和使用。我們已
經發現這裡存在很大的文化差異，中國人傾向於選擇使用歸納、
演繹、因果、理解、判斷、決策、推理、說服等這些心理的認識
工具，在這方面都有與眾不同的思想，所以，有人說中國人是
exceptional（獨特的），可能在某種程度上確實是有一些特點和
特色。這個東西來自於什麼地方？我認為是來自於自己的文化經
驗。

## 突破思維局限是創新的關鍵

　　知識創新，我覺得很需要突破自己的文化局限，突破自己的

思維局限，突破自我的局限，只有這樣才能夠實現創新。強國的心態也是一個很重要的問題，但在中國正在逐漸成為一個大國過程中，我們一定要用科學的、理性的態度來分析自己和別人，而不要根據直覺和經驗，更不要根據自己的情緒來做判斷或決策。很多問題其實是有科學分析的方法的，我們不知道只能說明我們不知道，不能說不存在。

最後一個很重要的方面就是，中國既然作為一個大國，就一定要做思想領袖，一定要輸出自己的文化，輸出自己的價值觀念。**這種輸出，這種文化的創造和建設，也必須以科學的理性的態度去做。** 也許當前人們太關注物質的東西，太關注金錢的意義，但在當下世界風雲瞬息萬變之際，具有大國心態的中國人真的應該想一想：中國應該要有什麼樣的精神，應該要有什麼樣的文化？

第 56 講

# 文化形象──讓他人主動找到信你的理由

　　我想從文化心理學的角度討論文化形象。「形象」是個心理
變量，它與具體的現實有一定關係，但更多地與我們的認識、判
斷、思維、感情相關。

## 文化形象的重要性：人類心理有血有肉的真實反映

　　功夫巨星李小龍在去世前五天，接受了美國ＣＢＳ電視臺的
採訪，形容中國人的本質是「水」，無狀、可塑、至柔至堅。但
美國人聽了一頭霧水，不知所云！這裡就存在如何用東方哲學弘
揚中華文化，進行有效溝通的問題。

　　當我在美國加州柏克萊大學講授《文化心理學》一課時，曾
問過我的美國學生「想起中華文化的第一反應是什麼」，他們給
我四個形容詞：「玄妙」──「道可道，非常道」，到底可道不

可道？「不時尚」──諸如跪拜一類的復古儀式傷害中華文化形象；「家長制」──善於自上而下教導、灌輸；「沒用」──翻來覆去都是些毫無新意的東西。這其實完全是對中華文化的誤解。所以，一定要用科學的手段、心理學的方法、人文的情懷重塑中國的國際文化形象。

　　心理學家大量使用觀念啟動來研究人類心理的因果關係，比如告訴你一個地方有陽光、沙灘、椰子樹，你就會想到海南島，因為我們的所有概念建立在一個語義系統之中，互相牽連。前面提到，我和師兄莫里斯教授曾經研究過同一條魚，當看到一條魚在前遊、一群魚在後追的圖像時，中國人多認為這條魚很開心，因為夥伴們都跟上了，而美國人卻覺得這條魚肯定要被煩死了。值得一提的是，看多了中華文化形象與看多了美國文化形象的各國實驗者，其回答會不由自主地傾向於所接收到的文化形象。史丹佛大學心理學教授博洛迪斯基發現東西方的時間形象有差異。西方人的時間軸為左右橫向，向外遷移；中國人的則為上下縱向，向內遷移。因此，如同我們在本部分第一篇文章中被問「週三開會提前兩天是周幾」，中國人回答週一，以現在為中心，向自己遷移。西方人回答週五──以現在為中心，向外也就是向右遷移。

　　心學的知行合一，其實就說明形象不僅僅是概念，或者符

號，它也是我們的情感記憶，更是我們的身心體驗。談到理想，我們抬頭挺胸；談到英雄，我們大義凜然。所以我強調文化形象非常重要，它不抽象、不機械，是人類心理有血有肉的真實反映，會直接影響我們的感情、思想、行動。

## 如何重塑文化形象：
## 別只講心靈雞湯，要靠科學闡釋

　　怎樣重塑中華文化形象，如何破解之前提到的四大誤解？比如如何向外國人解釋「道」「無我」等中華文化概念？我的經驗是，第一，要用技術、定量的科學方法闡述，而非泛泛而談。第二，不能只局限於自己研究的學科，要跨界。大陸人長期受文理分科的影響，很多做文化工作的人，不知道用科學證據去偽存真的重要性。第三，講現實意義。1999年和2000年我連續在《美國心理學家》雜誌上發表了兩篇文章，分析中國的「道」可以用現代語言來解釋。「道」代表著一種變化的規律，其意識與樸素辯證主義相符，它包含了中庸的概念，牽一發而動全身。這麼一說，老外就容易明白了。

　　宣傳中華文化的某個概念，不能只講故事，還要儘量具體、實在，能用科學數據講更好。1998年，我去加拿大多倫多博物館

參觀，發現西方人特別為漢代的一個石圭儀器所震驚，這應該是當時的一個普通人，為了驗證「天意」而設計的——與牛頓等西方科學家要驗證上帝的旨意是什麼，有異曲同工之妙。我們的這位前輩驚奇地發現，一年有365天，每天太陽通過石圭儀反映在地面上的就是一幅陰陽太極圖。總之，重新弘揚中華文化，不要只講心靈雞湯，需要多講些祖先的實證探索和邏輯判斷。

此外，數學家曼德博萊特創立的分形幾何學——客觀事物具有自相似的層次結構，局部與整體在形態、功能、訊息、時間、空間等方面具有統計意義上的相似性不僅讓人們感悟到數學與藝術審美的統一，而且還符合傳統佛教文化中「一花一世界，一樹一菩提」的精神。所以，我認為中華文化可以用現代方式，甚至是科學方式來解釋。

## 兩種思維模式、審美理念、理性判斷的PK

文化的傳播還可以通過比較的方式來實現。為了說明中華文化中的樸素辯證思維的思想，我曾經對中美的文化思想差異進行過系統的比較，使得很多西方人更容易理解中華文化的博大精深。比如說，我們的實證研究發現，中國人對猶太諺語「小心你的朋友，而不是敵人」深以為然，美國人則感到莫名其妙。可

見，中國人能夠普遍運用辯證思維，美國人不太喜歡。中華民族文化中有大智慧，「塞翁失馬，焉知非福」就是一種辯證思維，而這種辯證思維，對人類的認識和判斷大有助益，能解決許多現實生活中的矛盾。

如果讓美國人看一些矛盾訊息，那麼，他們的原本態度就會出現極端轉變，比如，你告訴美國股民有一支股票比他買的更好，他更加堅信自己買的是最好的；你向支持死刑的人展示反對死刑的證據，他越發認定應該支持死刑。反之，中國人則容易妥協，傾向於取中間數。**美國人的思考誤區導致他們往往把真實訊息排除掉，中國人的問題則在於對錯誤訊息的包容，雖然善良，卻輕信盲從。**

禪宗六祖慧能大師有首四句偈：菩提本無樹，明鏡亦非台，本來無一物，何處惹塵埃。這四句即為超越自我意識的表達，是「無我」之境。但你很難跟外國人解釋「無我」。但我們發現中國人的這種「無我」思想有具體的行為體現，甚至可以找到神經定位，就在我們大腦的背側前扣帶回（簡稱DACC）。**「無我」概念不是玄幻的宗教概念，而是人類處理矛盾訊息的一個有效方法，**可以找到生理依據，而且具有積極的心理效果。所以，完全可以用科學的方法重塑、弘揚優秀中華傳統文化，讓世界看到中華文化形象是高雅、大器、有格調的。我發現，東方人整體知覺的意

識，亦表現在文化藝術形象上。我們擅長使用 45 度角俯瞰技術展示世界，繪畫長卷、留白之韻、移步借景……都符合華人整體知覺的心理習慣。上海世博會的《清明上河圖》美麗無比，此圖將中華文化藝術中形象塑造的特點表達得淋漓盡致，大量的散點透視，沒有消失點，沒有焦點，任意切割仍可獨立存在。反觀西方畫作採用焦點透視，目標大，背景小，人物肖像尤為出色。此外，我做過很多有趣的實驗，結果都證明美國人的視線喜歡專注於一點，受目標刺激；而中國人的眼睛喜歡到處「亂跑」，受整體刺激。所以，東西方審美差異確實存在，而且能以科學的闡述直接說明兩者間差別何在、各自妙在何處。

　　康德在《純粹理性批判》裡提出人類兩大理性：分析的理性和綜合的理性。而巨大的文化差異使得美國人偏向關心從屬關係的前者，中國人偏向關心相關關係的後者。舉例，雞、牛、草「三選二」，美國人會選雞、牛──都是動物；中國人會選牛、草──牛吃草。醫生、老師、作業「三選二」，美國人選醫生、老師──職業工作者；中國人選老師、作業──老師佈置作業。很多西方心理學家認為根據事物本質來歸類是高級的，根據關係來歸類是低級的，此等論調顯然錯誤。媽媽、嬰兒車、汽車「三選二」，當然應該把媽媽和嬰兒車放在一起，嬰兒車和汽車雖可劃為交通工具而歸於一類，但這有何意義嗎？

這種跨文化的比較方式，不光可以讓外人容易理解中華文化概念，也可以讓我們發現自己平時不可能知曉的本民族文化特性。比如中國人特別擅長類比思考，卻經常不講邏輯。「子不嫌母醜，狗不嫌家貧」所比喻的道理讓老外糊塗，糾結於怎麼突然就從上句的「人」跳到下句的「狗」了，邏輯上不通。所以，國人必須注意國際視野下的文化形象傳播的科學性、現代性、可比性。

　　法國著名的哲學家和科學家帕斯卡說過，**我們與他人交流時，一定要讓他們自己主動找到相信你的理由**，而非滔滔不絕強行灌輸「應該相信」的理由。這就是文化形象重建在心理科學上的建議。

第 57 講

# 國家智庫裡需要心理學顧問嗎？

　　中國的「智庫」在有段時間裡成了高校中討論最多的問題。日前我應好友齊曄教授的邀請，參加了他主持的「北京清華大學─布魯金斯學會」聯合舉辦的「幸福研究的多學科探索及國際經驗」的國際研討會；並在會上做了有關〈幸福中國的大數據研究〉報告。然後與專家一起探討如何幫助大陸各級政府從關注 GDP 到關注人均幸福指數。

　　這半天的討論讓我感慨頗深，真心感受到其他專業的智庫專家對心理學家的期待。我們心理學家真不應該自劃疆域、自娛自樂，應該多多參加與國家發展、社會管理、文化建設、國際安全、環境保護等重大問題相關的討論，因為我們能夠做出心理學方面的獨特貢獻！

# 全球頂級智庫在做什麼

　　布魯金斯學會（Brookings Institution）是美國著名思想庫之一，也是全球排名第一的智庫。政治傾向偏左，許多重要成員屬民主黨人，為民主黨政府出謀劃策，儲備和提供人才，有「民主黨流亡政府」之稱。在研究方面，它自稱遵循「獨立、非黨派、尊重事實」的研究精神，提供「不帶任何意識形態色彩」的思想，旨在充當學術界與公共政策之間的橋樑，向決策者提供最新訊息，向公眾提供分析和觀點。詳見表2。

| 名次 | 智庫名稱 | 國家 |
|---|---|---|
| 1 | 布魯金斯學會（Brookings Institution） | 美國 |
| 2 | 英國皇家國際事務研究所（Chatham House） | 英國 |
| 3 | 卡內基國際和平基金會（Carnegie Endowment for International Peace） | 美國 |
| 4 | 美國戰略與國際和平研究所（SCIS） | 美國 |
| 5 | 斯德哥爾摩國際和平研究所（SIPRI） | 瑞典 |
| 6 | 布魯蓋爾研究所（Bruegel） | 比利時 |
| 7 | 外交關係協會（CFR） | 美國 |
| 8 | 蘭德公司（Rand Corporation） | 美國 |
| 9 | 國際戰略研究所（IISS） | 英國 |
| 10 | 伍德羅‧威爾遜國際學者中心（Wilson Center） | 美國 |

表 2 全球頂級智庫（美國和非美國）

# 心理學家如何顧問國策

2009 年 4 月 2 日，美國《時代》週刊披露，現任美國總統歐巴馬的顧問團隊中有 29 位心理學家在幫助他利用心理學來管理國家、贏得選舉、推動公共關係和戰略設計，歐巴馬之所以能夠在 2012 年的總統大選中獲勝，一部分功勞就得益於其背後的「行為科學夢之隊」。這個不領薪水的學術顧問團隊自稱「行為科學家聯盟」（Consortium of Behavioral Scientists）。他們為歐巴馬的競選團隊提供專業意見，回答選民的問題，破除各種謠言和八卦，處理網路民意和訊息，其中的一些人早在 2008 年的時候就已經是歐巴馬競選團隊的重要顧問。除此外，這個由 29 位行為科學家（很多是心理學家）組成的秘密小組，還將歐巴馬的競選策劃活動（如募捐籌款活動、謠言控制、網路民意管理及動員選民等各方面）不停地整理成白皮書提議獻策。

不只是美國，在英國、法國及其他歐洲國家，都有心理學家出任領導人的智庫成員和國策顧問的角色。前英國首相卡麥隆（Cameron）就成立了一個「行為洞見團隊」（Behavioural Insights Team），俗稱「助推團隊（nudge）」；主要是負責政策的推薦，並依靠心理科學的理論和方法來幫助領導人做出更加智慧和積極的決策；目的是使人民活得更加幸福、健康、更有成就。

　　2013年10月2日，我應英國首相府的邀請，參加了「英國教育改革國策研討會」意外地發現，英國首相卡麥隆的心理學家團隊非常尊重證據、事實以及心理學科學的結論，從而幫助首相確定更有意義的教育政策。最後的結果是，從2015年開始，**在英國推廣幸福與品德教育，以取代先前以考試成績為目標的教育方法，來改變先前的以知識和成績為目標的教育理念和方法。**

　　不只是美國、英國，臺灣也有心理學家出任國策顧問。2014年6月，我應邀參加臺灣中央研究院舉辦的學術活動，見到了老朋友──臺灣大學教授黃光國先生。意外得知，黃先生也是國策顧問。

　　因此，心理學家出任國家智庫的要員，甚至直接與最高領導人進行國策諮詢、研討和戰略設計，是很多國家和地區的常規實踐，不是什麼標新立異的提法。只不過由於中國心理學的薄弱，加上多年不受重視，才導致了大陸心理學家在很多重大問題上的缺席，看不到應有的身影，聽不到獨特的聲音，更沒有做出有意義的貢獻。

　　孫中山先生在其著名的《建國方略》中，開宗明義地指出：「夫國者人之積也，人者心之器也，而國事者──人群之心理現象也。」所以，國家大事歸根到底是人的問題，是人類的心理問題，是人的意識、認識、動機、欲望、追求、行為的問題。無論

是經濟轉型、思想創新，還是環境保護、社會和諧，都與我們人類的心理活動息息相關。

當著名的心理學家，司馬賀（Herbert Simon）、丹尼爾·康納曼、行為金融家羅勃·席勒（Robert Shiller）能夠獲得諾貝爾經濟學獎，也正說明了經濟學家們已經意識到傳統的經濟學假設和政策還有些不足，需要用心理科學的理論和方法來加以彌補。根據一項調查顯示，中國大陸的智庫數量已據全球第二，但其影響力還需要提升。除了研究實力、學術獨立、公關意識、意識形態等大家所熟知的制約因素之外，我個人認為，研究方法的單一和研究角度的狹隘也是其嚴重缺陷。還有，基本上脫離不了經濟學和國際關係的視野，而更為重要的社會、文化和心理角度基本上被忽視，而這恰恰是國外智庫越來越關注的角度。

第 58 講

# 心理學家可為國策「夢之隊」做些什麼？

　　中國大陸當前已經進入到一個經濟與社會發展的新常態，傳統的以經濟導向為先的社會發展戰略，肯定不適合於當下的新常態。如何獲取新的發展路徑，需要各方面的學者和專家貢獻自己的知識、才賦和精力。心理學家能夠為國家智庫貢獻哪些與眾不同的獨特的知識、見解、看法和意見呢？

　　心理學家馬斯洛（Maslow）早就提出人類社會發展的「需求層次理論」。最基本的原始需求，是我們衣食住行的民生需求。由此來看，對中國社會發展貢獻最大的領導人之一鄧小平所提出的「改革開放」國策——讓大陸的人民有飯吃、有衣穿、有基本的生活滿足，以及中國的小康社會發展戰略，滿足的就是人們最基本的生存需求。在 2004 年，中國領導人提出的「和諧社會戰略」，滿足的是人們基本需求之上的和諧需求。這恰好符合馬

斯洛的第二層次需求，涉及人們的安全感、尊嚴感和歸屬感。但是，在生存與和諧需求滿足以後，人類會開始追求知識和文化；緊接著，在文化需求滿足以後，人類一定會追求美；而在美的需求滿足以後，人們一定會追求更高的共同理想，這也就是中國國家主席習近平提出「中國夢」的現實原因。

因此，所謂的新常態其實就是中國社會發展已經進入到以文化、理想及和美，也就是以心理體驗為主的社會發展新階段。既然到了新的社會歷史發展階段，心理學的貢獻應該是越來越明顯、越來越重要的。舉例來說，心理學可以在以下幾個方面做出無與倫比的貢獻（包括但不僅限於以下幾個方面）。

## 經濟方面

大陸社會的經濟發展，肯定不能再依靠過去的模式和方法來維持較高的經濟發展速度。簡單地以增加 GDP 來提升就業率，或者維持社會安全，已經不可能滿足新的社會發展階段人們的需求。因此，必須要有新的發展路徑。我個人認為，中國未來的經濟發展會依靠創新、服務和全球化消費來實現。而這些方面就需要心理學的理論指導。

創新是人類的思維方式和習慣的革命，而思維和習慣都是人

類心理活動的重要方面。如果想改變傳統的思維方式和行為方式，需要從「創造心理學」的研究中得到靈感。如何提升人的發散性思維、聯想性思維、批評性思維和挑戰性思維？為什麼積極心態容易孵化出創造性思想？創新性人才如何培養？我們能從美國人的「天才教育計劃」（gifted and talented education）中得到什麼樣的經驗和教訓？這都是中國的教育過去忽視，但也是過去幾十年心理學一再提倡的。

　　各種服務事業也要慢慢地轉化到以人的體驗為核心。在新的歷史時期，服務一定會更多地牽扯到人們對新的高級的文化需求、心理需求和精神需求、美的需求、靈性需求，這些都與傳統的基本經濟需求不一樣。特別是中國大陸社會的老齡化，提出了很多老年特殊的心理需求，這些都是未來經濟發展的增長點。

　　文化心理學過去幾十年來最大的貢獻，就是發現不同文化的人價值理念、行為方式、思考方式和情感體驗的不同之處。簡單運用自己國家經濟發展的經驗，是不能夠適用國外市場和國外人民心理的。國家一定需要培養一大批全球化的企業管理菁英、政治管理菁英和社會管理菁英，他們要至少能夠說一門外語，能夠管理不同文化背景的員工和高管，能夠了解不同的政治法律和經濟制度，尤其是了解不同文化環境下，他人的心理和行為的特點

和原因。

　　其實，經濟學與心理學的結合，在國外早就形成了一個很有影響的研究領域，叫「行為經濟學」。而在我們國家，行為經濟學恰恰是一個特別薄弱的環節。2013年的諾貝爾經濟學獎，授予了耶魯大學的行為經濟學教授席勒。席勒能夠獲獎的原因，主要是因為他的「非理性亢奮理論」能夠很好地解釋這次金融危機產生的原因，也能夠解釋股市很多不正常的行為表現。

　　經濟學家一般不能夠幫助我們解釋為什麼會產生經濟泡沫以及如何防止經濟泡沫，而且也很難解釋人們的信心上升和下降的原因。其實，人類的心理活動在市場的行為、投資的規律、股市的變化、效用的判斷、需求的產生、消費的方式等經濟活動中扮演了非常重要的角色，都值得心理學家參與其中去研究。

　　經濟學理論「理性人的假設」已經受到很多經濟學家和心理學家的共同批評，甚至很多經濟學人自己都承認，在預測市場的有效性、合理性的時候，經常會犯一些錯誤。因此，美國聯準會前主席葛林斯潘多次表示，在他執政期間犯了很多有關認識人性方面的錯誤，導致了金融危機的產生和市場的一些變化。**一旦忽視了人類的心理在市場中的作用，往往帶來的是悲劇性的結果。**

　　當然，心理學家對經濟政策的建議，只能是對經濟學家所提建議的補充和完善，不可能也不應該取代經濟學家的貢獻，而且

只能是從人類行為分析的角度，提出我們的看法和建議。尤其像宏觀經濟，不是心理學家的意見所能左右的。但我們也得承認，人類的經濟行為也能夠對宏觀經濟形勢產生作用，畢竟經濟學是以人為主的，是為人服務的科學。

　　經濟學還有一個很重要的概念「刺激內需」，這也需要通過心理學家的幫助來實現和完成。需求是人類基本的欲望，但這些欲望的表現形式、方式、原因，以及後效，都是需要心理學的研究才能夠得以充分理解和實現的。特別是在中華文化的環境之下，我們要什麼？不要什麼？都不是簡單的經濟學知識能夠解釋的。需求在很大程度上反映了中國人的文化傳統和習慣。所以，不瞭解中華文化對中國人需求的影響，很難對中國人的需求作出準確預測和判斷。

　　目前，已經有大量的心理學證據，表明我們人類在做經濟決策時，經常會犯一些簡單的心理錯誤——較多依賴於自己過去的經驗和直覺，還有很多過分自信以及確認性偏差等非常普遍的決策偏差。因此，從事經濟分析、判斷、決策的經濟學家本身，其實都應該學習一些心理學，瞭解自己在做分析、判斷、決策的時候，可能會犯的一些簡單的心理錯誤。其實，這些錯誤往往是只需要有一般的心理學知識就可以理解、避免和防範的。

## 教育政策

　　教育是國家發展之根本。教育我們的下一代具備實用的知識、健康的心態和全球化的視野，是實現中華文化復興的必要前提。

　　但中國教育目前所存在的問題，已經影響到大眾的很多方面，包括人的居住方式、消費方式、生存方式，甚至影響到國家未來的發展戰略。當前這種強調考試、知識記憶等簡單的技能學習，已經不能適應 21 世紀的職場員工未來所需要的基本技能。

　　美國著名心理學家史丹佛大學教授卡羅．德韋克（Caro lD-weck）和賓州大學著名積極心理學家安琪拉．李．達克沃斯（Angela Lee Duckworth）的研究已經發現，人類過去一百多年來強調認知能力學習的教育實際上是一種錯誤。那麼，現在的學校應該教孩子什麼東西？什麼是 21 世紀的中國公民必須掌握的基本技能？有什麼方法能夠讓孩子健康、茁壯、智慧地成長？如何提升中國人民的靈性、悟性、感性和創造精神？其實，所有這一切，都是心理學能發揮用武之地的方面。

　　心理學家保羅．托治（Paul Tough）在他出版的一本新書《孩子如何成功》中，對其研究做了一個非常重要的總結。一個基本的結論就是：傳統的學習、複習、考試的教育模式，不但是

無效的,而且很可能是有害的。心理學家卡蘿·德威克和積極心理學家安琪拉·李·達克沃斯的研究認為,現在更加重要的是讓孩子具備優良的品德、學習的動機和樂觀的人格,這才是一個人成功的根本原因。這就是為什麼全世界關心人類下一代教育發展的心理學家、教育專家和政府有關人員,決定發起成立「全球積極教育聯盟」,這也是我為什麼曾被前英國首相卡麥隆邀請去設計「英國教育政策改革」國家戰略的緣由。我希望教育領域的各級負責人也能夠瞭解國際教育科學理論的根本性變化,並重新設計全新的教育政策,從而更多地在教育實踐中融入心理學的研究結果。

## 健康政策

21 世紀,人類健康面臨著重大的挑戰。因此,21 世紀一個很重要的研究領域,就是與健康有關的生物科學、行為科學、心理科學的發展。比爾·蓋茲曾經說過,下一個比爾·蓋茲一定不會出現在電腦方面,更可能是出現在有關身心健康的領域。但目前的健康行業,關注更多的基本上是生物研究、藥物研究、生理研究、病理研究,對人類的心理活動在身心健康方面的積極或消極作用,關注和研究力度都不夠。然而,大量的心理學研究已經

證明，養心永遠比養身重要。心理健康了，就可以幫助我們調整生活習慣、行為方式、鍛煉方式，從而讓我們變得更加健康、積極、長壽。

　　另外一個與健康有關的心理學家可以扮演重要角色的領域，就是改善大陸社會的醫病關係。由於大陸當前醫療資源的相對不足和心理學訓練的嚴重缺失，醫院的管理者、醫生、護士，很多都缺乏基本的心理學知識，溝通方法也不符合心理學的原則。中國大陸的患者和家屬，也缺乏對醫療工作的認識，以及對醫務工作者的尊重。這在某種程度上，都導致了一種互相埋怨、猜忌、敵意、懷疑、仇恨等惡性循環心態的產生。要破除這樣的惡性循環，不只是需要改革大陸社會的醫療體制，也需要改變病人、患者家屬和醫務工作者的心態。

## 環境政策

　　傳統的經濟發展模式已經讓中國大陸人民的生存環境再也不能承受污染的重負。但傳統的改善空氣和環境的管理方法，比如說：罰款、限行、限號、停關工廠等，能夠對我們的環境改善起到一定的作用，但這是屬於粗放式的管理，管理成本太高。並且

這樣的管理方法需要對社會進行過度干預，從某種意義上來說，也觸及了人民的部分自由和權利。

　　公共環境的惡化和悲劇事件的發生，很多時候是我們人類的貪婪之心、佔便宜之心、集體無意識，以及對未來預測不準等非理性心理造成的。因此，如何讓眾人意識到環境問題的重要性，改變自己的生活方式和習慣，是解決類似環境污染這類問題的最重要的方法。

　　心理學家甚至發現，強制性的環境改善措施，有時候反而會降低人們做環境保護工作的動機和欲望。瑞士心理學家發現，如果給人罰款或者是獎勵來保護自己的環境時，只有25％的人會參與這樣的活動。但是，如果激發人們的愛自己、愛家庭、愛老鄉、愛社區的心情，願意做環境保護工作的人會提高到50％。因此，「保護環境，從我做起」。首先要從正確、理性、主動的心理做起，讓大家都意識到環境是我們每個人自己的問題。一旦每個人都負起責任來，就可以感動周圍更多的人來一起做正確的事情，最終就會形成一個保護環境的社會共識，這樣也許會比簡單、粗暴的管理方式更有效果。

　　心理學家羅伯特・西奧迪尼（Robert Cialdini）做了大量的實驗研究，發現只要用一些簡單的心理學技巧和方法，就可以讓人去做一些保護環境的積極正面的事情；同時，還能主動制止一些

破壞環境的行為。

　　而不是像現在這樣放任自流，最後只能以犧牲我們每個人的利益的方式來實現。

## 幸福政策

　　還有一個很核心的問題，就是所有的國家戰略和發展目標，都應該是為了人民的幸福。由此可見，讓每一位中國人感到自己活得有意義、有價值、幸福快樂，是所有中國智庫應該追求的最終目標。但以往的智庫人士，關注的只是讓我們每個人生活得更加富裕便利——提高GDP，增加收入，改善民生，讓生活能夠更加便捷一些，等等。這樣的政策是建立在某種假設的基礎之上的，它在過去是有意義的。但是，當中國變得更富裕的時候，人們就希望能夠做自己想做的事情，生活得更加自由一些，別人對我們更加尊重一些，也就是需要提升人們的幸福感。

　　美國聯準會主伯南克（Ben Benake）就特別提出，經濟學的最終目的就是去理解和弘揚人們的幸福感。任何經濟發展的指標，都必須測量人們的幸福感和影響幸福感的因素。歐盟和美國，已經在他們的民意測驗和調查中，包括了大眾幸福感的分析和調查。這些指標已經對他們的國家和地區的社會發展形勢，做

出了很有意義的判斷。它不只是反映了一個國家、地區的經濟發展形勢、失業率、物價水準和利率；同時，也能夠預測當地人民的情緒和主觀幸福觀。而人的情緒和主觀幸福觀的變化，可以幫助各級政府做出相對準確的、有意義的、有證據的判斷決策和應對預案。

　　北京清華大學心理學系「大數據行為研究室」的大數據研究已經發現，中國各個城市的幸福感與GDP增長，不是一個完全的線性關係，而是一個邊際遞減的關係。當人均GDP小於5萬人民幣的時候，各個城市人們的幸福感與經濟GDP的增長都有密切的對應關係，每一點的增長都能增加當地群眾的幸福感。但是，當人均GDP突破5萬人民幣的時候，其他因素，如環境、教育、自主權、參與度、綠化、治安、官員的道德水準和管理能力，等等，對增強和提升我們人民的幸福感就變得更有價值、更有意義了。

　　因此，心理學家不僅要主動地參與國家智庫，而且也能夠為國家智庫做出獨特的貢獻。解決中國大陸當前的社會心理問題，尤其需要積極心理學的科學理論指導。**以前我們過多受社會達爾文主義的影響，把人心想得過於陰暗和野蠻，現在看來這些都是錯誤的假設。**因為我們有理由相信，人性是積極的、善良的，是希望進行學習、溝通、探索的，是願意追求進步、理想、欣賞、

美麗、快樂和幸福的。這些都是漫長的人類進化歷史篩選出來的、具有競爭優勢的天性。

心理學能夠為國家智庫做出的最重要的貢獻，可能是從正面、積極、主動、陽光的角度分析中國人的行為和中國崛起的戰略。我們會根據科學的、積極的心理學解釋，對人心、人情、人欲、人性，做出正面的、積極的看待。我們有這樣的自信，是因為這些正面的、積極的看待恰恰也是中華文化的本質，是我們人性的本質。

「周雖舊邦，其命維新。」古老而又多災多難的中國，終於在21世紀有可能再次登上世界文明的巔峰，引導人類社會的發展。我們生在這樣一個變化又有意義的時代，也需要我們的學者貢獻出自己不負時代的微薄之力，這也許就是我們心理學家所能夠貢獻的、或者是應該承擔的一種歷史責任。

雖不一定能至，心總是要嚮往之！

第 59 講

# 教育不是為了考試，是為了幸福

　　前面的智庫章節我提出了心理學家可以做國策顧問，而事實上很多國家也開始將積極教育、幸福教育作為新的教育理念和方法。

　　大家知道我們心理學家並不是教育專家，甚至在教育改革、教育實踐方面我們可能是門外漢。但有的時候，門外漢反而可能對教育的發展、實踐和創新能提出一些新的角度，或者說不同的角度，反而能給教育專家、教育界領導和從事教育工作的老師們一些啟發和借鑒。

　　然而，由於每個國家、每個民族、每個區域、每種文化，甚至每所學校都有自己的一些特色，所以，每個個體或組織在實踐積極教育時都會有所不同。因此，接下來，我要在接下來章節討論一下積極教育的思想和實踐，以供大家互相學習借鑒。

## 為什麼我們要提倡積極教育？

我們為什麼要提出積極教育這個概念？該理念又是在什麼樣的情況下產生的？

我個人認為主要有三個方面的原因。

**首先，我們覺得積極教育是人類社會發展的密碼。**

為什麼說積極教育是人類社會發展的密碼？大家一定聽說過生物學家在探索人類生命發展的秘密——人類遺傳的DNA。大數據時代以來，人類科學家開始探索另外一個DNA——文化傳承的DNA。這個社會的發展是否有什麼規律性的事情。以前我們只能做到個人的觀察，針對一個個具體文化個體進行分析。如今，人類已經積累了大量人類發展進步的數據。目前，由於Google公司的工作，人類九種主要語言的所有出版物都已經被掃描後保存到了雲端裡頭。我們最近完成的一個工作，就是對雲端裡的很多數據（從公元元年開始到2001年）進行大數據分析，探索那些規律性的現象。我們發現了其中一個規律性的現象，**一個可能的秘密，那就是人類社會的進步和發展不是靠階級鬥爭來實現的，也不是靠戰爭和掠奪來實現的，人類社會的發展靠的是我們善意的互動來實現的。**什麼叫善意的互動？就是我們要和其他人合

作、交往、交流。大規模的文化交流、技術交換、貨物流通、財富更替都是人類社會發展很重要的密碼。只要看看人類財富的增長，從公元元年到2001年，有三個爆發性增長的時間節點，而這些時間節點恰好都是人類創新的節點，也是人類大規模交換的節點，也是人類思想解放的節點。第一個節點是文藝復興，地理大發現，使人類大規模的遷徙、交流和交換變得可能；第二節點是工業革命；第三個節點是二戰結束之後的現在，迎來了更大規模的交往、交易、交換時代。根據科學的數據調查、分析和研究發現，中國的財富增長也有著同樣的發展規律，它不以意識形態為轉移，也不以文化特色為轉移。從已有的數據可以看出，從1949年一直到1978年，中國人的財富其實沒有多大增長；1978年改革開放，中國人開始走向世界，與其他國家、民族、文化進行大規模的文化交流、技術交換、訊息分享、知識融合、財富更替，在短短三十多年內，迅速發展成為世界第二大經濟實體。「改革開放」是很長時間以來仍沒有講透的一個秘密——打開國門，融入世界，與人交往，其實是近代中國社會發展最重要的秘訣之一！

　　那麼，怎麼樣才能夠與人正常、積極地交往呢？沒有別的，非常重要的是積極、陽光、美好、善良的心態。大家都知道孟德斯鳩對世界法學的貢獻，但可能不知道他對世界商學也做出的貢獻。他認為，商業世界的遊戲規則不是野蠻互鬥、拚比產品，也

不是我們現在說的博弈、競爭、計較、吝嗇於成本，更不是我們現在所認為的做生意人成功的秘訣。他認為，商業成功的秘訣就是一句話——讓人喜歡，讓人快樂——「**在快樂多的地方商業發達，在商業發達的地方遇到快樂的人**」，這是他的名言，也是我們大數據研究得出的基本規律。無論我們舉多少案例說明成功的其他密碼，歸根結底，一定是積極開放的心態、快樂友好的關係、合作共贏的方式，讓客戶滿意，自己才能發財。

　　問題是到了我們現在的手機時代，我們去哪裡獲得快樂的感覺呢？人類不會因為手機的產生而使快樂感得到提高。但有一個研究已經發現，60％以上的人每天花在手機上的時間超過學習的時間，超過了玩樂的時間，超過了與人打交道的時間。我們睡覺前看手機，起床前看手機，即使談戀愛時也在看手機。不光是美國的年輕一代在看手機，美國的其他人也一樣，即使是美國第一家庭，在歐巴馬總統人生最重要的一天中，他的第二次總統就職典禮上（美國總統最擔心的是只當一屆的失敗總統），全家都在看手機。

　　在大數據的時代、手機的時代，人到底如何與人交往、交流和交換，才是我們應該關注的問題。我們的教育到底教孩子什麼技巧？中國人相信一個人只要能幹，有本事就行。其實在商業化社會生活中，在所有生存和生活的技巧中，讓人喜歡的技巧才是

最重要的魅力。換句話說，情商比智商重要，一定要知道如何做人才是最重要的，而不僅是如何做事情。

**其次，積極教育可以彌補傳統教育的不足。**

中國大陸的學生往往能在世界PlSA（國際青少年數學、科學、閱讀能力測驗）測試中獲得不錯的成績，說明了中國在傳統的知識教育方面，絕對不亞於世界上的任何國家、任何文化。但是，我們現在的有些教育理念還屬農業時代的思想，而現在已經是後工業化時代，因此，我們的教育理念有些是需要調整的。怎麼調整呢？我們還需要知識以外的教育，需要積極教育。這就是為什麼我們這麼努力在中國推廣積極教育，是希望能夠輔佐傳統的知識教育，剛柔相濟，主次相依，互助互利。

有一位叫丹尼爾‧平克（Daniel Pink）的學者，他寫了一本書，書名是《21世紀需要什麼樣的人才》，大陸的版本取名為《全新思維：決勝未來的六大能力》；書中提出了一些知識之外的能力。什麼是知識之外的能力呢？平克認為包括以下幾點。

（1）要有設計感、美感，欣賞之心非常重要。（2）要有快樂感，一定是讓自己身心愉悅健康，同時讓別人身心愉悅健康。自己沒有快樂，別人也不會快樂。（3）要有意義感，知道如何在平凡的生活中找到生活的意義。人這一生最後一定是死亡，顯

然死亡不是生活的意義，那我們生活、工作、生存的意義是什麼呢？（4）要有具象思考的能力，善於講故事，具體化抽象概念。（5）要有共鳴的能力，善於感染和激勵他人。（6）要有同理能力，能夠感受到其他人的感情、感覺和感受。

以上這些都是21世紀特別重要的能力。

19世紀是工業化時代，時代的主人是理直氣壯的工人階級，馬克思並沒有錯，在那個時代，工人階級就是時代的主人。到了20世紀，人類進入資訊化時代，掌握了訊息，人類成為會利用訊息、會分析訊息的人，如科學家與工程師自然就成了時代的主人。但到了21世紀，人類進入到一個新的時代，平克認為是感性的時代。在感性的時代，產生美感、意義感、快樂感、同理心和共鳴心的人一定是時代的主人。

**再其次，積極教育也符合人類大腦活動規律的科學實踐。**

一般技能的掌握依靠的是低級腦細胞的活動，如何看線條，如何看光，如何活動，這都是低級腦細胞的活動，負責具體訊息加工。**高級腦細胞負責美感、共情、共鳴等功能。**而高級腦細胞的活動越多，我們人類的智慧就越高明，人類的情感越積極，人類的成就就會越大。所以，我們一定要注意培養活躍的高級腦細胞，讓我們的學生有更多的靈性、悟性、感性和德性。

　　因此，積極教育的目的是培養學生高級腦細胞活動的習慣，我把它定義為中國人民走向世界的ACE（王牌）。中國不缺知識型人才，不缺技能型人才，不缺會分析的人，但是中國缺ACE人才。這種尖端人才值得培養。說這樣的話，不是否定人類的平等，不是任性任意，而是承認現代社會人類分工合作的現實。

## 什麼是ACE？

　　A是Aesthetic（審美感）：能夠看到別人看不到的東西，能夠領悟別人領悟不到的東西，能夠欣賞自然、社會和人的真、善、美；

　　C是Creative（創造力）：能夠分析問題，解決問題和創造新概念、新事物，想像、憧憬、計劃未來；

　　E是Empathic（同理能力）：這個特別重要，要能夠敏銳地感受並影響其他人的感情，瞭解並理解他人的欲望和需求，善待他人，成人之美。

　　ACE如何活動？假如我請大家看一張圖，大家會看到什麼呢？很多人一開始可能看不出是什麼事物，只能看到一堆雜亂無章的線條，這個時候就只是低級腦細胞在活動，大多數人在這個

時候只會有低級腦細胞在活動。但如果我給你一個意義，提示説從某個角度看，其實是能看到幾個美好的字時，大家一下子就看出了規律、看到了意義、看見了美。這時就是高級腦細胞在活動。*

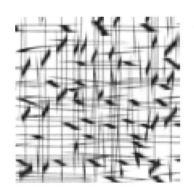

圖 21　閉一隻眼書本傾斜才能看懂

所以，我常説積極心理學對教育有什麼希望，其實就是希望能幫中國人變得更有智慧、更加卓越、更美好、更高尚、更具有感染力、更有影響力。簡而言之，一定要有格調，有魅力，受人歡迎，讓人愛慕。現在我們的學生從學校出來，「能幹」沒問

---

\* 　從不同的角度分別能看到「吾心可鑒澎湃的福流」和「生活中的積極心理學」的
　　字樣。

題，但是不一定都討人喜歡。這和錢多錢少沒有關係，和有權無權也沒有關係。而在 21 世紀非常重要的，絕對是一定要讓人羨慕、願意追隨你、同甘共苦、共創輝煌的能力。

從人類的終極意義上講，我們提出培養高級腦細胞的活動，也是人類演化了 6 千 5 百萬年選擇出來的競爭優勢。**我們談人性，不要看古人說了什麼，偉人說了什麼，而是要看有什麼科學證據**。大家都知道達爾文的「進化論」，他提出來所有人類的天性，一定是符合兩個特徵：第一是易於我們的生存，第二是易於我們的繁殖。深入瞭解就可以發現，人類生存和繁殖選擇的往往是積極的天性。自從人類站立起來後，就喜歡堂堂正正、大大方方；人類也喜歡站得高，看得遠；喜歡偉大、崇高的事情──因為這樣是我們站起來後自然而然能達到也希望達到的狀態。人類的身體越來越符合黃金分割比例，因為這樣顯得更美，顯得更勻稱。

總而言之，積極教育歸根到底是更人性的、更符合心理科學規律的教育，是值得我們大力提倡的教育理念。

第 60 講

# 積極教育的七類內容，帶你體驗福流

　　每一個國家，每一個民族，每一所學校，所具有的優勢不一樣，本身的條件也不一樣。積極教育該如何開展？或者說積極教育可以做哪些事情？北京清華大學心理學系做了五年多的幸福教育，培養了大陸很多邊遠地區的小學、中學老師，也因此積累了不少經驗和教訓。

　　從當下來說，我們所講的積極教育，主要包括以下七類內容的教育。

　　**第一，顯然是情商教育**。大陸的小學、中學到大學，其實都應該進行情商教育。問題是：怎麼開始教情商教育？情商教育教什麼內容呢？一是教學生如何發現、弘揚、培養、管理、交流積極情緒。著名心理學家巴巴拉・弗里德克森（Barbara Fredrickson）所做的一系列研究發現，人類在心情積極的時候，思路更開

闊，行為選項更豐富，行動的欲望更強烈。那些恐懼、貪婪、憤怒、傲慢並不是讓我們想做事情的能量，因為消極情緒只會把人的思想變得狹隘，只知道依靠逃生的本能，只知道批評和逃避。所有積極心理學的研究也都證明，大多數的創造性工作都是在快樂、積極的情況下才能夠完成的。因此，在中國提倡「全民創新，萬眾創業」之際，切記一定不能在焦慮、恐懼、憤怒的情況下去創新或創業。從這個意義上來說，幸福教育其實也就是積極教育，而不是簡單的技能和知識教育。

二是從同理心開始，從知曉別人的心情開始，從識別各種各樣的表情開始情商教育。讓孩子從小就能夠辨別其他人的心情狀態，知道積極情緒不只是出現在幸福狀態下，還包括滿足、淡定、平靜、驕傲、自豪，甚至靦腆有時候也是一種積極情緒。心理學家發現，一般情況下，「不好意思」其實是一種特別積極、美妙的情緒，當個體感到羞澀的時候其實是處於特別積極的狀態中（當然，過度羞澀是有問題的）。看本書的各位朋友，如果您有時候還會感到一絲絲靦腆或不好意思，意味著您的心態非常的健康和積極。如果您已經習慣厚顏無恥，那基本上就沒有什麼心理健康的希望了（哈，玩笑）。美國的孩子從小學三年級就開始接受情商教育，學習如何表達、控制、理解以及應對情緒，甚至微笑都需要學習。有一種我經常提到的微笑叫杜鄉式微笑，它是

一種具有特殊魅力和感染力的笑，它會讓您越看越喜歡，越看越想笑。杜鄉式微笑不同於禮節性的微笑，特點是牙齒要露出來，笑容飽滿，面頰提高，眼周浮現皺紋。一個經常有杜鄉式微笑的學生，未來的生活更幸福，婚姻更美滿，事業更發達。著名心理學家克特納對米勒學院 1960 屆畢業生的畢業照進行分析，將照片上學生的表情分成習慣性杜鄉式微笑、鏡頭前裝的笑、鏡頭前不笑。三十年之後再去回訪這些學生，結果發現有天壤之別。那些習慣於杜鄉式微笑的孩子，結婚比例要高，離婚比例低，自我報告的幸福指數高；而那些裝笑或者不笑的孩子，三十年之後基本上是離了婚的。微笑的技能和技巧能讓我們家庭和諧幸福，事業成功發達──這就是情商教育的價值和意義。

　　**第二，應該是幸福教育，體驗福流。**美國心理學家米哈里・齊克森認為：「幸福是什麼？幸福就是一種全身心的快樂體驗，我把這種全身心快樂體驗叫做福流（flow）。」

　　這是一種什麼樣的狀態呢？它有五個特點：第一個是沉浸其中如癡如醉；第二個是物我兩忘，此時不知是何時，此身不知在何處；第三個是駕輕就熟，有特別好的控制感；第四個是點滴入心，感受到活動精確的回饋；第五個是酣暢淋漓，其樂融融。這種體驗是可以通過學習得來的，也是可以創造的。

　　**第三，就是利他教育。**這是基礎道德教育做了幾十年的工

作。如何去愛人、幫助人、服務人？特別是如何採用科學的心理
學方法來做，從而使利他也成為一種全身心愉悅的體驗。著名學
者梁漱溟在《人心與人生》一書中提出，彷彿自己越是在給別人
有所犧牲的時候，心裡越覺得特別的痛快、酣暢、開展。反過來
自己力氣不為人家用，似乎應該舒服，其實並不如此，反是心裡
感覺特別緊縮、悶苦。這就是我們已經意識到偉大人物的精神歸
根到底，本質不是犧牲，而是助人為樂，也才是我們追求幸福的
心聲。我們在沒有任何心理學知識的情況下也能找到心理學的一
個基本規律，即利他是幸福的。很長時間以來，我們受到西方哲
學的影響，不承認世界上有無私，我給自己找到了快樂的方法，
幫助別人，這個無私嗎？這不是，這是您在尋找快樂。我們現
在認為，尋找快樂其實是無私的表現。有了同樣的神經生理的表
現，純粹的利他也是完全可以做到的。積極心理學，或者說積極
教育可以把積極的知識傳播給大眾，傳播給下一代的年輕人，影
響他們成為身體力行的利他之人。

　　第四，可以開展樂觀的性格教育。提倡樂觀教育是為了讓孩
子相信明天更美好。我們沒有任何原因懷疑未來不美好，未來很
可能是比我們想像得還要好。想想我們這代人能夠走進如此絢
麗、如此富裕、如此自信的21世紀，這是我們當時想像不到的
一種狀態。所以，我們應該抱著樂觀的心態來看待人類美好的未

來，經濟的問題也不是問題，重要的是心態是否積極、有意義。

　　**第五，還應該進行美德教育，價值觀教育。** 這裡說的價值觀絕對不是哲學的價值觀、空想的價值觀，這個價值觀是建立在人心、人情、人性和人欲基礎上的價值觀。

　　美國積極心理學家馬丁・賽里格曼（Martin Seligman）和克里斯多福・彼德森（Christopher Peterson）在全世界50多個國家做了調查，發現人類有一些樸實的價值，無論是哪一個國家的人，這些價值對於我們的生活、工作、未來成就都有特別大的意義。我們都喜歡那些有勇氣的人，也喜歡所有跟勇氣有關係的價值。不管是哪一個國家的人，肯定都喜歡仁慈、有愛心、情商高的人，我們喜歡欣賞他人，我們同樣喜歡好學、有創造力的人，喜歡寬恕、謙虛、自我控制能力強的人，更喜歡有責任心和領導才華的人。這就是人類的普世價值，它既不是人權層面，也不是自由層面，更不是政治層面，而是我們人心的美麗。所以，大家一定要將核心價值觀跟心理學連在一起，與生活聯繫在一起，要不然就還是思辨。

　　**第六，還包括社會關係的教育，強調社會接觸的重要性。** 2005年美國《時代》雜誌發表了一篇綜合報導指出，積極健康的社會關係，是人類健康長壽最重要的保障，也是我們事業成功的保障。就像香港富商李嘉誠的那句名言，「所謂的商機就是人

脈，所謂的投資永遠要投人而不是看項目」。

　　**第七，還應該教育學生養成健康的生活習慣**。要呼吸新鮮的空氣，要參加健康的體育運動，要去玩健康的遊戲，要聽音樂、唱歌、坐禪、欣賞美和藝術。

　　最後，我希望借用著名學者馮友蘭先生多次引用的話和讀者們共勉。馮友蘭先生在抗日戰爭最艱難困苦的時候，嘔心瀝血寫出了中國哲學史上有名的《貞元六書》，書中引用了宋代哲學家張載的一句名言以自許：為天地立心，為生民請命，為往聖繼絕學，為萬世開太平，此哲學家所應自期許者也。這是少數人能達到的一種境界，對於我們大多數普通人來說，我們做不到開太平、繼絕學，但我們的心要追求高尚。我們雖不一定能夠完全做到，起碼我們可以嘗試去學習，這就是積極教育追求的一種境界。

　　雖不能至，然心嚮往之。非曰能之，願學焉！

第 61 講

# 「慕課」──新挑戰的新認識

　　題記：2014年，彭凱平教授在北京清華大學嘗試慕課教育。
該課程創下了一個月3萬多人註冊的奇跡，成了2014年北京清華
大學最受歡迎的慕課課程之一，並入選2015年MOOC學院十大最
受歡迎的課程之首。

## 與慕課的零距離接觸

　　我對慕課（MOOC，大規模開放的網路課堂）的興趣始於
2013年，當時是為了替《翻轉課堂的可汗學院》一書寫序，就認
真拜讀了該著作（可汗學院在美國非常有名，我孩子的學校就使
用了可汗學院的影視材料）。當時，我覺得這可能是教育技術對
社會發展的一種挑戰和新的嘗試。

　　在閱讀了微軟公司創始人比爾‧蓋茲對可汗教學方法的欽佩

和支持後，我逐漸開始瞭解、接觸和認識慕課教育。由於大規模網路連線技術的普及，人類教育真的有可能會因此發生一些新的變化，讓更多的人通過網路在線技術接觸到名校著名教授的課程，使得人類的知識傳播更加簡捷、方便、有效和普惠。

　　但是，雖然慕課自有其魅力和優勢，我還是認為目前尚不能夠用革命（海嘯或顛覆）這樣的概念來描述慕課將會對教育產生的影響。我非常贊同北京清華大學前副校長謝維和教授有關慕課的評價：慕課能夠補充高等教育的不足，但它不可能取代人類的大學。儘管我們的教學方法必將受到慕課的支持、影響和改變，但是，大學本質性的教學活動和過程是不可能被慕課所取代的。

## 慕課教育的正面作用

　　不可否認，順應時代發展趨勢而出現的慕課教育有其正面作用，我認為主要有以下幾點。

　　第一，最大化地重新分配了人類的教育資源，讓更多的人能夠享受到教育的意義和價值。慕課通過現代化的網路在線技術，讓很多偏遠地區的孩子或者是一般學校的學生能夠接受到最優秀的教育資源，聆聽世界著名大學的教授授課，這樣的機會恰恰是清除了傳統教育資源壟斷的弊端之一。

　　正如我們經常傳頌的北京清華大學前校長梅貽琦的話，「所謂大學者，非謂有大樓之謂也，有大師之謂也」。大師的教學和其他人的教學相比，必然有其獨到之處，是其他人所不能替代的。這就像我們聽梅蘭芳唱京劇，他的韻味、他的魅力、他的氣場和感受，與聽別人唱京劇時是完全不一樣的。因此，慕課把很多曾經「只聞其名，不見其形」的大學教授、名師和大師的授課課程呈現給全球的學生，**可以在最大程度上幫助普惠教育資源**。

　　社會上其實有很多喜愛學習的成年人，分布在政府各部門、企業各單位、社會各個地方。特別是很多在職工作人員，通常沒有時間去學校上課，而慕課正好可以讓他們有機會去重新學習和體驗，不斷昇華自己的心靈和知識儲備，甚至實現終身學習。因此，可以說慕課是一項造福於社會的公益事業。

　　第二，慕課技術採用大規模的現代科學技術，通過動態影音的視覺形象、音樂互動，能夠加深人類全通道的感受過程，幫助我們學習和記憶知識。

　　第三，慕課教學和學習過程非常好地體現了「因材施教、因人施教、因地制宜、因時制宜、因人制宜」，真正做到了以學生為中心的教學互動。

　　在慕課課堂，學生完全可以根據自己的進度、要求、程度、興趣來學習自己感興趣的知識，徹底改變人類幾千年以來「以教

師為中心」的教學方法。因此，這也是慕課比較受歡迎，具有挑戰性的方面。

　　第四，慕課教學有可能徹底解放人類的高等教授，讓教授們從簡單的傳播知識轉變到研究和創造知識。

　　2010 年左右，美國的大學教授們就討論了：在未來，大學教授到底應該做什麼事情？網上也瘋傳「大學裡的好教師越來越少了」。其實，這可能是一種未來大學職能改變的趨勢。**因為真正的人才，不是大學老師教出來的，而是大學的環境培養出來的。**所以，將來的大學教授，不只是做我們通常所説的教書育人，而是會留出更多的時間從事原創性的知識發明、發現和傳播工作。特別是守衛人類的文明，同時傳遞人類的理念、知識和理想。

　　從這方面來説，慕課可以讓很多大學教授專心從事科學研究，而讓一些受歡迎的慕課教授承擔知識傳播工作。因此，將會有越來越多的大學教授，專注於科學研究工作，為人類貢獻原創性的知識。而大學的教學任務，有可能是由非常優秀的、擅長教學工作的老師來完成，並通過慕課技術和網路技術，來實現大學資源的最佳、最優配置。

　　但在教學、科研和社會服務三大功能方面，大學如何調節、安排人員將會是一個很大的挑戰，也將是中國大學的人事改革必然需要面對和解決的問題，即三方面人才的匹配。

## 傳統教育有慕課教育無法替代的優勢

但是，傳統教育也有一些慕課教學所不能替代的方面。換句話說，慕課，其實還不可能完全替代人類的大學教育。主要是因為大學教育，需要更多自發的、隨機的、靈性的、悟性的、感性的溝通和交流，而這是慕課影音教育所不能及的地方。我在錄製慕課課程《心理學概論》時就已經明顯覺察這方面的問題。

第一，慕課教育需要教師花很多時間去注意自己的內容安排、設計、編輯和控制進度。而在課堂教學中，所有這些都會受到在場學生當場反饋的影響，特別是有一些熱點的話題、感興趣的話題、時效性的話題，在課堂上就能夠得到充分的討論，真正把教學變成思想的過程。

第二，人與人之間面對面的接觸，具有很多影片被動接觸所不能替代的優勢。一個眼神、一個舉動、當時的討論氣氛，所有這些都是我們人類具身認知所關注的訊息，都會幫助加深、強化我們學習的過程，這是具身認知獨有的優勢。

第三，教學過程也是一種思想的過程。**學生在大學裡學的不只是知識，更應該包括思想的過程、思想的方法。**而這些思想形成的過程，在大學課堂上表現得淋漓盡致。因為當遇到一個挑戰性的問題時，教授們如何去應對、分析、判斷、回答，不只是體

現了教授的學識和功力，更能夠淋漓盡致地呈現教授們對這些問題的反應、思考、分析和判斷的過程。因此，傳統的優秀教學很多都是通過對話來實現的，**無論是孔子的《論語》，還是柏拉圖的對話，都是人類教師和學生之間的思想互動而產生的結晶。**而通過對話產生思想的方式，在慕課課堂上就很難實現，但這往往是優秀教授、學術大師們真正的魅力所在。

## 人類智慧和人工智慧不能相互替代

　　美國有兩位著名的教育學家李維（Levi）和穆南（Murnane），曾經對美國未來的勞動力市場所需要的技能進行過分析，得出了一些有意義的結論。

　　第一，他們認為能夠用電腦替代的技能，在將來都會變得不重要。比如簡單的知識儲備和知識搜索，完全可以通過百度、Google 的搜索引擎來實現，而且比我們人類做得更好。因此，簡單的知識記憶、存儲、描述和再現，都將不再重要。目前我們的中小學甚至大學都還在強調知識的記憶，實際上已經落後於時代的要求了。第二，簡單的人類加工技能也不是特別重要了。現在一個數位控制工具機的加工能力比過去頂尖鉗工的能力還要強。因此，簡單的動手能力也已經不再那麼重要。

　　但是，**電腦無法替代的是人類的語言表達能力和發散思維能力**，現在還沒有任何人工智慧可以替代人類進行語言的溝通。iPhone 手機裡的 Siri 可以回答一些簡單的問題，但人類對話中間的一些靈性、感性、悟性，以及幽默、委婉、簡潔的表達方式等都不是電腦能夠替代的，而這些也往往是人類語言的魅力所在。還有人類無限的發散思維能力，是很多人工智慧科學家感到神秘和偉大的地方，也是電腦所不能替代的。因為語言溝通、思維這都是需要人在面對面的互動中來得以學習、模仿、體會和傳遞的，而這些偏偏不是慕課課程所能夠突出的地方。

第 62 講

# 專家有沒有可能改善我們的預測（炒股）能力？

　　很多的政治預測、國際預測、形勢預測、未來預測等，其實，大部分都是不準的，並且在預測能力方面，專家、領導、成功人士和普通老百姓，並沒有表現出太大的差異。但很多時候，他們不只是預測不準，還固執己見，以至於時常會發生一些關鍵性的錯誤。最常見的藉口就是「如果當時我們只要怎麼怎麼樣，情況就會完全不一樣」。

　　然而，這樣的事後諸葛亮根本於事無補。任何人越是自負和任性，越容易犯簡單的預測錯誤。想想有多少專家、教授、領導，各路神人在對國際局勢（如伊拉克戰爭、利比亞戰爭、中東局勢等），區域形勢（如台海關係、香港問題等），經濟趨勢

（如股市變化、經濟轉型等）方面的預測上失算，使得他們真的不負「磚家」的虛名。人都得存「敬畏之心」，需要尊重自然、尊重科學、尊重知識。因為歷史發展的規律，政治、經濟、軍事、社會、自然、心理等現象後面的內在科學規律，都是不以個人意志、意識形態和文化特色為轉移的。

## 如何提升我們的預測能力

　　2006 年，美國中央情報局和政府其他情報機構，找到了菲利普‧泰特洛克，詢問他有關如何改善預測能力的問題。為此，還成立了「情報高等研究計劃署」（Intelligence Advanced Research Projects Activities），並為這個項目提供了大量的財力、物力和人力。這是由泰特洛克主持的上千人的工作，花了好幾年的時間對「如何改善預測能力」進行了大量的實證分析。10 年之後，《超級預測》這本著作出版，總結了這項研究工作的部分結果。可惜由於保密的原因，泰特洛克並沒有在書中透露很多我認為是最關鍵的內容，只是提了些粗略的建議。由此看來，政府、軍隊、情報部門和各金融機構，如果想在戰略預測能力上有所改善，還需要心理學家做類似的研究工作。

　　具體而言，我們能從哪幾個方面來提高自己的預測能力呢？

通讀全書，我個人覺得，可以從以下五個方面入手。

第一，一定要結合電腦算法的大數據分析、統計數據的研究，以及人類心理學有關人性、人情、人欲、人心、人生的智慧和知識，來建立一個人機互動的系統。這個系統有自我學習的能力，而且能夠不斷地進行修正。

第二，具體的修正方法就是要經常做一些預測練習。同時，要根據實際結果來調整預測參數。因此，儘量找一些短期預測來做練習。

第三，預測的標準應該是可以檢驗的，可以證偽的，而不是一種抽象的概念。比如說「帝國主義一定要滅亡」。這樣宏觀、粗獷的預測根本無法提高我們的學習和總結經驗的可能性。相反，應該讓這個預測系統進行經常性的、短期的預測練習，比如哪個球隊明天要贏球？這樣的預測能很快得到一些驗證，**從而可以幫助我們積累經驗和教訓。**

第四，一定要相信民主機制的智慧。參加討論、分析、預測問題的人越多，每次預測的平均數相對而言會比個體的智慧要準一些。舉一個「炒股」的例子，那些有眾多人推薦的股票，一定會比一個人推薦的股票，要更為準確（當然，內線交易除外）。從市場經濟的角度來講，市場內在的規律，永遠要比某個領軍人物個人的智慧更為準確，這都顯示了需要有民主決策的科學體制

協助。

　　第五，一定要有一個預測的準確度。因為在所有的人類預測過程中，我們通常會犯兩種錯誤：一種是「假陽性的錯誤」（false positive），就是錯誤地接受了一個不正確的結論；第二種是「假陰性的錯誤」（false negative），就是錯誤地排除了一個正確的判斷。我們不可能在這兩個錯誤上都達到準確的程度。因此，我們必須根據我們的任務來制定出一個準確的標準。

## 「假陽性的錯誤」VS「假陰性的錯誤」

　　有的時候我們可以接受一些「假陽性的錯誤」，即錯誤地接受一些不正確的結論。比如，在「醫療診斷」方面，「假陽性的錯誤」能讓我們早早地注意到一些問題。雖然確診以後，我們可能不一定有這樣的疾病，但是，早期的預測促使人們去檢查是否有這樣的疾病，總比我們不知道這樣的疾病或者喪失治療的機會要好一些。「反恐」有的時候也是需要有這樣的一種「假陽性的錯誤」接受率。因為，出現一個恐怖分子可能帶給我們的傷害要大得多。因此，所有成本比較高，危害比較大的事情，都可以接受一定的「假陽性的錯誤」。「寧可信其有」，才能防患於未然。

　　而有的時候我們會儘量接受一些「假陰性的錯誤」，也就是

排除了一些可能正確的判斷。比如説在科學研究方面，我們一般
來講，是不能夠接受「假陽性的錯誤」（科學假説除外），但可以
接受「假陰性的錯誤」。也就是説，我們寧願懷疑一些可能正確
的東西，從而接受我們有的時候可能沒有足夠證據證明我們自認
為是正確的東西。由此可見，**預測的準確性也和我們接受錯誤的
標準有關**。

## 普通散戶的致富心理

「炒股」顯然是建立在對股市和股票未來變化的預測基礎之
上。既然是預測，泰特洛克的研究肯定也有啟發作用。我個人覺
得，普通散戶最好是持股（Holding Stocks），而不是炒股（Trad-
ing Stocks）。因為在很大程度上，持股是一種中長期行為，炒股
則是一種短期行為，而短期行為往往更容易受到直覺、情緒、環
境、他人的影響，從而使得預測非常不靠譜。所以，做短線完全
是一種投機行為，既不利於國家也不利於自己。

另外，短線操作有兩個致命的心理問題：一是猜不準，二是
放不下。泰特洛克的研究就證明了，在這些短期預測上，即使是
專家也是非常靠不住、不準確、非理性、很難做的。短線和短
命，一字之差，卻很容易讓我們「辛辛苦苦幾十年，一夜回到解

放前」。但短線運作最大的心理問題是我們放不下心來。賺錢的時候我們激動萬分，狂躁無比；而賠錢的時候我們也會心神不定，煩悶傷心，或者出現長期的抑鬱，甚至是自殺事件。因此，對於普通人來講，做中長線才是有價值、有意義的，才是真正在為國家的經濟發展做貢獻，才是真正地護盤。

當然，專業人員和機構人員必須長短結合，因為只有這樣，才能夠對股市做出準確的反應和調整，使得股市能夠部分反映經濟發展的基本狀況。這是他們的職責和職業行為。但是對於普通人，我們完全沒有必要去操心短期的投資。

因此，真的希望大家用一種長遠、輕鬆、寬厚、謙卑和積極的態度來對待股市的風雲變幻。

第 63 講

# 思想也可以如此性感

　　著名心理學家菲利普・津巴多的好萊塢電影《史丹佛監獄實驗》（*The Stanford Prison Experiment*）於 2015 年 7 月在紐約首映，這是該實驗故事第三次被拍成電影登上大銀幕。第一次是由德國導演於 2001 年改編拍攝的，名叫《死亡實驗》（*The Experiment*）；第二次是在 2010 年被美國的導演改編成的《叛獄風雲》（*Prisonon Fire*）。前兩度所拍的電影讓津巴多教授很不開心，而這一次新版的電影應該是他比較滿意的。這次是由著名導演凱爾・奧瓦內茲（Kyle Alvarez）重新執導，演員比利・克魯德普（Bully Crudup）扮演津巴多本人，奧莉薇・瑟爾比（Olivia Thirlby）扮演馬斯拉奇教授。這部電影一經發佈即獲得了日舞影展（Sundance Film Festival）的「最佳科學影片獎」。

　　津巴多教授和他的夫人克里斯提娜・馬斯拉奇（Christina

Maslach）教授應該是當前心理學界在世的心理學家中最有名的一對夫婦了。2015 年 6 月底，我在加州大學柏克萊分校主持「北京清華大學─柏克萊沐心學堂」的美國遊學課程期間，曾與津巴多教授和馬斯拉奇教授談論過這部電影的製作與發行。

## 是什麼讓好人變得邪惡？

著名經濟學家納許（Nash）的社會影響力，很大程度上得益於電影《美麗心靈》（A Beautiful Mind）的幫助，但其實科學研究者能夠獲得好萊塢的青睞不是一件容易的事。而只要學習過心理學的人，一定都聽說過「史丹佛監獄實驗」──它是津巴多教授在 1971 年夏天設計的一個很小的實驗，但沒想到成為了心理學歷史上一個很偉大的實驗。

津巴多教授將史丹佛大學心理系的大樓──喬登樓的地下室改造成了一個模擬的監獄。並從報名參加實驗的學生中，挑選出 24 名身心健康、遵紀守法、情緒穩定的年輕人參與實驗，他們被隨機分成三組：9 名犯人、9 名看守、6 名候補。原先是計劃觀察「囚犯和看守」這兩組人在接下來的兩周（14 天）時間裡，他們在生理、心理和行為方面的變化。但沒想到這樣一個簡單的人為角色的分工，居然在不到一周的時間裡，就讓那些富裕的中產

階級的孩子，真的相信了自己是「看守或囚犯」。更難以理解的是，那些承擔了看守職務的人，開始在情緒上和身體上虐待那些囚犯，而那些扮演囚犯角色的年輕人，開始對權威表現出反抗、服從，然後是鬱悶和抑鬱的狀態，甚至出現了嚴重的自殺傾向。這使得當時剛剛拿到柏克萊加州大學助理教授職務的馬斯拉奇（津巴多教授當時的戀人）出面，要求終止這個實驗。因此，這其實是心理學歷史上一個沒有完成的研究。而恰恰是這樣**一個沒有完成的研究，徹底揭示了「人性的脆弱」，生動地說明了人們在擁有權力之後，這種權力感對自己和其他人的影響。**同時，這在某種程度上也說明了在團體表現出對權威的遵從和溫順之後，人們的行為和心理將會受到什麼樣的影響。

津巴多將引發「邪惡」的問題歸結為三個層次。

（1）個人層面：**爛蘋果**（The Bad Apples）。（2）情境層面：**壞掉的蘋果桶**（The Bad Barrels）。（3）系統層面：**壞的蘋果桶製造者**（The Bad Barrel-Makers）。並認為導致普通人變壞的原因主要在於：去人性化、旁觀者效應、順從權威、團體壓力、道德脫序以及匿名（去個人化）等等。而津巴多總結認為：情境與系統對個人行為的影響甚大。

津巴多「史丹佛監獄實驗」的偉大，是因為他關注的是人性

永恆的問題。比如，是什麼讓一個人變得邪惡？一個好人有時是不是也會幹壞事？如果好人也能變壞的話，那又是什麼使人們越過那條邊界？而津巴多的實驗恰好在一定程度上回答了這些敏感的問題。我們目前起碼可以知道，處境可以極大地影響一個好人，讓他變得邪惡。權力如果不加控制，也會對其他人，包括我們自己，產生巨大的傷害。甚至津巴多本人，在這個實驗中，由於自己工作的需要，而忽視了實驗參加者可能遭受的心理傷害。因此，我們要感謝馬斯拉奇教授敏銳地覺察到該研究可能對這些參加者造成的影響（我後來有幸成為馬斯拉奇教授在加州大學柏克萊分校心理學系的同事，她作為我們的副教務長，也曾關心、照顧我的工作和成長）。

　　反觀現實生活中，我們也經常會看到類似「史丹佛監獄實驗」的場景。尤其是當人們喪失了自我的意識、自我的判斷、自我的良知時，人們很容易被他人、形勢、環境等大趨勢所驅動。根據津巴多教授多年的研究，他在 2007 年出版了一本《路西法效應：好人是如何變成惡魔的》（*Lucifer Effect : Understanding How Good People TurnEvil*）的著作。「路西法」是光之守護者，曾經是上帝最寵愛的天使，但是由於他挑戰上帝的權威，帶領一群墮落的天使投身地獄，成為上帝的對手──魔鬼撒旦。

## 「10步法」抵禦「路西法效應」

　　那如何抵禦「路西法效應」呢？如何避免和讓我們超越社會角色和社會期望對我們產生的負面影響？有什麼方法能讓我們靜下心來，敬畏蒼天，捫心自問，堅守信仰？在書中，津巴多提出「10步法」可以幫助我們戰勝類似惡魔影響的方法。

　　（1）**承認錯誤**。讓我們接受「人皆有過」這句話，只有能意識到自己也有可能犯錯誤，我們才有可能擺脫惡魔的控制。

　　（2）**獨立思考**。一定要多去覺察自己的經歷、行為和人生，就像我們經常提醒的要「吾日三省吾身」。

　　（3）**擔當責任**。無論如何，我們要為自己的決定和行為承擔自己的責任，而不只是去責備外人和環境。因為所有人類的行為，都會受到內、外因交互作用的影響。而一旦否認自己的責任，我們就無法從錯誤中吸取教訓來得到進步。

　　（4）**做最好的自己**。首先我們應不忘初心，始終保持自己的良知；其次，**我們應釋放關於自己的訊息，從而立於去匿名化的社會狀態**，但要注意避免給人產生負面的刻板印象。

　　（5）**尊重正義的權威，而不是邪惡的權威**。我們尊重權威的權力和位置，但不一定非得尊重權威位置上的人。因為不是所有的權力、權威、專家和機構都是正義的，很多自私的人會利用這

些正義的機構，去做邪惡的事情。所以，我們一定要把機構和代表機構的人區分開來，而這種區分人和事的態度也是保持自己理性特別重要的思考能力。

（6）**融入群體，但保持自己的獨立性。**千萬不能為了迎合別人，而喪失自己的人格、尊嚴和獨立精神。

（7）**始終保持對框架的警惕。**也就是説，要意識到可能會有人讓我們的心理、思考和行為進入到某種特定的模式和框架之中。俗話説得好，「防人之心不可無，害人之心不可有」，這就要求我們保持「避免被別人利用」的一種警覺。

（8）**保持最佳的時間觀念。**別太想近處，但也不要想得太遠，而是以最佳的、平衡的時間觀念，不虛幻未來、也不沉迷過去。

（9）**不能為了安全的假象，而犧牲人民的權利和自由。**要特別小心，有人用恐懼、憤怒、威脅等各種嚇唬人的事故和場景來迷惑我們，控制我們。任何時候，人民的尊嚴、自由和幸福是我們最重要的著眼點，而不是所謂的安全問題。

（10）**反抗任何不公正的體制。**權力應該為民所用，而不只是讓人民服從權力。這種簡單的道理，往往在我們生活中被忽視。

根據津巴多教授研究工作拍攝的新片播映，讓我想到：當一

個社會崇尚知識和學術的時候，這個社會一定會成為理性、文明和昌盛的社會；而當一個社會的菁英階層崇拜的是江湖術士和財富權勢的時候，這個社會一定會變得愚昧和墮落。

因此，我衷心地祝賀津巴多教授和馬斯拉奇教授在銀幕上獲得成功，在生活中健康和長壽；也希望心理學中正面、積極、陽光的訊息能得到傳播和普及。當然，更希望智慧之光能普照中國大地，文明之花更加鮮豔奪目！同時，也期待有更多的心理學家的故事，能夠登上世界成功的文化平臺，並希望更多的電影人，能夠拍攝華人科學家的故事。

其實有的時候，生活比故事更加吸引人。

第 64 講

# 激勵凡人成聖賢——究竟是什麼造就了英雄主義？

唐代詩人杜牧的〈清明〉詩，寫出了清明節的特殊氣氛。清明節是個傳統節日，也是我們最重要的祭祀節日，是祭拜先祖、悼念已逝親人的重要習俗，漢族和一些少數民族大多會在清明節前後掃墓。

同樣，翻開中華民族的歷史長卷，有無數英雄先烈，為了下一代的幸福生活，譜寫了壯烈的英雄篇章。因此，清明節也是祭奠英雄的節日。

清明時節，心緒千千，特作文以紀之。

清明時節雨紛紛，

觸景生情祭忠魂。

勇敢責任並感奮，

激勵凡人成聖人。

## 英雄主義符合進化需求

　　我的童年是在「文化大革命」中度過的，受當時的主流文化影響，從小就有長大要當解放軍的夢想。由於我的小叔，當時在大陸的「蘭州空軍司令部」工作，因此，家裡最讓我自豪和得意的，是家門口那塊鮮紅的「革命軍屬」的牌匾，它讓我無比驕傲、激動，豐盈了我童年的夢想。只不過在小學即將畢業時，才發現因為自己是近視眼，不但飛行員做不了，就連當一個普通的士兵都不可能。然而，那種英雄主義的烙印早已深深留在心中，使得我對軍人總抱有一種特殊的感情。

　　後來從事了心理學研究，有幸輔導了一批真正的英雄，包括太空人、飛行員、艦載機的試飛員。但在之後得知有人在執行任務中不幸犧牲，使我感歎不已，為什麼有的人能冷靜沉著、臨危不懼？為什麼有的人能捨己為人、挺身而出？為什麼有的人能夠擔當責任、正義凜然？

　　2004年著名心理學家艾莉絲・伊格利（Alice Eagly）和同事塞爾溫・貝克（Selwyn Becker）在《美國心理學家》期刊上發表文章指出，人類的英雄主義情懷存在於所有人類社會文化歷史的記憶之中，從洞穴壁畫到民間傳說，從早期的文字到現在的遊戲、電影、音樂，不管是什麼樣的意識形態、生產方式和地域區

別，人類都崇尚英雄。因此，這樣的英雄主義精神，肯定是帶有普遍的生存意義和進化的價值的。

　　最近，又有兩位學者在《進化心理學雜誌》上發佈了他們所完成的一些研究，發現人們在面對危險、威脅和挑釁的時候，無論是採用英雄主義策略、自我犧牲的行為，或者是採用逃避、自私的行為，其實都是可能的。但是從長遠來看，人們採用自我犧牲的行為，也有其進化的價值和意義——它使我們能夠得到社會的贊許、他人的青睞和自己親人的受益。**因此，英雄主義的行為是符合進化所需求的親屬選擇（Kin Selection）。**

　　美國國防部曾經支持耶魯大學的幾位學者研究在服役期間和退役之後，那些表現出英雄主義行動的軍人和違反紀律的逃兵之間的差異。心理學家迪恩‧阿金（Dean Arkins）是這一研究的主要作者，他發現很多英雄其實並不是先天就具有英雄的氣質，大多數人都有恐懼、退縮方面的考慮，甚至有人也想和其他人一樣逃避。**這些人之所以能夠活下來，主要是因為他們具有榮譽感、責任感和當時不得不做出的選擇。**換句話說，人人都可以成為英雄。但他們的英雄主義行動，是受當時的環境條件、瞬息萬變的局勢、同伴和朋友之間的感情，以及自己的責任和榮譽感影響的。所有這些因素也都促使人類的很多人，在特定的環境和條件

下，做出超乎尋常的行動。

　　積極心理學也非常關注英雄主義研究的問題。

　　著名心理學家、積極心理學之父馬丁・賽里格曼和我的美國密歇根大學心理學研究生的助教指導老師克里斯多福・彼得森（Christopher Peterson）花了將近三年的時間在全世界做調查，讓世界各國人民回答他們各自欣賞、尊重和崇尚的「優勢和人類美德」是什麼。結果發現：勇氣／勇敢、熱忱和責任是人類的普世價值中所普遍推崇的三種。而這三種普世的價值，正好構成了英雄主義、英雄心理和英雄行為的個人心理學基礎。換句話說，不是大的道理、空洞的說教和宗教的理念成就了英雄，而是人類樸實的、直覺的、具體的、具象化的勇氣、責任和感情，成就了英雄主義。

　　著名心理學家津巴多教授也對「英雄」和「英雄主義」非常關注。他所提到的**「英雄」並不是我們通常所認為的那些大英雄們的所作所為，而是「人人都能成為英雄」，並不需要什麼特殊的家庭背景、天賦異稟或者超能力**；英雄不但存在於每個人的內心，社會環境也會造就英雄；他的研究還發現，最有可能驅動那些英雄行為的是道德勇氣（Moral Courage），為此他還特地列舉了我們熟悉的如感動中國人物等例子以引發我們的共鳴。並且他

專門創立了一個「英雄想像計劃」（Heroic Imagination Program，HP）。希望能幫助中學生、大學生還有企業的領導者的非營利組織，目的在於鼓勵大家「站起來，說出來，改變世界」，而不是做一個冷漠的旁觀者。津巴多鼓勵大家：（1）做英雄；（2）做英雄的盟友；（3）建立親社會組織「英雄小隊」（Hero Squads）；（4）練習做一個「積極的離經叛道者」（Positive Deviant）。

## 英雄心理剖析

我個人認為，**英雄主義和英雄心理，可能主要是由三類重要的人類心理所驅動：第一是勇氣，第二是責任感，第三是感情。**第一，勇氣在中國古代，指的是我們在解決困難問題時的一種行動傾向，叫做「**告之以難，以觀其勇**」，指的是在困難、挑戰、挫折和失敗面前，體現出來的一種堅忍不拔、始終如一、無私利他、敢於奉獻的精神。在西方文化中，勇氣一詞來源於希臘語：andries，指的是與男人的氣質相一致的身心狀態。希臘文化中的三百勇士、斯巴達人的尚武精神，等等，都是西方文化強調的英勇精神。而我們現在認為社會上的年輕男孩常缺乏男人氣概，其實指的是缺乏一種勇敢的精神，而這種精神，恰恰是一種擔當、

無私、奉獻精神。

　　心理學家奧伯恩等人認為，人類的勇氣包括三種：第一種是行動的勇氣，也就是我們願意做事情、願意冒險、願意犧牲、願意奉獻；第二種是道德的勇氣，也就是堅持真理、堅持原則，在眾人的猜忌、懷疑、譏謗和敵視面前，堅守自己的信念和原則；第三種是生命的勇氣，也就是在生命危險和脆弱的時候，在需要我們戰勝疾病和傷心的時候體現出來的一種樂觀的精神和求生的願望。很多的英雄，特別是在戰場上的英雄，其實就是這種強烈的求生願望使他們活了下來，從而讓我們覺得不可思議。

　　第二，責任感也是英雄主義產生的一個很重要的原因。很多的戰士，為什麼能夠在戰場上捨生取義，原因是他們的那份責任感。「一諾千金」是很多文化所強調的一種正常的心理特色，這種承諾、擔當和遵守自己的諾言，是英雄主義行動產生的很重要的原因。而經常欺騙的人很難成為英雄，因為那些經常說謊的人，不可能為了自己的責任而犧牲自己的生命；而正直忠誠的人往往容易成為英雄，是因為他們對自己承諾的堅守。軍隊的將士，一旦意識到自己保疆衛國的責任，就會使他們可能做出常人所無法做出的英勇行為。現在我們的社會對責任的推崇已經不太關注，這容易讓我們的年輕一代缺乏這種為了自己的榮譽而堅持言行一致的可能性。

　　第三，感情同樣是一個很重要的因素。人類是一種感情的動物，對自己人的愛和對敵人的恨，很容易讓我們做出英勇的行為。在戰場上，戰士的勇敢和犧牲精神，很多時候是因為出於對戰友的愛、對家鄉的愛、對祖國的熱愛。因此，我認為英雄主義的教育，往往和愛國主義的教育、愛人類的教育聯繫在一起，如果連自己的同胞都不熱愛，這樣的人很難成為英雄。

　　「無情未必真豪傑，有心方成大英雄。」

　　因此，中國傳統心學的創建人王陽明先生，特別提倡「有心、有情、有義、有感」是人之所以成為人最核心的原因，「心者天地萬物之主」——我們有了愛人之心、愛家之心、愛國之心、愛真理之心，我們才會勇敢、擔當，有所奉獻，這才是真正的英雄之所以成為英雄的心理學原因：

　　良知換心感動天，
　　人人皆可為聖賢。
　　中華代有才人出，
　　遍地英雄下夕煙。

　　只要我們能夠培養自己的責任意識、擔當意識和愛人意識，我們都有可能成為社會所贊許的英雄人物。

跋

# 積極心理學發展的「四化」之道

　　積極心理學引起了越來越多的關注，越來越多的人投身積極心理學的研究與實踐。有感於此，我想談一談在中國大陸的積極心理學發展。

## 從調味品到必需品

　　目前，積極心理學還只是心理學領域中一支特別年輕的力量，大家能投入這麼多的熱情來關注它、推崇它、宣傳它，作為一名大陸積極心理學的推動者和踐行者，我特別感動。

　　首先是感動於大家的熱情。有這麼多優秀的人熱愛、學習和支持積極心理學，讓我非常激動。作為教師，最大的快樂就是我們的一點學識、心得和體會能得到學生們的支持、理解和欣賞。

　　其次是有感於大家的真誠。無論我們之前是什麼身份，從事

何種職業，這裡的所有人都沒有個人的爭執，沒有功利的計較。大家都敞開自己的心扉，把生活中的點點滴滴，分享給我們的同學們。心靈的接觸和溝通是人與人之間偉大關係的來源和基礎，所以，我特別能夠感受到大家的真誠。

第三是感動於大家的智慧。這個智慧就是想清楚了我們這一輩子要幹什麼。當很多人還在想「我一定要升官、我一定要發財、我一定要長壽、我一定要受到社會的尊重……」時，我們已經在考慮「如何活出有意義的人生」，並且大家也已經找到了「活出有意義的人生的秘訣」──學習積極心理學、傳播積極心理學、昇華積極心理學。

第四是感動於大家的善良。大家考慮的都是心靈的快樂、他人的幸福，抱著一種希望去幫助別人的善良心態來參加培訓，那就要有「做一顆為眾人謀幸福的鋪路石」的準備，要為國家社會分憂解難。

目前，從事積極心理學的教學、研究與應用工作還不是一條光明燦爛的路，還需要我們有一種開拓精神和奉獻精神。這就需要我們像一個火種一樣，火種可能會先燒掉，但它燃燒起來的大火，肯定會讓我們的社會充滿激情、充滿溫暖、充滿美好。因此，燃燒的是我們，受惠的是其他人，我們是在做一件「為社會和人民謀幸福」的千秋功業。

　　大家能選擇這麼做，說明你們一定是有足夠的智商和情商，一定是有足夠的溝通能力，一定是有能吸引人、召喚人、昇華人的動力。一旦你們為周圍的人樹立一個正確的、積極的榜樣，一定會影響很多人。因此，我希望大家一定要有這樣的使命感。同時，從我們自己做起，相信我們一定會把心理學，特別是積極心理學昇華到一個崇高的境界。

　　雖然心理學現在還只是點綴品或調味品，但在大家的齊心協力下，我們一定能把積極心理學和幸福科學的研究變成人們生活中的必需品。那麼應該怎麼做呢？

## 積極心理學發展的「四化」之道

　　具體來說，對積極心理學在大陸的發展，我希望用「四化」來與大家共勉：

　　第一，積極心理學的中國化。積極心理學的奠基人是賽里格曼，但大家一定要意識到，這個學科不是賽里格曼的學科。因為積極心理學的思想很多是與我們中華文化一脈相承的，有些方法和建議甚至直接源自中華文化。可以說，積極心理學不是外國的，不是外來的，它是我們華人的。

　　我們也發現，積極心理學最積極的工作者在中國大陸，最偉

大的發展前景在中國大陸，最具開拓潛力的市場在中國大陸。所以，大家一定要向外宣傳，向朋友普及這個簡單的事實：積極心理學不是美國人的學問，不是西方的學科，而是華人的學科。只不過在一定的歷史階段，我們沒有去研究、沒有去弘揚、沒有去宣傳，但積極心理學的精神，一直存在於我們中華文化之中。

所謂的「文化」，其實就是人化；一個人最重要的核心，也就是他的文化。所以，大家一定要保護，也一定要大力宣傳中華文化裡有關幸福、有關積極心理的各種智慧和精神。因為這是我們的精神DNA，是我們的血脈，是我們的追求，是我們的理性。因此，我們一定要突出、一定要強調、一定要普及積極心理學的「中華特色」。

**第二，積極心理學的科技化。**當前，很多人從不同的角度在宣傳、推廣積極心理學，我們一定要欣賞、贊許、支持這些人所做的努力，而不要有門戶之見，不要有排他心理；但是我們一定要做出與眾不同的貢獻。我們與其他人最大的不同在於，我們採用科學的知識、科學的證據、科學的方法，而且更加強調採用科學的技術。

我曾在接受記者採訪的時候，被問及「通過積極心理學要做什麼樣的事情」，我就講了兩個方面：

**一是要把心理學變成一個積極的學科，**讓我們的社會談到心

理學就認為是一門陽光燦爛的學科，而不是帶有變態、跳樓、自殺、抑鬱等負面訊息的學科。如今社會上所出現的問題是積極心理學應該去關注的方面，但積極心理學本身，它一定是陽光的、正向的、高端大氣上檔次的。

　　**二是把心理學變成一個科技的學科。**當下心理學的科技含量太少，特別是做心理諮詢、心理輔導，靠的是心理學的一些概念和理論，靠的是我們的個人智慧。我希望將來的心理學不光有遠見、有境界、有情懷，也要有設備、有產品、有玩具，甚至有捏的東西、有抓的東西、有聽的東西、有看的東西，這是我們一直在努力的方向。我經常說：麵包是必需品，牛奶是點綴品，黃油是奢侈品。但我非常堅信，麵包會有的，牛奶會有的，黃油也會有的。

　　順便告訴讀者們一個好消息，我們已經在北京清華大學成立世界上第一個「幸福科技實驗室」；我們已經籌集了千萬規模的創投資金，來成立這個「H+ Lab」。大家都將是我們第一個科技產品的受惠者、傳播者。我們也將面向全世界舉辦大規模的「幸福科技大獎賽」，希望從中發現一些有意義的項目，並且能在中國大陸開發出來，推廣起來。

　　現在世界上已經有人說，積極心理學有四大中心：第一個是

由馬丁‧賽里格曼領導的賓州大學，第二個是牛津大學，第三個是柏克萊加州大學，第四個是北京清華大學。科技創新將成為我們北京清華大學積極心理學研究中心的一大特色。

第三，**積極心理學的大眾化**。所謂的「大眾化」，就是我們要把積極心理學去菁英化。積極心理學不屬北京清華大學，也不屬彭凱平個人，而是屬於大家的學科。大家千萬不要把我當成一個精神導師，我只是一個普通的大學教授，一個積極心理學的熱愛者、傳播者，是和大家一樣的人。只是現在，華人的積極心理學發展可能還需要我，但我希望將來就不需要我了。因為積極心理學是一門屬於大家的學科，屬於我們每個人的學科，屬於大眾的學科，也只有它真正被大家所認識和接受後，它才會為人們謀幸福。

第四，**積極心理學的普及化**。目前知道心理學的人還是太少，知道積極心理學的人更少。要褪去積極心理學的神秘面紗，就需要我們大家多普及一下積極心理學，多宣傳一下積極心理學，多談一談積極心理學。從而讓積極心理學真正走向華人大眾。

# 參考文獻
## References

〔1〕 Michael J. Poulin, E. Alison Holman. Helping hands, healthy body. Oxytocin receptor gene and prosocial behavior interact to buffer the association between stress and physical health. Hormones and Behavior. 2013, 510-517.

〔2〕 Willem Verbeke, Richard P. Bagozzi, Wouter E. van den Berg, Aurelie Lemmens 3. Polymorphisms of the OXTR gene explain why sales professionals love to help customers. Behavioral Neuroscience. 2013, 11, 27.

〔3〕 Frances S. Chena, Robert Kumsta, Bernadette von Dawans, Mikhail Monakhov, Richard P. Ebstein, Markus Heinrichs. Common oxytocin receptor gene （OXTR） polymorphism and social support interact to reduce stress in humans. PNAS. 2011, 12, 13.

〔4〕 Mark Wade, Thomas J. Hoffmann, Jennifer M. Jenkins. Gene-environment interaction between the oxytocin receptor（OXTR）gene and parenting behaviour on children's theory of mind. Social Cognitive and Affective Neuroscience. 2015, 1,9.

〔5〕 R. Thaler. "Mental Accounting and Consumer Choice". Marketing Science, 1985, 4: 199-214.

〔6〕 Levinsion, J., & K. Peng. "Value Cultural Difference in Behavioral Economics". The ICFAI Journal of Behavioral Finance, 2007, 1: 32-47.

〔7〕 Spencer-Rodgers, J., Williams, M.,Hamilton, D., & K. Peng. "Culture and Group Perception: Dispositionaland Stereotypic Inferences about Novel and National Groups". Journal of Personality and Social Psychology, 2007, 93: 525-543.

〔8〕 Girme, Y.U., Overall, N.C., Faingataa, S.,& Sibley, C.G.. Social Psychological and

Personality Science.1948550615599828, first published on August 21, 2015.

〔9〕 Solomon, B. C., & Vazire, S.（2014）. You are so beautiful...to me: Seeing beyond biases and achieving accuracy in romantic relationships. Journal of personality and social psychology, 107（3）,516-528.

〔10〕 Mark Van Vugt and Wendy Iredale（2012），Men behaving nicely: Public goods as peacock tails, 103, 3-13. British Journal of Psychology.

〔11〕 Fredrickson, B. L.（2001）. The role of positive emotions in positive psychology: The broaden-and-build theory of positive emotions. American psychologist, 56（3）,218-226.

〔12〕 Gable, P. A., Poole, B. D., & Harmon-Jones, E.（2015）. Anger Perceptually and Conceptually Narrows Cognitive Scope. Journal of Personality and Social Psychology, 109（1）, 163-174.

〔13〕 Tenney E R, Logg J M, Moore D A.（Too）optimistic about optimism: The belief that optimism improves performance[J]. Journal of personality and social psychology, 2015, 108（3）: 377.

〔14〕 Kahneman, D., & A. Tversky. "Prospect Theory: An Analysis of Decision under Risk". Econometrica,1979, 47: 263-292.

〔15〕 A. Maslow. "A Theory of Human Motivation". Psychological Review, 1943, 50: 370-396.

〔16〕 F. Heider. The Psychology of Interpersonal Relations. New York: John Wiley & Sons, 1958.

〔17〕 Fiske, S., & S. Taylor. Social Cognition. McGraw-Hill, Inc, 2008.

〔18〕 Eagly, A., & S. Chaiken. The Psychology of Attitudes. New York: Harcourt Brace Jovanovich College Publishers, 1993.

〔19〕 Wilson, T., Dunn, D., Kraft, D., &D. Lisle. "Introspection, Attitude Change, and Attitude Behavior Consistency: The Disruptive Effects of Explaining Why We Feel the Way We Do". In L. Berkowitz（ed.）. Advances in Experimental Social

Psychology.Orlando, FL, Academic Press, 1989, 22: 287-343.

〔20〕 L. Festinger. A Theory of Cognitive Dissonance. Stanford, CA: Stanford University Press, 1957.

〔21〕 Gilovich, T., & V. H. Medvec. "The Experience of Regret: What, When, and Why". Psychological Review, 1995, 102: 379-395.

〔22〕 G. W. Allport. "The Historical Background of Social Psychology". In G. Lindzey & E. Aronson（eds.）.The Handbook of Social Psychology. New York: McGraw Hill, 1985.

〔23〕 K. Lewin. Field Theory in Social Science: Selected Theoretical Papers. In D. Cartwright（ed.）. New York: Harper& Row, 1951.

〔24〕 Peng, K., Nisbett, R., & N. Wong. "Validity Problems Comparing Value Across Cultures and PossibleSolutions". Psychological Methods, 1997, 2: 329-344.

〔25〕 Morris, M., & K. Peng. "Culture and Cause: American and Chinese Attributions for Social and Physical Events". Journal of Personality and Social Psychology, 1994, 67:949-971.330

〔26〕 Briley, D., Morris, M., & I.Simonson. "Reasons as Carriers of Culture: Dynamic vs Dispositional Models of Cultural Influence on Decision Making". Journal of Consumer Research, 2000, 27.

〔27〕 Weber, E. U., & C. K. Hsee. "Models and Mosaics: Investigation of Cultural Differences in Risk Perception and Risk Preference". Psychonomic Bulletin and Review, 1999, 6:611-617.

〔28〕 Peng, K., & R. Nisbett. "Culture, Dialectics, and Reasoning about Contradiction". American Psychologist, 1999, 54: 741-754.

# 福流・幸福的極致體驗

是什麼真正滿足了我們？文化心理學大師趣談不苦人生的真偽命題

彭凱平　著

*本書為新版書，前版書名為《人心可鑑 —— 現代科學心理學家的實驗與發現》

中文繁體版版通過成都天鳶文化傳播有限公司代理，由清華大學出版社有限公司授予大雁文化事業股份有限公司，大寫出版事業部獨家出版發行，非經書面同意，不得以任何形式複製轉載。

**書系｜知道的書 Catch On!　書號｜HC0084R**

| | |
|---|---|
| 著　　者 | 彭凱平 |
| 特約編輯 | 許瀞予 |
| 美術設計 | 郭嘉敏 |
| 行銷企畫 | 廖倚萱 |
| 業務發行 | 王綬晨、邱紹溢、劉文雅 |
| 總 編 輯 | 鄭俊平 |
| 發 行 人 | 蘇拾平 |

| | |
|---|---|
| 出　　版 | 大寫出版 |
| 發　　行 | 大雁出版基地 |

www.andbooks.com.tw
地址：新北市新店區北新路三段207-3號5樓
電話：(02) 8913-1005　傳真：(02) 8913-1056
劃撥帳號：19983379　戶名：大雁文化事業股份有限公司

二版一刷　2024年5月
定　　價　新台幣699元
版權所有・翻印必究
ISBN 978-626-7293-54-6
Printed in Taiwan・All Rights Reserved
本書如遇缺頁、購買時即破損等瑕疵，請寄回本社更換

國家圖書館出版品預行編目（CIP）

福流｜幸福的極致體驗：是什麼真正滿足了我們？文化心理學大師趣談不苦人生的真偽命題
彭凱平 著・二版・新北市：大寫出版：大雁出版基地發行，2024.05
496面，14.8*20.9公分（知道的書 Catch On!；HC0084R）
ISBN 978-626-7293-54-6（平裝）

1.CST: 心理學　2.CST: 通俗作品

170　　　　　　113003691